信息服务中的隐私安全管理

宛玲 郭家义 等著

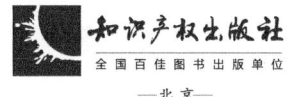

图书在版编目（CIP）数据

信息服务中的隐私安全管理 / 宛玲等著 . —北京：知识产权出版社，2023.10
ISBN 978-7-5130-8719-3

Ⅰ.①信… Ⅱ.①宛… Ⅲ.①情报服务—信息安全 Ⅳ.① G252.8

中国国家版本馆 CIP 数据核字（2023）第 056919 号

内容提要

本书归纳总结国内外隐私保护相关法律法规和相关措施，依据实际案例和理论分析，揭示基于信息技术的信息服务中已经存在和可能存在的隐私安全风险，并通过对信息服务组织和用户的调查分析，分别从信息服务行业层面、信息服务组织层面及信息用户个人层面提出了用户隐私安全管理策略，对相关法律法规的改进提出建议。

本书可作为信息资源管理学科各专业师生的教学参考书，也可作为从事信息服务和隐私安全管理研究和工作的科研人员与从业人员的参考资料。

责任编辑：阴海燕　　　　　　　　责任印制：孙婷婷

信息服务中的隐私安全管理
XINXI FUWU ZHONG DE YINSI ANQUAN GUANLI

宛　玲　郭家义　等著

出版发行	知识产权出版社 有限责任公司	网　　址	http：//www.ipph.cn
电　　话	010-82004826		http：//www.laichushu.com
社　　址	北京市海淀区气象路 50 号院	邮　　编	100081
责编电话	010-82000860 转 8569	责编邮箱	laichushu@cnipr.com
发行电话	010-82000860 转 8101	发行传真	010-82000893
印　　刷	北京九州迅驰传媒文化有限公司	经　　销	新华书店、各大网上书店及相关专业书店
开　　本	787mm×1092mm　1/16	印　　张	19.25
版　　次	2023 年 10 月第 1 版	印　　次	2023 年 10 月第 1 次印刷
字　　数	300 千字	定　　价	98.00 元

ISBN 978-7-5130-8719-3

出版权专有　侵权必究
如有印装质量问题，本社负责调换。

前　言

个人隐私遭遇泄露和被恶意使用的问题由来已久，但近几年愈发严重。从各种相关报道来看，隐私安全风险多与互联网、云计算、物联网、大数据等信息技术有关。然而，信息技术不仅是目前很多服务尤其是信息服务的主要支持，更是各种服务不断创新和发展的基础与驱动。早先我国法律法规对隐私保护较少，效力也不高，许多行业存在忽视隐私保护的现象。随着个人隐私泄露及被恶意使用风险的加剧，包括我国在内的世界各国密集性地出台并修改多部法律法规，从法律上强化对隐私的保护。对此，各个领域，包括信息服务行业，都势必要加强保护用户隐私的意识和行动。

信息服务领域正面临两大挑战：一是基于各种新技术、新方法的服务工作不可避免地要采集和利用用户的多项个人信息，包括一些个人敏感的隐私内容，但用户的隐私顾虑日益增长，采集和利用面临很大困难；二是因跨境数据流的存在，隐私保护法律呈现出多样化、复杂化和强制化的特征，信息服务既要面对各国隐私保护法律法规的差异，又要适应因信息技术发展和人们隐私认知提高而不断更新的隐私保护法律法规要求。

信息技术的发展及应用是不可阻挡的，关键是如何根据信息服务场景采取对应的隐私保护措施。本书认为，高质量的隐私保护措施可以营造安全的信息服务环境，增强信息用户的社会信任，促进信息服务的发展。

本书是以国家社会科学基金项目结项成果"信息技术与信息服务融合发展中的用户隐私安全管理研究"（项目编号：16BTQ054；结项证书号：20212350）为基础修改而成。项目成员包括宛玲、郭家义、郭静、张月、黄倩、牛露露、刘晓晓、窦珊珊、钟宇和李琳。其中，宛玲设计本书内容结构，参与所有章节的研究、撰写、修改和定稿；郭家义、钟宇、郭静参与第2章内容的研究和撰写，刘晓晓、李琳参与第3章内容的研究和撰写；郭家义、黄倩、窦珊珊参与第4章内容的研究和撰写，牛露露参与第5章内容的研究和撰写，张月参与第6章内容的研究和撰写。

本课题研究中，学界和业界的很多专家给予了大量帮助，提供一手资料，并参与探讨问题；项目结项评审专家，对项目成果报告提出了很多有建设性的意见，指出其中的一些错误和不足，在此一并感谢！由于水平有限，本书虽经多次修改，但仍有疏漏和不足，恳请广大读者批评指正。

宛　玲
2022年3月8日

文中所涉及部分法律法规、政策和标准文件名称的简称、全称对照表

简称	全称
《宪法》	《中华人民共和国宪法》
《民法典》	《中华人民共和国民法典》
《民法总则》	《中华人民共和国民法总则》
《刑法》	《中华人民共和国刑法》
《刑事诉讼法》	《中华人民共和国刑事诉讼法》
《民事诉讼法（试行）》	《中华人民共和国民事诉讼法（试行）》
《侵权责任法》	《中华人民共和国侵权责任法》
《律师法》	《中华人民共和国律师法》
《妇女权益保障法》	《中华人民共和国妇女权益保障法》
《未成年人保护法》	《中华人民共和国未成年人保护法》
《网络信息保护决定》	《全国人民代表大会常务委员会关于加强网络信息保护的决定》
《网络安全法》	《中华人民共和国网络安全法》
《个人信息保护法》	《中华人民共和国个人信息保护法》
《行政处罚法》	《中华人民共和国行政处罚法》
《个人信息安全规范》（2020版）	《信息安全技术　个人信息安全规范》（GB/T 35273—2020）
《App违法违规认定方法》	《App违法违规收集使用个人信息行为认定方法》
《隐私指南》	经济合作与发展组织（OECD）1980年《隐私保护和个人数据跨境流通指南》（OECD Guidelines on the Protection of Privacy and Transborder Flows of Personal Data）
《2013隐私指南》	经济合作与发展组织（OECD）2013年《理事会关于隐私保护和个人数据跨境流通指南的建议》（Recommendation of the Council concerning Guidelines Governing the Protection of Privacy and Transborder Flows of Personal Data）
GDPR	欧盟2018年《通用数据保护条例》（General Data Protection Regulation）
《数据保护公约》	欧洲委员会1981年《个人数据自动化处理中的个人保护公约》（Convention for the protection of individual with regard to automatic processing of personal data）（常被简称《数据保护公约》或者《108号公约》）
《数据保护指令》	欧洲议会与欧盟理事会1995年《关于涉及个人数据处理的个人保护以及此类数据自由流通的第95/46/EC号指令》（Directive 95/46/EC on the protection of individuals with regard to the processing of personal data and on the free movement of such data）

目 录

引言 1

第 1 章 隐私保护法律法规扫描及信息服务隐私安全风险识别与揭示 3
1.1 国内外隐私保护相关法律法规概述 3
1.2 基于各种公开报道的隐私安全风险类型梳理 15
1.3 基于信息服务活动特征的隐私安全风险识别与揭示 24
1.4 小结 46

第 2 章 信息用户隐私披露意愿影响因素及演化博弈分析 48
2.1 信息用户隐私披露意愿影响因素分析 49
2.2 信息用户隐私披露的演化博弈 67
2.3 小结 84

第 3 章 信息服务隐私保护的行业自律与组织管理措施 86
3.1 信息服务隐私保护行业自律措施 86
3.2 信息服务隐私保护的组织管理措施：隐私保护官责任体系 110
3.3 小结 137

第 4 章 面向用户的信息服务组织自律措施：隐私政策 ····· 138
- 4.1 隐私政策作用分析 ····· 139
- 4.2 信息服务平台隐私政策合规分析框架的构建 ····· 143
- 4.3 我国信息服务平台隐私政策发布现状的调查与分析 ····· 169
- 4.4 我国信息服务平台隐私政策合规现状考察与分析 ····· 187
- 4.5 我国信息服务平台隐私政策发布特点、问题及改进建议 ····· 207
- 4.6 小结 ····· 213

第 5 章 隐私素养发展机制研究 ····· 215
- 5.1 相关概念及发展的社会背景 ····· 215
- 5.2 隐私素养内容分析 ····· 222
- 5.3 我国信息服务领域隐私素养现状调查与分析 ····· 246
- 5.4 我国信息服务领域隐私素养提升策略案例分析及改进建议 ····· 267
- 5.5 小结 ····· 277

第 6 章 进一步优化信息用户隐私安全管理策略的建议 ····· 278
- 6.1 信息服务视角下完善隐私保护法律法规的建议 ····· 278
- 6.2 完善信息服务组织用户隐私安全管理措施的建议 ····· 280
- 6.3 隐私保护风气形成的强制性措施和社会舆论支持 ····· 283
- 6.4 小结 ····· 284

附 录 ····· 285

引　言

　　以满足用户信息需求为己任的信息服务，收集和分析用户个人信息几乎是常态。在信息技术、数据分析技术支持下，为了提供精准服务，深度分析用户信息查询行为、信息使用行为及信息查阅内容等已成为信息服务机构的重要业务。信息用户和信息服务机构都面临严峻的隐私安全风险。

　　近几年，隐私泄露现象持续增多。根据本课题组对北大法宝平台司法案例库的检索，标题含"个人信息"的我国案件，2001—2012年每年的案件量是个位数，2013—2016年每年是百位数，而2017—2021年每年都是千位数。根据新闻媒体报道，2017年，美国一大数据公司因失误泄露了近2.3亿人的个人数据[1]；2018年，印度一IT企业泄露印度板球球员及其亲属近2万人个人信息，德国一托管服务商遭黑客攻击泄露大量客户数据，芬兰一公共服务站遭黑客攻击泄露大约13万用户的个人信息[2]；2020年我国有数十亿个人信息被明码标价[3]等。

　　个人信息包括个人身份信息、个人知识能力信息、个人行为信息及个人思

---

[1] 万南.美国大数据公司失误泄露2TB隐私信息：涉2.3亿人[EB/OL].（2018-06-28）[2020-01-05]. https://news.mydrivers.com/1/582/582431.htm.

[2] 补天漏洞响应平，等.2018年国内外信息泄露案例汇编[EB/OL].（2019-02-04）[2020-01-05]. https://www.anquanke.com/post/id/169720.

[3] 中国经济网.个人信息泄露呈"指数级"爆炸式增长[EB/OL].（2021-04-20）[2021-11-01]. https://baijiahao.baidu.com/s?id=1697513345023918818&wfr=spider&for=pc.

维信息等。俗话说"知己知彼，百战不殆"。反过来，如果对方充分了解你，甚至比你还了解你自己，你就会处于很被动甚至危险的地步。而别人了解你，就是通过对你多种个人信息的关联。信息服务特别是计算机信息服务系统，很容易采集到用户的各种个人信息，如部分个人身份信息（姓名、账号等）、部分个人知识能力信息（技能、学历等）、部分个人行为信息（查询和阅读痕迹等）、部分个人思维信息（眼动仪、脸部表情采集等）。多次"部分"个人信息的采集，或者因信息服务系统联盟而汇集各类"部分"个人信息，在数据挖掘甚至大数据技术支持下，一个揭示用户特征的完整用户画像呼之欲出。

对信息服务者来讲，采集和分析用户个人信息，是发展和改进信息服务的基础，但也因此面临侵犯用户隐私权的风险。对信息用户来讲，个人信息的财产价值正在被信息服务者日益看重，用户在享受眼花缭乱的各种服务便利同时，个人信息也正在被不断收集和利用。一边是信息服务产品和活动的吸引，一边是不断暴露和揭发出的隐私侵权案件的冲击，用户的隐私顾虑和信息需求形成巨大矛盾。长期以来，国内外学者对社会上包括信息服务领域存在的隐私保护问题进行了多方面的研究，探索应对的策略。然而，由于隐私保护问题本身的复杂性，以及法律法规制度的不健全，信息用户隐私保护问题依然没有得到较为完善的解决。

在此大背景下，本书选择信息服务领域用户隐私保护问题进行研究，通过对基于信息技术的信息服务活动的广泛调查和分析，识别和揭示存在的隐私安全风险，探索解决隐私安全风险的管理措施。本书从管理视角研究隐私保护。管理，从层次来讲，分为国家层面管理、行业层面管理、组织层面管理和个人层面管理；同时，所有层面的管理都需要关注用户隐私披露的意愿。

由于信息的广泛性和价值性，几乎所有服务机构都在开展信息服务，其服务内容和服务方式有很多相同之处。因此，在识别和揭示信息服务隐私安全风险和探索隐私安全管理措施方面，本书选择专职信息服务机构的信息活动进行考察，可以比较全面地涵盖各种信息服务项目。

第 1 章 隐私保护法律法规扫描及信息服务隐私安全风险识别与揭示

规划和实施隐私安全管理措施，需要掌握有关隐私保护的法律法规及其发展变化趋势，了解它们对信息服务的促进与制约。

隐私保护，本质是防范隐私安全风险。因此，在探索隐私安全管理措施之前，需要对信息服务活动中的隐私安全风险进行识别和揭示。对隐私安全风险的识别与揭示，可以借鉴已有隐私侵权案例报道（新闻报道、刑法案例库公告等），也可以依据信息服务活动本身特性进行探索，即从实践和理论方面揭示已经存在和可能存在的信息服务隐私安全风险。

1.1 国内外隐私保护相关法律法规概述

管理，离不开所处法律法规环境。在信息技术飞速发展的时代，信息服务主体和用户都不得不面对各国法律法规的多样性、差异性、国际兼容性及随时可能发生的法律法规内容变化。

1.1.1 个人数据、隐私、个人信息和敏感个人信息的法律含义

对"隐私"一词，文献中有多种提法，如法律政策文本中，我国偏向用"个人信息"，同时在强调保护要求和隐私权时也使用"隐私"；相对来讲，欧洲国

家更偏向用"个人数据",美国更偏向用"隐私";学术文献中上述三种提法都不少见。另外也常出现"网络隐私""数字隐私""数据隐私""联机隐私""信息隐私"等提法。本书研究对象是信息服务活动中用户的具有隐私保护需要的个人信息,因此对上述称呼不作严格区别,根据需要在特定上下文中选择使用这三种用语。目前,我国法律法规文本对"个人信息""隐私"和"敏感个人信息"的含义进行了定义,但未界定"个人数据"的含义,因此本书引用欧盟GDPR对此的解释。

(1)源自欧盟GDPR的"个人数据"含义

欧盟2018年5月25日起生效的GDPR,是史上最严的个人数据保护法律。GDPR对"个人数据"(personal data)进行了定义❶,目前我国已有多名学者给出了该定义的中文翻译,本书选择使用法学学者给出的翻译,即"(个人数据)是指与已识别的自然人(数据主体)相关的任何数据"❷。

欧盟官方网站进一步解释了GDPR的"个人数据"含义:第一,将GDPR所要保护的"个人数据"限定在"在世"个人范畴。第二,数据是否能归类于GDPR个人数据,还与其之后汇集而来的信息有关。当下,该数据或许不属于GDPR个人数据,但如果融合汇集来的其他信息后具有识别特定个人身份功能,则该数据就成为GDPR个人数据。第三,匿名数据是否属于个人数据,还与当下的场景有关,如果当下场景将数据用于且能用于识别个人身份,则此数据属于GDPR所保护的个人数据,反之,如果当下场景没有将该数据用于识别个人身份,则不能认定该数据属于GDPR所保护的个人数据。第四,个人数据示例中将IP地址也作为个人数据。实际上等于所有互联网服务商都自觉或不自觉对个人信息进行采集,因为他们服务器上会记录上网的IP地址及该地址上的上网日志。❸

---

❶ COUNCIL OF THE EUROPEAN UNION.GDPR Art.4 GDPR Definitions[EB/OL]. [2020–10–11]. https://gdpr–info.eu/art–4–gdpr/.

❷ 附录3《统一数据保护条例》中文翻译[M]. 洪东荚,李立,余超,等译//高富平. 个人数据保护和利用国际规则:源流与趋势. 北京:法律出版社,2016:218-292.

❸ COUNCIL OF THE EUROPEAN UNION.GDPR What is personal data? Answer [EB/OL]. [2020–10–11]. https://ec.europa.eu/info/law/law–topic/data–protection/reform/what–personal–data_en.

（2）源自我国法律法规的"隐私"和"个人信息"含义

通过北大法宝平台查阅到我国涉及隐私保护的法律法规有600余份，浏览这些法律法规，《民法典》分别对"隐私"和"个人信息"的含义进行了界定，而在这之前，还未有法律法规对"隐私"进行定义。2013年和2015年分别有部门规章对"个人信息"的含义进行界定❶，不过都仅定义特定领域或特定场景（如信息系统领域、网络场景、消费场景等）下的个人信息。首次在法律中对个人信息进行界定的是2016年面世的《网络安全法》。

《民法典》定义"隐私"为："隐私是自然人的私人生活安宁和不愿为他人知晓的私密空间、私密活动、私密信息。"

《民法典》定义"个人信息"为："个人信息是以电子或者其他方式记录的能够单独或者与其他信息结合识别特定自然人的各种信息，包括自然人的姓名、出生日期、身份证件号码、生物识别信息、住址、电话号码、电子邮箱、健康信息、行踪信息等。"这个定义基本采用《网络安全法》所给出的定义，在个别语词上有所改动，罗列了更多的个人信息类型。该定义包括两方面的个人信息，一是表示个人身份的信息，二是能够识别出个人身份的其他非身份的信息。后者涉及的范围很广，既可以包括个人行为结果的静态信息，也可以包括个人行为动态信息（行踪信息）。

《个人信息保护法》定义"个人信息"为："是以电子或者其他方式记录的与已识别或者可识别的自然人有关的各种信息，不包括匿名化处理后的信息。"该定义与《民法典》的定义本质相同，在表述上更为简略。

另外，我国《征信业管理条例》（2013年）指出，"企业的董事、监事、高级管理人员与其履行职务相关的信息，不作为个人信息"，这类规定具体来讲是根据企事业机构实际使用个人信息情况给出的，避免扩大违法认定范围，为按照这个规定使用个人信息的组织和个人给出法律保障。

（3）基于隐私保护的"敏感个人信息"的含义和类型

在个人信息中划分出敏感个人信息，是为了对其区分对待和保护。有的个

---

❶ 见《电信和互联网用户个人信息保护规定》（2013年）和《侵害消费者权益行为处罚办法》（2015年）。

人信息披露对个人隐私有较大危害，有的则几乎没有什么影响。过度的个人信息保护不现实，也不利于很多商业模式的发展。为此，国内外法律法规对个人信息都是区别对待，对敏感个人信息有更为严格的保护要求和信息处理前提条件。信息服务者遵守所涉及国家的法律法规，就必须了解和掌握敏感个人信息的划分依据和类型。

GDPR 第 2 章第 9 条列出一般禁止处理的个人数据的类型，具体包括：种族或族裔起源、政治观点、宗教或哲学信仰、工会成员身份、遗传数据、具有唯一识别自然人性质的生物特征数据、健康数据，以及自然人性生活或性取向的数据。这些数据按照欧盟官方网站的解释，被称为"敏感个人数据"。对敏感个人数据的处理与一般个人数据的处理差异非常大，但敏感个人数据也不是不能进行处理和利用。GDPR 给出处理敏感个人数据的条件，包括数据主体明确同意、出于公共利益或科学及历史研究目的或统计目的的 10 种例外场景等。❶

我国《个人信息保护法》第 28 条规定"敏感个人信息是一旦泄露或者非法使用，容易导致自然人的人格尊严受到侵害或者人身、财产安全受到危害的个人信息，包括生物识别、宗教信仰、特定身份、医疗健康、金融账户、行踪轨迹等信息，以及不满十四周岁未成年人的个人信息"。另外，一些领域如金融、征信诚信、教育等的部门工作文件分别界定本领域特定环境下的敏感个人信息，主要包括支付敏感信息、意识形态和人体方面的特定信息、学生身份及家庭情况等。❷ 信息服务工作很有可能会涉及支付信息、学生信息等，需要遵守上述这些规定。

敏感个人信息，是很多信息资源服务活动（如阅读优秀案例推广）不可避

---

❶ COUNCIL OF THE EUROPEAN UNION. Art. 9 GDPR Processing of special categories of personal data [EB/OL]. [2020-10-11]. https://gdpr-info.eu/art-9-gdpr/.

❷ 见《中国人民银行关于进一步加强银行卡风险管理的通知》（2016 年）、《征信业管理条例》（2013 年）、《证券期货市场诚信监督管理办法》（2018 年）、《教育部办公厅关于全面清理和规范学生资助公示信息的紧急通知》（2017 年）、《人力资源社会保障部办公厅、财政部办公厅关于在就业补助资金使用信息公开中进一步加强个人信息保护的通知》部门工作性文件（2017 年）。

免要收集的，收集、保存和处理这些信息需要特别注意，以免泄露后对用户造成伤害，也避免触犯法律。

1.1.2 我国隐私保护相关法律法规和政策概述

我国法律体系中法理不能成为法源，因此，研究我国隐私保护法律法规的源流和发展，需要研究相应的法律法规文本。按照效力级别来划分，我国法律法规可分为法律、行政法规、司法解释、部门规章、团体规定、地方性法规等。这里主要探索对我国有重要强制性规约作用的法律法规，因此本书讨论的法律法规仅限前四种类型。截至2021年年底，本课题组分别利用检索词"隐私""个人信息""个人数据""用户信息""通信秘密"等，从汇集法律法规比较全的北大法宝平台上收集有隐私保护相关法律法规600余份。以下根据这些法律法规文本总结我国隐私保护法律法规特点。

（1）我国隐私保护法律法规发展概况

根据搜索到的法律法规，早在1954年我国第一部《宪法》就提出"中华人民共和国公民的住宅不受侵犯，通信秘密受法律的保护"。1996年是比较关键的一年，出台的包含隐私保护内容的法律法规主要有《行政处罚法》《律师法》和《刑事诉讼法》；2001年出台司法解释[1]，确定当隐私受到侵害时，法院支持受害人可以对侵害人请求赔偿精神损害，开始将隐私保护惩罚措施落到实处。2005年和2006年，分别出台保护妇女和未成年人的法律《妇女权益保障法》和《未成年人保护法》，在法律上首次明确指出保障妇女和未成年人的隐私权；也是从2006年开始，我国发布的有关隐私保护的法律法规数量大幅度增长。2009年《刑法修正案（七）》发布，首次在刑法中明确规定保护公民个人信息的具体要求和违法惩罚措施。刑法的法律效力和惩戒力度非常大，各个领域、各个层面随之相应制定或修改法律法规以符合刑法的基本要求，带动大批相应的部门法、部门规章、规范性文件和司法解释出现。之后，包含隐私保护条款的《侵

---

[1] 见《最高人民法院关于确定民事侵权精神损害赔偿责任若干问题的解释》（2001年）。

权责任法》《网络信息保护决定》《网络安全法》《民法总则》等陆续出台，特别是 2016 年《网络安全法》的颁布，其中包含具体的法律责任和惩罚措施，对网络服务商影响非常大。2020 年和 2021 年分别出台了《民法典》（第四编第六章"隐私权和个人信息保护"）和《个人信息保护法》，这些是隐私（个人信息）保护的专门法律。儿童是信息服务的重要对象。我国专门颁布《儿童个人信息网络保护规定》和《未成年人保护法》（2020 修订），对信息处理者提出更为严格的规范。从数量上讲，2017—2021 年是我国隐私保护相关法律出台的高峰期。我国法律在表述保护隐私（个人信息）时，提出在遵守该法的同时还应遵守"国家有关规定"，即遵守现行有效的其他法律、行政法规、部门规章等。

（2）"隐私"和"个人信息"术语使用的变化

"隐私"术语使用也发生很大变化。"隐私"，在我国法律法规中首次出现是 1957 年的一个司法解释，要求在"个人隐私"案件中，为保护被害人名誉而不能公开被害人名字❶；正式在法律中明确提出对个人"隐私"保护的是 1982 年颁布的《中华人民共和国民事诉讼法（试行）》，规定在民事诉讼中要对个人隐私进行保密、不得公开。"个人信息"，在法律法规中首次出现是 2000 年信息产业部颁布的一个部门规章❷，2009 年《刑法修正案（七）》出台，此后，各种法律法规开始大量使用"个人信息"术语。目前，"个人信息"和"隐私"两种提法都被大量运用在现行有效的法律法规及文件中，大多数法律法规或者仅使用"隐私"术语或者仅使用"个人信息"，如 2021 年颁布的《个人信息保护法》仅使用"个人信息"；但也有 10 多份法律法规同时使用这两种术语，典型的是 2020 年颁布的《民法典》，其第 6 章为"隐私权和个人信息保护"。

（3）"隐私权"的出现

在权利名称方面，我国现有法律法规都未采用"个人信息权"的提法，仅有一些工作文件提及，但采用"隐私权"的提法。1999 年实施的《中华人民共和国澳门特别行政区基本法》、2001 年印发的《医疗美容服务管理办法》和

---

❶ 见《最高人民法院关于依法不公开审理的案件其判决仍应向社会公开的批复》（1957 年）。

❷ 见《互联网电子公告服务管理规定》（信息产业部令第 3 号）（2000 年）。

2005年修改的《妇女权益保障法》都是比较早提出保护隐私权的法律法规；2009年的《侵权责任法》规定消费者的权利包括隐私权，该法律因涉及范围大而受到广泛注意；2017年《民法总则》出台，规定自然人享有隐私权，因《民法总则》的重要性和涉及范围的广泛性而提升了社会对"隐私权"的认识。2020年《民法典》出台（2021年1月1日生效，同时废止《民法总则》和《侵权责任法》），规定"自然人享有隐私权。任何组织或者个人不得以刺探、侵扰、泄露、公开等方式侵害他人的隐私权"，"个人信息中的私密信息，适用有关隐私权的规定"。《民法典》的这些规定和说明基本界定了隐私权的范畴。2014年最高人民法院出台的司法解释❶，明确指出人身权益包括隐私权，同时指出侵犯人身权益的行为包括在互联网上"公开自然人基因信息、病历资料、健康检查资料、犯罪记录、家庭住址、私人活动等个人隐私和其他个人信息，造成他人损害"，该规定与信息技术和服务直接相关，表述很具体也非常全面且有针对性，概括了目前人们所担心的互联网隐私权侵犯现象。不过，这里"造成他人损害"的尺度把握很难。

（4）个人信息处理行为

我国现有相关法律法规规定个人信息处理行为包括个人信息的收集、存储、使用、加工、传输、提供、公开、删除等，要求处理个人信息应满足多项前提条件，如个人信息处理者应当遵守合法、正当、必要和诚信原则，不过度收集个人信息，对个人信息的处理应当告知或明示，应当事先获得个人信息主体同意，特定情况下需要获得单独同意或书面同意等；要求个人信息处理者在个人信息被侵犯后，应当对个人信息主体采取受理投诉、告知、沟通、补救和赔偿等措施；规定征信机构或关键基础信息设施运营者如需向境外提供个人信息，需要遵守专门的规定，需要通过我国相关部门的安全评估。❷另外，数据安全

---

❶ 见《最高人民法院关于审理利用信息网络侵害人身权益民事纠纷案件适用法律若干问题的规定》（2014年）。

❷ 见《民法典》（2020年）、《个人信息保护法》（2021年）、《网络安全法》（2016年）、《刑法》（修正案十一）（2020年）等法律法规。

治理方面的企业安华金和，在其公众号上发布过"《网络安全法》解读系列"，其中用"阻断义务"一词概括了《网络安全法》第47条规定的网络运营者应当承担的个人信息保护的责任。

2018年5月在北京召开的第二届中国数据安全治理高峰论坛上，很多企业给出了他们的个人信息处理行为类型❶，如阿里巴巴的个人信息处理行为类型为采集、存储、使用、传输、共享、销毁，海关的为采集、存储、使用、传输、销毁，谷安天下的为获取或生产、存储、分析、评估、存储、结束，国网思极检测的为收集、传输、应用、处理（计算、分析）、存储（组织、分发、存储），等等。

总结我国隐私保护相关法律法规及各企业对个人信息处理行为的界定，个人信息控制者（本书即指信息服务者）的各种个人信息处理行为类型及包括的具体行为如表1-1所示。

表1-1　个人信息控制者操作个人信息的行为类型

行为类型	涉及的具体行为以及多种表述形式
收集	窃取、偷拍、偷听、偷窃、窃听、获取、收集、采集、购买、交换、获赠、复制、摘录、查阅、质询等
传播（传输、提供、公开）	传输行为（更多是指内部或合作者之间信息的流动，包括转让、流转等），公开行为（公开、公布、公示、发布、开放、张贴），提供行为（传播、共享、交换、直播、录播、提供复制、提供摘录、提供查阅等），出售行为，泄露行为（丢失、泄露、透露、丢弃），张扬行为（宣扬、张扬、散布、扩散、议论）等
内部处理和自身使用（存储、使用、加工、删除）	内部处理（组织、分发、存储、保存、计算、分析、评估、挖掘、分类、关联、复制、摘录、更正、简化处理、毁损、整理、加工、篡改、内部分发等处理行为，匿名化、去标识化、删除、销毁、恢复等），自身使用（用户画像、数据挖掘、联盟使用、广告应用、个性化服务、精准服务等）
合作处理和使用	共享、流转、分发、委托处理等
管控	阻断（拒绝查阅、复制和摘抄的要求、制止提供、制止披露、列为密卷、销毁、停止传输、防止扩散），补救，告知（明示、告诉），同意等

---

❶ 会议主办者将会议报告电子版发送到与会者（课题组成员参加了该会议）电子邮箱中。包括了苏建东的《阿里云大数据安全实践》、石宇的《海关数据安全治理实践》、陈伟的《2018国际研究机构数据安全治理框架解读》、赵明明的《虚拟环境与大数据环境下的数据安全过渡》等。

个人信息主体（即信息用户）对其个人信息的操作行为可以分为提交、同意授权、访问、更正、删除、索取其个人信息，以及撤回同意、注销账户等，实际上是个人信息主体对其个人信息的操作权利。

（5）法律责任

法律责任尤其是其中的处罚规定，对隐私侵权行为具有很强的制约和威慑作用。承担侵权行为的法律责任分别有刑事责任、行政责任、民事责任与违宪责任。刑事责任内容是建立在违法情节的严重性上，我国司法解释规定了"情节微轻""情节严重"和"情节特别严重"的判定标准❶，处罚内容主要包括罚金和有期徒刑。行政责任包括行政处罚和行政处分，是对违法但还未到犯罪的行为的惩戒，其中行政处罚主要包括罚款、没收、警告、吊销各种证件等。《个人信息保护法》的法律责任部分规定了具体的民事处罚内容。

我国最高人民法院和最高人民检察院于2009年出台刑法的补充规定，确立"出售、非法提供公民个人信息罪""非法获取公民个人信息罪"；于2015年将上述两个罪名合并更改为"侵犯公民个人信息罪"。

（6）我国隐私保护相关政策标准概括

从管理的角度，我国国家层面的隐私保护措施主要是国务院及其各部委发布和实施的各种行政规范，制定与实施的国家标准等，是对现有法律法规的落地实施。

笔者以北大法宝平台和国家互联网信息办公室网站为检索平台，分别利用"个人信息""隐私""用户信息"等检索词从全文路径进行检索和汇总。检索结果显示，截至2021年年底，国家各级党政部门都出台有针对性的信息服务领域个人信息或隐私保护的管理规定或指南，从上到下形成了规范和执行体系，如①全国人民代表大会、全国人民代表大会常务委员会或其办公厅发布的工作文件有50多份，时间跨度为1992—2021年，主要是关于立法保护隐私权益、保护个人信息的提案，可见长期以来全国人民代表大会及相关机构都非常重视隐私保

---

❶ 见《最高人民法院、最高人民检察院关于办理侵犯公民个人信息刑事案件适用法律若干问题的解释》（2017年）。

护立法；②国务院规范性文件有110多份，主要是2014年以后发布的，早期的文件提到的领域比较宽泛，如信息化、高新技术服务等，近期出台的涉及更多具体分支领域，如疫情防控、数字政府等，强调这些领域的隐私或个人信息保护；③最高人民法院和最高人民检察院工作文件和司法解释性文件有200多份，主要是对个人信息侵权案件、隐私权纠纷案件或者其他涉及隐私的案件的审理进行指导，梳理具体场景下个人信息与非个人信息的区别；④部门规章有500多份，主要是2015年以后发布的，表明国务院各部门在开展各项活动时，凡是涉及个人信息的，都已经开始重视和强调对个人信息的保护；⑤团体规定有10多份，是在发布各类活动通知中要求保护个人信息或个人隐私；⑥发展政策如"十三五"规划、科学数据管理办法，以及国务院针对信息服务领域的各种规范性文件等，在提出发展规划的同时都提到保护个人信息或隐私的要求；⑦很多部门单独或联合发布各种个人信息保护指南型文件，以便对我国隐私和个人信息保护法律法规落地实施，如《互联网企业个人信息保护测评标准》《信息安全技术　公共及商用服务信息系统个人信息保护指南》（GB/Z28828—2012）、《信息安全技术　移动智能终端个人信息保护技术要求》（GB/T 34978—2017）、《互联网个人信息安全保护指南》《网络安全标准实践指南——移动互联网应用程序（App）个人信息保护常见问题及处置指南》、《个人信息安全规范》（2020版）等。这些文件是对《网络安全法》实施的落地措施，提出了各组织机构的管理机制，包括管理制度、管理机构、管理人员；也提出了技术措施、业务流程和应急处置的要求，供互联网机构参考借鉴。指南性质的文件，仅具有借鉴参考作用，是否执行，比较依赖信息服务组织和个人的自觉和自愿。

1.1.3　国外隐私保护相关法律法规概述

在互联网环境下，各国信息服务系统不可避免要进行跨境服务，如我国引进大量国外学术数据库或国外许多国家采购中国知网数据库，这些平台服务器基本在信息服务商所在国家或者指定的国家。用户登录和使用这些信息服务平台，会出现跨境数据流，数据流包括有用户个人数据。本书主要针对我国信息服务者可能涉及国外用户个人数据时需要了解和掌握的国外法律法规的相关规定。我国研究国外隐私保护法律法规的文献比较多，本书从探索信息服务中隐私安全管理环境视角，对国外相关法律法规进行简单梳理。

1948 年的《世界人权宣言》和 1950 的《欧洲人权公约》都提出对个人隐私保护的要求。专门的隐私保护法律法规肇始于 20 世纪 70 年代，多个国家分别发布相关法律。例如，1973 年瑞典发布了《数据法》(*The Data Act*)，1974 年美国发布了《隐私法案》(*Privacy Act*)、1977 年德国发布了《联邦数据保护法》(*Federal Data Protection Act*)等。为了协调各国个人数据跨境问题，20 世纪 70 年代末到 80 年代初，欧洲委员会和经济合作与发展组织（Organization for Economic Co-operation and Development，OECD）开始制定相关的国际规则。❶ 在互联网发展起来之后，越来越多的国际组织和国家出台有关个人数据跨境流动的规则或法律法规。目前在国际上影响比较大的是 OECD 的《隐私指南》和欧盟的 GDPR。

OECD 于 1980 年发布《隐私指南》，其中包括指导各国国内立法适用的 8 条原则及有关跨境数据国际协调的原则。2012 年 OECD 对该指南内容进行微调，并于 2013 年发布该指南修订版，即《2013 隐私指南》，2021 发布了跟踪报告。OECD 从两个方面来规范跨境数据流，一是提出各国国内法的立法原则，即提出收集限制、数据质量、目的特定化、使用限制、安全保护、公开、个人参与和责任这 8 项著名的隐私保护原则，为各国隐私保护立法方面的一致性或相似性提供指导；二是提出跨境数据流国际适用的基本原则和国际合作与协调的原则。《2013 隐私指南》特别增加了要求成员国具有隐私执法机构且其中要有国际合作事业的内容。总体来讲，OECD 同时强调隐私保护和跨境数据流发展，强调个人数据的自由流通和合法限制，强调成员国之间达成各种国际合作协议，形成可相互协调运用的隐私保护框架，以进行跨境数据流通。

---

❶ 高富平，王苑. 论个人数据保护制度的源流——域外立法的历史分析和启示 [J]. 河南社会科学，2019，27（11）：38-49.

OECD所制定的规则都是原则性的,具有指导意义但无强制作用。❶

欧盟是发展跨境数据流中个人数据保护法律法规的重要组织。欧盟颁布的法律法规对欧盟国家具有强制性法律作用,同时由于跨境数据流的存在,很多国家的信息服务会受到这些法律法规的制约和影响。1981年欧洲理事会成员签署《数据保护公约》,之后多次修订,该公约在维护数据跨境流动的基础上增加保护个人数据的限制性规定。❷ 1995年欧盟颁布《数据保护指令》,用于处理欧盟内部的个人数据保护问题,2016年欧盟发布GDPR将其取代。

GDPR是一个统一法律,不要求成员国再据此单独立法,为欧盟内数据流通扫清国界壁垒,这一法律不仅着重个人数据的保护,更着重个人数据的跨境流通。❸ GDPR于2018年5月25日正式生效,是目前国际影响力最大、管控最为严格的个人数据保护法律,其内容非常详尽,对数据主体、数据控制者及数据处理等主体或操作都制定有详细的权利与责任规定,特别是将适用范围从之前指令的属地主义向属人主义扩张❹,辐射范围扩大,很少有国家的互联网服务尤其是信息服务行业不被波及。很多国家的隐私保护法律法规或者国际合作条约都因此进行修订。在跨境数据流通方面,GDPR规定:如果个人数据被转移的目标国不是欧盟成员国,欧盟需要对目标国进行保护水平评定,不仅看是否有符合欧盟要求的成文立法,还要评定法律执行的有效程度;对目标国的实施保护措施进行定期(四年)检查;以及一些跨境数据流通的例外。❺ 正是这些

---

❶ OECD. Recommendation of the Council concerning Guidelines Governing the Protection of Privacy and Transborder Flows of Personal Data [EB/OL].(2013-11-07)[2021-12-30]. https://legalinstruments.oecd.org/en/instruments/OECD-LEGAL-0188.

❷ 《关于个人数据自动化处理中的个人保护公约》中译文[EB/OL].(2019-04)[2019-10-11].陈舒,等译. https://img.anzhixun.com/201904/files/20190417111426684724.pdf.

❸ COUNCIL OF THE EUROPEAN UNION.General Data Protection Regulation GDPR [EB/OL]. [2020-10-11]. https://gdpr-info.eu/.

❹ 洪延青.欧盟《通用数据保护条例》详解(附PPT简析+专访)[EB/OL].(2016-08-11)[2019-02-01]. https://www.sohu.com/a/110154040_353595.

❺ 附录3《统一数据保护条例》中文翻译[M].洪东荧,李立,余超等译//高富平主编.个人数据保护和利用国际规则:源流与趋势.北京:法律出版社,2016:218-292.

规定,美国和欧盟之间的《安全港协议》于2015年失效,2016年2月双方达成《隐私盾协议》(EU-US Privacy Shield),符合条件加入《隐私盾协议》的美国企业才有资格和欧盟企业进行数据交流。❶ 鉴于GDPR的影响力,我国无论是学界还是业界都对GDPR进行了大量研读,本书不再详述,在后文用到GDPR处再列出对应的内容。

法律环境和国家宏观控制环境是隐私安全管理机制存在的基础,管理机制让隐私或个人信息保护法律法规落地实施,弥补了法律法规未能触及的领域。

1.2 基于各种公开报道的隐私安全风险类型梳理

这里所指的各种公开报道,主要包括司法案例库、新闻报道及已有研究文献。

以"个人信息"为检索词,检索路径为"标题",匹配模式为"精确",对北大法宝平台司法案例库检索相关"案例与裁判文书"记录,2019年8月11日检索出相关记录5729条,2020年12月13日检索出相关记录10735条。仅1年半的时间,相关案例记录就增长近1倍,可见近几年隐私侵权现象比较泛滥。这些案例基本都是刑事方面的,有少量民事、行政、知识产权等方面的。在上述两个检索时间,笔者还分别使用检索词"图书馆""信息研究所或情报研究所""情报中心""信息中心",在上述检索结果基础上进行"结果中检索",途径是"正文",对检索结果进行正文扫读,最终查询结果如表1–2所示。

表1–2 北大法宝平台司法案例库中涉及信息服务机构隐私侵权案例

检索词	2019年8月11日检索	2020年12月13日检索
图书馆	2条结果:1条是信息源包括图书馆读者信息,1条是图书馆失职	3条检索结果:1条是图书馆工作人员犯法,2条是信息源包括图书馆读者信息

---

❶ 刘碧琦. 美欧《隐私盾协议》评析 [J]. 国际法研究, 2016 (6): 35–47.

续表

检索词	2019年8月11日检索	2020年12月13日检索
信息研究所/情报研究所		1条检索结果：情报中心工作人员侵权
情报中心		1条检索结果：公安局情报中心人员侵权
信息中心		5条结果：3条是社保信息中心合作机构人员侵权，1条是房管局信息中心合作机构人员侵权，1条是企业信息中心工作人员侵权

这12条记录表明，涉及信息服务机构隐私侵权的案例在案例库中占比非常低，尤其是公益性信息资源服务机构这类案件的发生率极低。这是一个好的现象，但也不能放松对用户隐私的保护，尤其在已经出现案例的情况下。

案例库的案例都是已经审判后的，现实中还有很多刚进入投诉调查阶段的隐私侵权事件。以下按照个人信息生命周期分别梳理信息服务活动中可能存在的隐私安全风险类型。

1.2.1 个人信息收集方面的隐私安全风险

我国法律法规相关规定分析案例中所表现出来的隐私安全风险类型主要有以下5种。

（1）过量或未经同意的收集

互联网时代，信息即价值。在利益驱动下，企业为达到优化产品和服务，或用于广告投放的目的，对用户信息进行收集，包括大量隐私数据，如电话号码、真实姓名、位置信息、浏览痕迹等。大量隐私泄露案件表明，App使用"一揽子协议"的方式过度收集个人信息的现象普遍存在，部分App存在不同意授权个别权限便无法正常使用的"霸王条款"，为获得使用权限，用户被迫"交出"自己的隐私。这几年，我国对App软件进行过多次合规性检查，每次都能查出很多App存在违规收集个人信息的情况，违规收集形式主要有：收集个人信息甚至是个人敏感信息时未告知收集目的；用户未同意时频繁询问；注销账号需

提交个人敏感信息；收集婚史、宗教信仰等与业务功能无关信息；用户不同意提交某些个人信息则服务商不提供基本信息服务等。❶

（2）"内鬼"窃取和非法买卖

组织机构内部管理漏洞及工作人员的非法行为，已经成为隐私泄露的一个主要原因。根据新闻媒体报道，80%的数据泄露是企业内鬼所为，"泄露个人信息（隐私）的源头，主要是银行、教育、工商、电信、快递、证券、电商等行业的内部人员"❷。

根据现有司法案例以及新闻报道，"内鬼"窃取或非法买卖的形式目前主要有：①工作人员利用组织内部管理漏洞，进入他人账户，窃取客户或用户大量个人信息。例如，某派出所民警籍某某和某市疾病预防控制中心工作人员韩某都是利用职务和工作便利，或是利用本单位他人数字证书，或是进入本单位他人账户，窃取单位信息系统中存储的大量公民个人信息。❸ ②工作人员利用工作便利，查询大量个人信息进行出售，非法获利。如某交警大队车管所辅警，利用其负责车辆审核的工作便利，在交管系统查询大量车主个人信息，然后出售给他人非法获利❹；某证券公司工作人员、某信息技术服务公司工作人员、某银行工作人员，利用工作便利下载保存大量用户个人信息并在网上销售❺；某图书馆技术服务部员工将学生读者信息无偿提供给其某教育培训机构的朋友

---

❶ App违法违规收集使用个人信息治理工作组.关于35款App存在个人信息收集使用问题的通告[EB/OL].（2020-11-17）[2020-11-20]. http://www.cac.gov.cn/2020-11/17/c_1607178245870454.htm.

❷ 郑伟康，郑蓓蓓.泄露公民信息的，就是这些"内鬼"！天[EB/OL].（2018-12-22）[2018-12-30]. https://baijiahao.baidu.com/s?id=1620524423871221697&wfr=spider&for=pc.

❸ 最高人民检察院.最高检发布六起侵犯公民个人信息犯罪典型案例之一：韩某等侵犯公民个人信息案；之六：籍某某、李某某侵犯公民个人信息案典型案例[EB/OL].（2017-05-16）[2020-12-13]. https://www.spp.gov.cn/xwfbh/wsfbt/201705/t20170516_190645.shtml.

❹ 警备人员盗卖个人信息获刑.内部人必须严防[EB/OL].（2018-11-15）[2023-10-09]. http://m.gmw.cn/baijia/2018-11/15/31976228.html.

❺ 最高人民检察院.最高检发布六起侵犯公民个人信息犯罪典型案例之四：郭某某侵犯公民个人信息案[EB/OL].（2017-05-16）[2020-12-13]. https://www.spp.gov.cn/xwfbh/wsfbt/201705/t20170516_190645.shtml；Lawyeryi.最高人民法院、最高人民检察院发布7起侵犯公民个人信息犯罪典型案例[EB/OL].（2017-05-10）[2020-12-13]. http://www.075564.com/qtfz/qfxxz/2018-08-09/1864.html.

等。❶ ③工作人员违规提供或者出卖员工账号，致使不少非法获取员工账号者能够窃取大量客户个人信息。如某快递公司员工出售本公司的内部系统员工账号等。❷ ④在北大法宝平台中的隐私侵权刑事案件中，公民个人信息买卖占绝大多数，尤其是以公司业务形式出现的买卖公民个人信息行为，侵权性质更为严重，如上海某公司非法获取公民个人信息案。❸

（3）诱骗套取、非法共享个人信息

洛阳某公司李某让实习学生以"环保志愿者"名义开展"安全出行调研活动"，套取受访者个人信息，"固定话术是：以环境保护志愿者身份，询问对方位于哪个区县、出生年月日、姓名、职业、是否有未满十八周岁的小孩、是否购买过理财产品等，信息收集完成后，系统会自动提交到服务器"❹。这里显示出李某行为非法、实习生成为工具人及被访者隐私保护意识弱等问题。

（4）非法"撞库打码"个人信息

根据新闻报道，目前很多犯罪分子是通过"撞库、打码"形式非法收集个人信息。"撞库，是指黑客通过收集已泄露的用户信息，利用账户使用者相同的注册习惯，如相同的用户名和密码，尝试批量登录其他网站，从而非法获取可登录用户信息的行为。打码，是指利用人工大量输入验证码的行为。"❺ 光明网法制频道报道，2020年4月，最高人民检察院将我国首例"撞库打码"案纳入

---

❶ 北大法宝.张某侵犯公民个人信息罪一审刑事判决书：【法宝引证码】CLI.C.104913995[EB/OL].（2020-01-16）[2020-12-13]. https://www.pkulaw.com/pfnl/.

❷ 公安部.公安部公布一批网络侵犯公民个人信息犯罪典型案例之八：上海侦破吴某、刘某某等人非法获取公民个人信息案[EB/OL].（2017-05-16）[2020-12-13]. http://www.cac.gov.cn/2016-07/21/c_1119253557.htm.

❸ 北大法宝.上海罗维邓白氏营销服务有限公司非法获取公民个人信息案：【法宝引证码】CLI.C.6243672[EB/OL]. [2019-08-11]. https://www.pkulaw.com/pfnl/.

❹ 北大法宝.洛阳网聚信息科技有限公司、李某等侵犯公民个人信息一审刑事判决书：【法宝引证码】CLI.C.65275876[EB/OL].（2018-06-25）[2020-12-13]. https://www.pkulaw.com/pfnl/.

❺ 肖飒.最新公报：撞库，小心撞进法律红线！[EB/OL].（2020-04-10）[2020-05-10]. https://baijiahao.baidu.com/s?id=1663566428338284666&wfr=spider&for=pc.

打击网络犯罪的第十八批指导性案例。❶ 这一现象足以显示这种新型的个人信息非法收集手段的危害性。

（5）用户无意的泄露

用户无意泄露自己个人隐私例子很多。例如：①有的是受到诱惑所致。网上有不少虚假信息和非法链接来引诱用户点击，套取用户个人信息。当用户的猎奇心比较强而自我防范意识比较弱时，就容易上当。如冷某案件中，冷某就被法院判定其自身存在重大过失。❷ ②有的是用户放松警惕或者对系统功能不甚了解所致。例如，社交网站是用户最容易放松警惕而输入更多个人信息的地方，很多幼儿的父母或祖辈喜欢"晒娃"，在带来广泛阅读量的同时也容易引来犯罪分子的窥视。又如，通过微信发送智能手机拍摄的照片原图，如果拍摄时没有关闭位置信息授权，定位信息会像烙印一样存在于照片可交换图像文件格式（Exif）参数中，所发原图就会带上用户的位置信息，相当于自己被"实时跟踪"❸，有些人不知道或容易忘记微信发原图可能会显示出发布者的位置信息，由此引发个人信息泄露。

1.2.2　个人信息存储和销毁方面的隐私安全风险

为进行数据分析和后期服务，企业通常会长期大量存储用户数据。企业数据库存储用户数据阶段，用户数据会因为工作人员故意或失职操作而泄露。如2019年4月因泄露公司源代码造成超百万损失，大疆集团前员工被罚20万，获刑半年；❹ 2017年，亚马逊云服务器（Amazon Cloud）泄露47GB医疗数

---

❶ 陈畅. 全国首例撞库打码案入选最高检指导性案例[EB/OL].（2020-04-09）[2020-05-10]. http://legal.gmw.cn/2020-04/09/content_33727745.htm.

❷ 北大法宝. 冷某与中国农业银行股份有限公司靖江东兴支行卡纠纷上诉案：【法宝引证码】CLI.C.10943179[EB/OL].（2018-01-29）[2020-12-13]. https://pkulaw.com/pfnl.

❸ 尤一炜. 隐私护卫队. 微信发原图泄露位置系图片本身信息，还包括拍摄器材、日期等信息[EB/OL].（2019-12-02）[2019-12-11]. https://mp.weixin.qq.com/s/Rz5Jsu-NVe9dx_QT99s6CA.

❹ 3DM整理. 泄露公司源代码造成超百万损失 大疆前员工被罚20万、获刑半年[EB/OL].（2019-04-28）[2020-11-12]. http://games.sina.com.cn/wm/2019-04-28/doc-ihvhiqax5545670.shtml.

据，15 万病人信息被曝光。❶ 企业对用户隐私数据进行非法交易、处理，使用户隐私泄露的案件也不胜枚举。此外，黑客的故意攻击、入侵等非法行为也是造成用户隐私泄露的重要原因。例如，2019 年 5 月 14 日，日本迅销公司（Fast Retailing）在官网发表声明说，旗下品牌优衣库、极优（GU）超过 46 万名顾客的数据在 4 月 23 日至 5 月 10 日期间遭未授权访问❷；2018 年 1 月印度国家数据库 Aadhaar 被攻击，10 亿公民信息泄露等。❸ 通过案例的整理可以发现，数据存储阶段的隐私信息泄露多为企业和政府的大型数据库存储的信息，一旦被发现技术漏洞或出现工作人员失职现象，被泄露的用户数据量都将是数以万计的。

GDPR 中强调公民享有删除权（被遗忘权）。❹ 大数据隐私生命周期中最后一阶段为数据销毁阶段，个人信息随着其时效性减弱，直至最终失去利用价值时就应进入销毁阶段。然而 2018 年 6 月暗网曝出兜售圆通 10 亿条快递数据，售卖的数据为 2014 年下半年的数据，数据信息包括寄（收）件人姓名、电话、地址等信息。❺ 很多领域收集的用户个人信息，在提供的服务结束后，若公民不主动行使删除权和被遗忘权，个人隐私恐会被轻易侵犯。

1.2.3　个人信息传播和使用方面的隐私安全风险

（1）传播方面的隐私安全风险

个人信息传播阶段出现的隐私安全风险，实质是指隐私泄露。隐私泄露包

---

❶ 砍柴网. 震惊！亚马逊服务器泄露 47GB 医疗数据, 15 万病人信息面临曝光 [EB/OL]. （2017-10-12）[2020-11-12]. https://www.sohu.com/a/197611957_104421.

❷ 徐效鸿. 优衣库母公司逾 46 万顾客信息遭泄露！多少隐私数据还在裸奔？[EB/OL]. （2019-05-15）[2020-11-12]. http://finance.sina.com.cn/wm/2019-05-15/doc-ihvhiews2168824.shtml.

❸ 博览安全圈：印度 10 亿公民信息仅售 8 美元 [EB/OL]. （2018-01-08）[2020-11-12]. https://baijiahao.baidu.com/s?id=1589018025149053456&wfr=spider&for=pc.

❹ COUNCIL OF THE EUROPEAN UNION.GDPR Art. 17 GDPR Right to erasure ("right to be forgotten") [EB/OL]. [2020-11-12]. https://gdpr-info.eu/art-17-gdpr/.

❺ 贵港市公安局网络安全保卫支队. 2018 年十大数据泄露安全事件盘点 [EB/OL]. （2019-01-08）[2019-12-11]. https://baijiahao.baidu.com/s?id=1622083689888716217&wfr=spider&for=pc.

括主动泄露和被动泄露，主动泄露具有非法传播性质，被动泄露属于信息安全问题，包括安全技术问题和管理问题。

在数据传播阶段，中介平台容易成为套取公民个人信息的"信息中转站"。从公安部通报的案件中可以发现，有些案件是犯罪人通过查询公司（如商务咨询公司）内部注册会员信息，获取数据后进行非法交换和买卖。有些案件则为其他用户恶意或无意披露事件。例如，2019年5月上海11岁学生提案父母健康晒娃❶，未成年人隐私传播问题引起热议，因为在互联网中公民无意识透露的个人信息也会被"有心之人"肆意传播。传播过程中各主体权责意识缺失、缺乏有效的监督和管理是造成隐私被侵犯的主要原因。如被告人陈某于2015年3月至6月间，通过"中国社会工程学联盟论坛"网站，在互联网上多次上传包括"黄山图书馆数据""以前收集的高考评卷教师信息"，以及一些内部通信录、取款记录等相关公民个人信息共计1万余条，被告人陈某还通过上述网站下载相关公民个人信息1200余万条存于360云盘。❷

互联网具有聚焦性和辐射性，一旦个人信息在网络上传播，可迅速传达到全网并引起众人关注，甚至可能被有恶意的人利用。

（2）个人信息使用方面的隐私安全风险

在大数据时代，无数的个人数据被传入"云端"，而个人对信息的储存、处理、披露与商业化利用过程不甚知晓，更无从掌控。如2019年，IBM从网络图库中抽取100万张人脸照片以进行人脸识别训练技术，但这种获取并未经当事人许可❸；同年，有微信读书软件用户发现，在其不知道且未进行任何授权的情况下，自己可以查看微信好友的阅读记录，也即意味着自己的阅读记录被

---

❶ 李玲.上海11岁学生提案父母健康晒娃 近七成网友认为须先经孩子同意[EB/OL].（2019-05-08）[2020-11-12]. https://www.sohu.com/a/312626786_161795.

❷ 北大法宝.陈某侵犯公民个人信息案:【法宝引证码】CLI.C.41106314[EB/OL].（2017-06-01）[2020-12-13]. https://www.pkulaw.com/pfnl/.

❸ 39氪.IBM未经许可从Flickr获取图片，进行人脸识别训练[EB/OL].（2019-03-13）[2019-12-11]. https://baijiahao.baidu.com/s?id=1627855221967153155&wfr=spider&for=pc.

其他好友看到❶；同年，网上曝出，亚马逊通过雇用世界各地的千名员工，利用"窃听"来的用户真实录音（包括数百名儿童的声纹）改进其公司的Alexa语音助手软件。❷可以看出，此阶段数据使用具有隐蔽性，大型信息服务公司这种非法利用个人信息的行为形成了一个闭环，个人用户很难发现个人隐私受到危害，采取预防手段也变得更加困难。上述案例都是企业为了提升信息服务产品性能和功能，提升用户使用体验，进而扩大用户群，增加用户的黏性。但在用户未知情况下进行这种行为显然侵犯用户隐私权，用户在得知真相后会对这些信息技术产品产生很强的隐私顾虑。

考察典型案例和新闻报道，个人信息被非法利用的形式主要是"诈骗"，具体有：①注册网易邮箱、淘宝账户、绑定支付宝，并销售这些淘宝账号和支付宝账号。②开办电话卡，如王某用购买来的个人信息和可以绕开中国联通计算机系统的电脑软件，为不能提供身份证的客户开办手机卡销售业务❸——现在很多诈骗分子用匿名或假名手机卡行骗。③进行手机解锁，如冯某通过购买手机卡和非法收集的个人信息，用部分个人信息进行验证码验证，进而贩卖短信验证码获利❹——为购买者行使诈骗提供可行性。④冒充工作人员进行电话诈骗，主要针对学生、家长、残疾人和老人，如某公司成立后，招聘人员作为业务员，使用被告人张某从他人处购买的主要是老年人的客户信息（包括姓名、地址、联系方式等），实施主要针对老年人的电信诈骗活动；又如，被告人闫某等利用某公司工作人员提供的客户信息（主要是学生），包含姓名、手机、学校、

---

❶ 秦楚乔. 微信读书用户诉腾讯侵犯隐私！称未授权即可看好友书单、读后感等[EB/OL].（2019-05-15）[2019-12-11]. https://www.sohu.com/a/314161284_161795?_f=index_pagerecom_15.

❷ 隐私护卫队. 亚马逊音箱"窃听"实锤？算法透明才是治愈公众隐私焦虑的良方[EB/OL].（2019-04-17）[2019-12-11]. https://mp.weixin.qq.com/s/G9wOMP-ce2e3QJmhoQ7MAg；隐私护卫队. 亚马逊Alexa又曝隐私安全漏洞 被指控经常收集儿童用户录音[EB/OL].（2019-06-17）[2019-12-11]. http://www.dbsec.cn/zx/20190617-5.html.

❸ 中国裁判文书网. 王某非法获取公民个人信息刑事申诉驳回通知书[EB/OL]. [2020-12-20]. http://wenshu.court.gov.cn/content/content?DocID=d921ff29-b7b4-4865-81af-a9c60051a699&KeyWord=.

❹ 中国裁判文书网. 冯某非法获取公民个人信息一审刑事判决书[EB/OL]. [2020-12-13]. http://wenshu.court.gov.cn/content/.

住址、学历、毕业时间等，冒充一家公司客服人员，利用购买来的微信账号，通过微信聊天软件以帮助客户注销账户为名，骗取客户短信验证码，将客户账户绑定的电话号码修改成事先购入的电话号码，获取使用客户账户进行分期消费的资格。❶

其他被非法使用的形式还包括：①出售个人信息获利；②建立个人信息数据库，采用收费会员制获利；③对不同方式获得的各种个人信息进行比对，获取公民网络账户密码，进行出售和"刷单"获利；④利用盗取和骗取的"京东白条"京东账户信息赊账购买商品❷；⑤大部分是利用非法获取的个人信息进行电话、邮件促销，尤其针对老年人促销保健品。最后这种营销方式，实际包含着对个人多方面信息的数据分析，不仅通过邮件、电话、微信等途径进行骚扰，更让人有被窥视的感觉。由此可见，个人不仅仅存在被营销骚扰的问题，更可怕的是个人的各种特点都被一些人或团伙掌握。

还有一种情况，不属于行为人犯法，但其行为同样造成个人隐私的泄露。从案例库中也发现，不少犯罪人员在购买个人信息的同时，还利用搜索引擎从网络上收集到大量个人信息。如某案件中，法院认为，公诉机关指控从"百度"等网站引擎上搜索复制和下载的包括姓名和身份证号码的资料共计330880条，因无证据证实被告人获取信息的方法是非法获取，故该指控事实不予认定。❸虽然这种搜索行为没有被认定为非法，但也提醒我们，即不要在互联网上发布太多的个人信息。零零散散的信息，到别有用心的人那里就可以整合为用户"画像"。

---

❶ 中国裁判文书网. 闫某、陈某、何某诈骗罪、侵犯公民个人信息罪二审刑事裁定书[EB/OL].[2020-12-13]. http://wenshu.court.gov.cn/content/.

❷ 海宇信息安全."白条"黑产追踪:京东账号遭大量泄露,黑市价高至每个千元[EB/OL].（2019-03-19）[2020-12-13]. https://blog.csdn.net/weixin_44052945/article/details/88666803.

❸ 中国裁判文书网. 郑某非法获取公民个人信息一审刑事判决书[EB/OL]. [2020-12-13]. http://wenshu.court.gov.cn/content/.

1.2.4 引发隐私安全风险发生的影响因素分析

前面分析的隐私安全风险，概括起来即：侵权主体主要有工作人员、黑客、其他个人或组织，其中，工作人员常常与其他个人或组织合谋共同侵权；侵权行为主要有窃取、套取、购买、共享、交换、撞库、散布、出售、非法使用等；进一步的侵权行为主要有利用个人信息进行营销推广、淘宝账户注册、捆绑支付宝、注册网易邮箱，以及开办电话卡、骗取短信验证码获取钱财，冒充工作人员对学生及其家长进行诱骗和诈骗，冒充工作人员对社会受助对象（如残疾人）谎称进行补贴而实行诈骗等。

从上述隐私安全风险发生的案例来看，其产生的因素主要包括人的因素、管理因素以及技术因素。①人的因素，主要表现在侵权人的恶意收集、窃取、买卖和非法利用；信息处理者的大意，主体人的疏忽、操作不当、隐私管理能力不足等。②管理因素，主要表现在单位对个人信息管理缺乏有效、科学的管理体系，给侵权人可乘之机。例如，单位对员工保密纪律要求不够，致使员工泄露自己的账号给其他员工；平台存在安全漏洞；App越界获取权限，收集和整合太多个人信息；员工工作调整但用户权限没有及时移除等。③技术因素与人的因素共同作用，这里主要是指黑客行为和撞库行为。

1.3 基于信息服务活动特征的隐私安全风险识别与揭示

本章节所识别和揭示的隐私安全风险，主要是根据与信息技术融合发展的信息服务活动本身的特点，从理论上揭示可能存在的信息用户隐私安全问题。

从风险管理视角来看，信息服务组织或活动拥有用户个人信息的完整程度越高，隐私泄露风险越大。另外，个人信息如果敏感性越高，隐私泄露风险也就越大。通过查阅各种文献资料、信息服务网站提到的信息技术融合下的服务项目，以及对一些信息服务机构负责人的访谈，现有涉及个人信息收集利用的技术和服务项目主要包括以下几个方面。

（1）容易汇集个人信息的信息技术应用，主要有：

- 具有借阅读书功能的一卡通（校园一卡通、多馆一卡通、地方一卡通等）；
- 关联数据（大数据技术运用），将分散在各地的数据整合，如多账号连用、数据挖掘、数据仓库等；
- 射频识别技术（Radio Frequency Identification，RFID）的应用，无接触采集数据和相关卡上的个人信息等；
- "云存储＋大数据"技术的运用等。

（2）容易造成隐私泄露的个人信息存储主体，主要有：

- 机构本地专门部门，如图书馆信息技术部，专人管理；
- 个人信息收集使用者的上级机构指定部门，如学校信息网络中心；
- 第三方信息系统自身存储管理（通过对馆长访谈获知，很多个人信息是第三方信息系统收集和存储）；
- 联盟内云存储；
- 托管云存储等。

（3）容易造成隐私泄露的与个人信息有关的业务（既有服务业务也有管理业务）流程，主要有：

- 读书评比与宣传；
- 纸质登记（登记时容易看到之前用户登记的内容）；
- 个人信息采集、处理、利用和存储过程管理；
- 公共区域监控与拍照；
- 座椅位置和空间管理；
- 手机阅读等。

以下针对采用信息技术的主要信息服务活动形式，分析其存在的用户隐私安全问题。

1.3.1 信息系统注册及一卡通运用存在的隐私安全风险

组织机构开展信息服务，凡是实体机构内的服务，都设有身份认证管理，如图书馆、信息中心等，借阅需要读者证或身份证；凡是通过网络提供的服务，需要注册账户，企业性组织机构在提供某些服务时还需要支付使用费用。

一卡通是一种智能卡，主要用于身份识别和点数计算。但是一卡在手、多处使用的功能在给大家带来便利的同时，也给卡片管理机构带来掌握更多个人信息的机会或负担，引发更多隐私安全风险。在信息服务领域，一卡通形式主要为学校的校园卡、信息服务机构一卡通或其联盟读者（用户）一卡通等。

当信息服务机构用读者一卡通或者学校校园卡取代单部门读者证时，不仅读者证所带来的风险转移到读者一卡通或校园卡中，而且一卡通连接的功能越多，整合个人信息的功能越强大，隐私安全风险也就越大。

（1）服务平台注册带来的隐私安全风险揭示

注册，包括信息用户证件注册和网络账号注册。这两种注册方式，如果在一个组织机构内，通常使用的是同一个证件号，本质没有区别。证件注册是一卡通的基础，一卡通本质是证件注册。服务平台用户注册情况，有的要求提交的信息很少，有的则要求比较多。这里存在的风险主要有：①提交真实身份信息，这是目前我国互联网管理的法律要求，但主要是用于后台管理，前台可以使用昵称、假名。所以这里的隐私安全风险，主要是后台安全问题。②个人信息提交得越多，信息系统就越能对个人进行多方位揭示，泄露的个人信息不仅会增多，也更容易使其他个人隐私被挖掘，从而被泄露。例如，2017年5月课题组成员查阅网上"国研网"数据库平台（http：//www.drcnet.com.cn/www/int/），其注册要求如图1-1所示，2021年1月查阅该平台注册页面时，注册要求如图1-2所示。

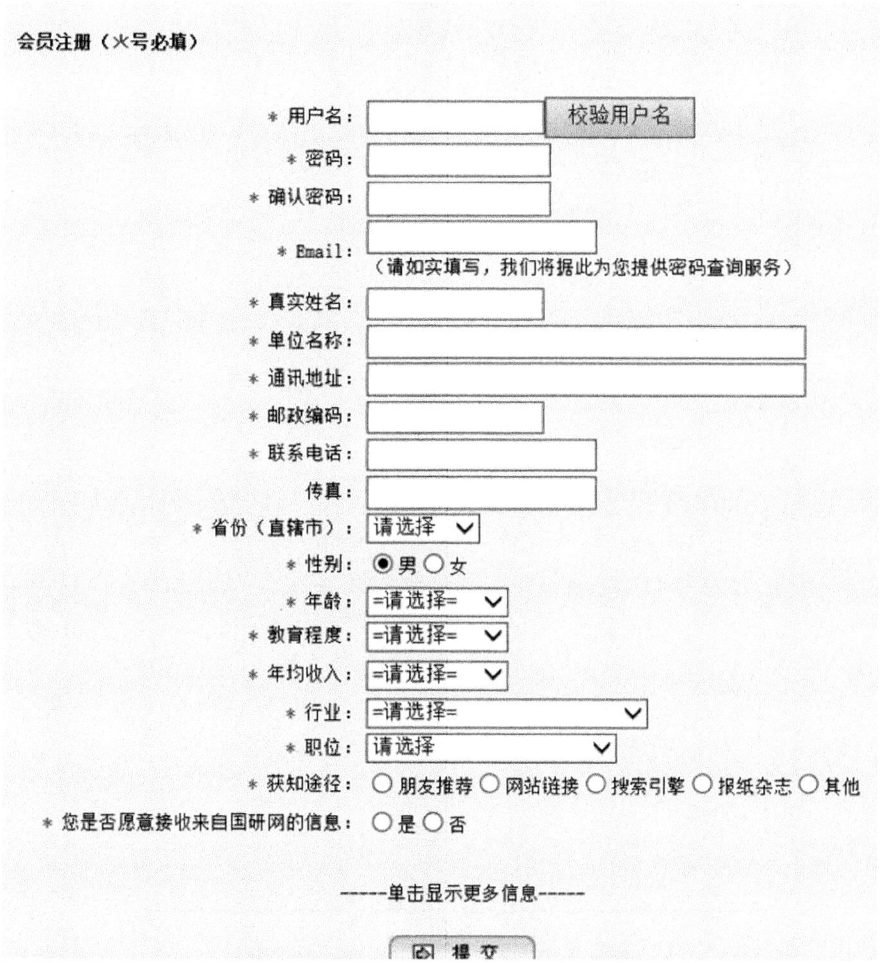

第1章　隐私保护法律法规扫描及信息服务隐私安全风险识别与揭示

图 1-1　国研网 2017 年会员注册页面

很明显，图 1-1 所展示的注册页面的必填项包含很多个人信息，而图 1-2 则将登录必要的信息设置为必填项，其余的个人信息都修改为选填项。这种改变，更大程度尊重信息用户对隐私保护方式的选择，符合国内外隐私保护法律法规的要求和用户的需求。

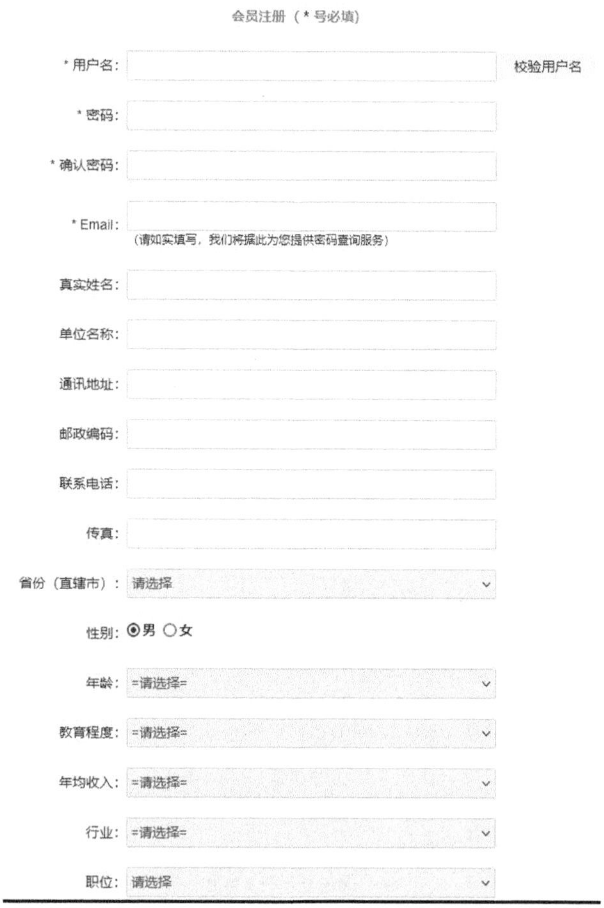
会员注册（* 号必填）

* 用户名：　校验用户名

* 密码：

* 确认密码：

* Email：
（请如实填写，我们将据此为您提供密码查询服务）

真实姓名：

单位名称：

通讯地址：

邮政编码：

联系电话：

传真：

省份（直辖市）：请选择

性别：◉男 ○女

年龄：=请选择=

教育程度：=请选择=

年均收入：=请选择=

行业：=请选择=

职位：请选择

图 1–2　国研网 2021 年会员注册页面

（2）校园卡、其他一卡通的概念及其所含个人信息

校园卡，包括实体校园卡和虚拟校园卡，是教育信息化、数字化校园、智慧学校发展的产物，取代了传统学生 / 工作证、借书证、医疗证、出入证等。其最基本的功能是身份识别。校园卡采用的是 RFID 技术，对个人采用实名认证。通过浏览我国各高校网站并查询校园卡申请表内容，本书归纳出校园卡的个人信息记录，主要包括：

◎　校园卡本身记录的个人信息：学号 / 工号、单位名称（通常到二级单位名称）、身份证号、电话（目前主要是手机号）、身份（学生／教师）、个人照片（部分学校有）。

◎ 虚拟校园卡本身记录的个人信息：实体卡记录的信息、车牌、人体特征信息（指纹、人脸、虹膜、指静脉）、微信，其中人体特征信息属于个人敏感信息。

◎ 图书馆信息服务中对校园卡的使用：门禁系统、自习室选座系统、借阅系统、电子资源使用系统等。由于校园卡存储的个人信息比较多，且可以连接学校其他系统进行数据共享，因此凡是使用校园卡的地方，都能采集到大量的个人信息甚至包括个人敏感信息、个人行为信息。

◎ 校园卡圈存信息：圈存信息和消费信息等。

校园卡并非孤立存在，其后台数据库系统是数字校园或智慧校园整体系统的一部分，企业在研制校园卡系统时一般就设置校内各子系统（教务系统、人事系统、图书馆服务与管理系统、医疗收费系统等）之间数据共享的功能。系统由学校数字校园或智慧管理机构统一管理（大部分由学校信息网络中心管理）。当校园卡与校园内其他功能连接，以及与外部软件如微信、支付宝等连接，可以实现身份管理、信息服务、消费支付、金融服务等。虚拟校园卡，可以取代实体校园卡使用，有的同时还支持"二维码、指纹、人脸、车牌等介质以及扩展如虹膜、指静脉等介质"。

校园卡在给大家带来很大方便的同时，实际上也等于是将个人的各种个人信息和行为信息关联集中在一起，能方便、精准地勾画出一个人的完整画像，因此也存在非常大的隐私安全风险。不过，根据对我国部分高校信息网络中心的访谈，现实中很多学校内各部门之间数据并没有打开共享功能，业务数据包括各种个人信息多保留在各部门。这种现象，有利于降低数据挖掘带来的隐私安全风险，但因为接触到个人信息的员工较多，增加了因员工问题带来的隐私安全风险。

（3）读者一卡通、市政一卡通的含义及其个人信息的记录

读者一卡通，是信息服务机构之间合作，允许读者办理一张可在合作机构之

间共用的读者卡，是对一卡通的一种合作运用，如北京市公共图书馆之间合作办理的"北京市公共图书馆网络联合读者卡"，2011年上海市内图书馆之间合作开通一卡通普通读者证和少儿读者证。另外还有市政一卡通。2018年6月，广西钦州交通一卡通开通钦州图书馆图书借阅功能❶；2019年1月福建莆田公交卡一卡通实现莆田图书馆借书卡的功能。❷目前这种合作一卡通主要还是以图书馆外部机构为主，在外部机构的一卡通基础上开通图书馆服务功能。

这些一卡通从汇集个人信息角度来看，也就是将持卡者的身份信息和各种行为信息汇集在一起，形成数据集中现象，隐私安全风险增大。例如，一卡通被盗而泄露相当多的个人信息，一卡通与其他管理活动或业务活动结合，产生更多行为方面的个人信息。

（4）校园卡门禁管理中的应用及隐私安全风险揭示

高校图书馆的出入需要历经无门槛进入——凭证进入（目测检查）——读者卡刷卡进入——校园卡刷卡进入等多个阶段，除无门槛进入外，其他都属于门禁管理。刷卡进入则是需要采用基于信息技术的门禁系统。如上海盛卡恩智能系统有限公司自2006年以来为北京大学、清华大学等名校建设的图书馆智能门禁管理系统❸；新中新公司2010年时就已经在60%的"985"和"211"院校部署高校一卡通（校园卡），目前正在部署智慧高校（高校一卡通V3.0），进一步集多证和多钱包于一卡，更大范围地实现资源整合和信息共享❹，当然也带来个人信息全方位的关联、整合和共享。

在采用刷卡技术之前的进入方式，读者只要不进行其他借阅活动，一般不会留下到馆痕迹。但采用刷卡进入之后，个人到馆的时空信息就被记录下来，

---

❶ 钦州人注意！你的市民卡已实现逆天功能，能搭公交还能借书！[EB/OL].（2018-06-11）[2019-12-11].http://baijiahao.baidu.com/s?id=1602964509748889509&wfr=spider&for=pc.

❷ 周晨、吴智杰.公交卡可以当借书卡用啦！[EB/OL].（2019-01-16）[2019-12-11]. http://www.sohu.com/a/289405612_373649.

❸ 上海盛卡恩智能系统有限公司.公司介绍[EB/OL].[2021-01-02].http://qianqing021.yellowurl.cn/introduce/.

❹ 新中新.发展历程[EB/OL].[2021-01-02]. http://www.synjones.com/cominfo.html.

连接个人身份信息进入到读者数据库中。对读者数据进行统计挖掘分析也是信息技术运用到信息服务中的一项业务。例如，清华大学图书馆与盛卡恩公司定制的门禁管理系统包括统计功能、校园卡用户信息查询功能、黑名单功能和临时卡管理功能，其中，统计功能包括常规统计（读者类型、读者部门、区域、时间段等）、综合统计（进馆人次综合年报表，一年内平均进馆人次，最高和最低进馆人次分布月份，进馆数量前五名的读者类别和院系等）、对比统计（读者类型、部门、小时段和区域等）、读者进馆信息查询（姓名或证件号查询等）、读者进馆排行榜（按年、月、周、天计算的入馆排行等）。❶后三种功能能够记载没有脱敏的读者注册时的个人信息以及读者部分行为信息；统计功能中读者进馆信息查询和读者进馆排行榜包含的个人信息属于没有脱敏的。

2017年，美国佐治亚大学研发并采用新型虹膜系统，用来采集学生的虹膜信息，学生经过原来需要刷卡的地方，则不用再刷卡，通过入口处摄像头的识别即可通过。因为涉及对个人信息的采集需要个人的同意，所以采用学生自愿录入方式。该讯息发布后一周时间就有约900名学生自愿在该系统上录入了自己的虹膜信息。❷

本来凭证卡进入图书馆的目的是减少无关人员进入以保持图书馆的读书氛围，但在信息技术的融合下，图书馆可以借此记录和分析读者进馆行为，这个记录和分析行为就需要衡量是否符合我国个人信息保护的法律法规。

门禁系统对于需要进入的人来讲是强制使用，但属于个人行为，因此符合本人"同意"的法律要求。但读者无法控制采集"最小/必要原则"，使用校园卡，本身就捆绑图书馆当前提供给读者服务并不需要的大量个人信息。

（5）座位管理系统中的应用及隐私安全风险揭示

自2000年开始，我国各高校图书馆逐步开始在馆内自习室采用座位管理系

---

❶ 王平. 多分馆模式下的清华大学图书馆门禁管理系统的创新和实践 [EB/OL]. [2019-12-11]. http://tgw.lib.tsinghua.edu.cn/content/.

❷ 麦可思研究. 学生要有隐私，高校要有"手段" [EB/OL].（2018-11-24）[2019-12-11]. https://www.sohu.com/a/277373011_121294.

统,也常被称为"选座"系统。该系统可解决长期以来图书馆占座、抢座现象,是数字校园、智慧校园发展的一个应用。选座系统其实早已在影院、民航中使用,但从个人信息采集视角来看,图书馆的选座系统与其他领域的有很大不同,这个不同最主要来自选座系统对校园卡的应用。

选座预约系统目前有网页预约、手机微信预约、手机 App 预约。预约功能采集的个人信息除了身份信息外,还包括微信号和手机号。

选座系统采集的个人行为信息要比门禁系统采集的还多,具体包括预约信息、特定座位进入与退出时间、违规记录等。有的馆将出入时间和门禁系统连接,用进出门禁系统代表进入与退出座位时间;有的馆对已经进入馆的用户采用选位机签到、暂离时间段、微信扫码签离、连接门禁监控出图书馆时间和违规记录等。门禁系统属于进入的强制使用,是用户本人行为,且已知会被采集本人校园卡信息。

目前的选座系统,一般都有一个监督功能,即其他读者发现某座位在系统中显示为就座但实际无人,可按"监督"占座功能,并拍摄空座照片上传系统。"监督"被按后,系统中的座位占有者的手机会收到一条提醒信息,提示其需在 10 分钟内重新扫码签到,否则会被视为离开未退座位而被记录违规 1 次,且座位自动转给监督人(或直接释放)。这种监督功能可以有效预防座位被虚占,这些上传的座位信息和座位持有者个人信息组合在一起构成座位持有者的行为信息,事实上形成对座位持有者行为信息的记录。

有的选座系统已经发展虚拟校园卡的应用,虚拟校园卡采集有师生的生物特征,包括指纹、人脸图像或者虹膜等。当选座系统采集选座者个人生物特征以便与虚拟校园卡核对身份时,实际上是采集了个人敏感信息。

(6)电子阅览室及其他信息服务活动中一卡通运用中个人信息的采集

图书馆电子阅览室作为公共场所,必须严格遵守国家有关互联网、计算机安全管理要求。查阅网上多个图书馆电子阅览室的规章制度,都专门提到有关的法律法规,如《计算机信息系统安全保护条例》《计算机信息网络国际联网管理暂行规定》等。各图书馆电子阅览室是一人一机,如果是学校图书馆,一般使用校园卡刷卡上机。概括来讲，图书馆电子阅览室所用的电脑使用管理系统会采集到读者的个人身份信息（校园卡内存储的）和上网日志，即采集到读者的上网行为信息。上网行为信息，具体可包括上网及使用网络数据库和软件的时间、浏览和下载信息的记录，这些信息结合校园卡个人信息，有助于用户画像的刻画，最终形成更多的个人信息。但并不是每位用户都愿意让别人窥探自己查阅了什么内容。

其他使用一卡通或校园卡的信息服务活动还有借阅/馆际互借、阅览、自习、复印、观看多媒体、专题服务、原文传递、学习共享空间、预约服务、互动研究和培训教室、线下参考咨询、虚拟参考咨询、查新、公众号、数字终端服务、移动图书馆、我的图书馆、新生教育以及读者问卷调查等。原来很多服务在进行读者登记时使用线下手工记录，后来的读者都可以看到前面读者记录的信息，现在这种手工方式基本取消，多采用刷一卡通的方式，其他读者和一般工作人员看不到用户的个人信息，但后台掌握一卡通存储的个人信息和接收这些服务的信息，信息量更大，即能够接触用户个人信息的工作人员更少，但特定工作人员接触的用户个人信息更多。

1.3.2 多账号联用及存在的隐私安全风险

目前很多信息服务在请求用户登录时，允许用户使用其他账号进行登录，也即多账号联用形式。这种形式可以减少账户注册烦琐和账号遗忘现象，但同时也会产生大量信息的关联，让更多的信息成为可识别特定用户的个人信息。

（1）多账号联用的各种账号类型及存在的隐私安全风险

多账号联用，一种方式是若干个信息服务平台有合作，用户在一个信息服务平台注册的账号，可以在另一个信息服务平台上使用；另一种方式是采用目前广泛使用的社交媒体账号如 QQ 账号、微信账号等；更有直接使用手机号进行登录。例如，爱奇艺视频系统除了采用注册时的账号、密码登录外，还可以直接采用与手机号连接的手机扫码登录、短信验证码登录，更可以采用新浪微博账号、QQ 账号、微信账号、百度账号、小米账号进行登录。

这种多账号联用方式，如同一卡通，避免了用户多账号注册和使用的麻烦，尤其是消除多账号记忆的困难，但也如同一卡通一样，对用户个人信息的关联性增强，更多的信息成为可识别特定个人的个人信息。例如，很多第三方App通过微信登录功能，获取用户的头像、昵称、所在地，获取用户画像，并以此分析用户的喜好进行广告推送。当用户的微信号和手机号或邮箱同时被第三方获知，个人信息关联性更加强化，如有些App要求在微信登录时绑定手机号或邮箱。

在微信中对第三方使用微信账号的授权管理，允许用户个人取消微信账号与第三方登录的关联。这种管理是放在微信的"隐私管理"设置中，这一点表现出，即使从运营商视角，账号联合的使用也是属于隐私范畴。2019年年初，抖音App新用户无法用微信登录，于是众说纷纭，有的人表示是抖音与腾讯公司的竞争所致，也有的人表示是用户信息安全所致。❶

（2）信息资源服务多账号联用的现象及存在的隐私安全风险

随机抽查的图书馆网站、网络信息服务平台，如百度、中国知网等，几乎都存在多账号联用现象。图书馆服务存在多种账号联用的场景主要有：

◎ 图书馆座位预约：采用微信预约时，需要将用户名和微信账号绑定；

◎ 本课题组成员登录其学校图书馆公众号开通的仁仁阅公众号（一款阅读推广App），发现其采用微信登录，表明需要获取用户的公开信息（昵称、头像、地区及性别）；

◎ 本课题组成员登录其学校图书馆畅想之星电子书App，发现该App可以采用读者账号/手机号/邮箱登录，也可以采用微信账号登录，后者表示需要获取用户的公开信息，同上；

◎ 北京市公共图书馆计算机信息服务网，可以采用联合读者卡号登录，也可以采用微信账号、QQ账号登录，截至2019年3月，已有270家联网成员馆；

---

❶ 科技夕延说.用微信无法登录抖音？在这个问题上，你们可能都错了！[EB/OL].（2019-01-26）[2019-12-11]. https://baijiahao.baidu.com/s?id=1623713172488441109&wfr=spider&for=pc.

◎ 福建莆田可以开通图书馆借阅功能的公交一卡通,可以微信绑定读者一卡通使用。❶

搜索引擎平台允许用户使用除了本平台账号登录外,还可以使用合作方账号,如国内常用的百度、360搜索和搜狗搜索都可以用QQ账号登录,百度和360搜索还可以用新浪微博账号登录,360搜索自己还可以用微信账号登录;必应搜索除了使用自己的账号登录外,还可以使用同属微软公司的GitHub社区账号登录(2018年6月微软收购了GitHub)。

数据库平台除了允许用户使用本平台账号登录外,还允许用户使用合作方账号登录。例如,常用的中国知网平台合作网站账号主要有QQ账号、微信账号、网易账号、新浪账号;万方数据知识服务平台和OA性质的中国科技论文在线的合作网站账号都有QQ账号、微信账号和新浪账号;超星发现平台合作网站账号有QQ账号和微信账号;国务院发展研究中心信息网合作网站账号有微信账号等。

信息服务机构基本都开通了微信公众号。用户只要加入公众号,信息服务机构就会获得用户的微信账号信息(包括微信号、头像、昵称等),如果用该公众号进行账号内服务使用,则会将微信账号与信息服务机构用户账号关联。有报道介绍微博用户李靖揭露的某平台对个人信息多账号的关联方式。❷ 通过账号关联,运营商可以非常方便地将个人分散在各处的个人信息或者非个人信息整合在一起。很多非个人信息,通过这种整合,具有识别特定个人的功能而成为个人信息。对运营商来讲,这种多账号联用更容易泄露用户个人信息,更容易触犯隐私保护法律规范;对个人来讲,在大数据环境下,这种整合非常容易对用户进行精确画像,一旦泄露会引发一连串伤害。

(3)手机号关联存在的隐私安全风险

根据我国《网络安全法》第24条,如果信息服务平台用户是注册用户,则

---

❶ 莆田市总工会. 莆田城市一卡通可以在莆田市图书馆借书啦![EB/OL].(2019-01-08)[2019-05-06]. https://www.sohu.com/a/289947666_100218214.

❷ 科技聚焦. 今日头条的智能推荐很准,它是如何获取你微信好友信息的?[EB/OL].(2019-01-30) [2019-12-11]. http://www.sohu.com/a/292398518_100191018.

需要提交本人真实身份信息。目前能够反映出本人真实身份信息的有多种证件号，如身份证号（或护照号、社保卡号、驾驶证号等其他具有政府确认的本人唯一的编号），或教育部认定的学位号，或"单位全称＋单位证件号"等。另外，自我国开始实施手机号实名制后，手机号也是反映一个人真实身份的信息。若有人冒用这些信息进行注册，这个时候就不仅仅是隐私泄露问题，还存在其他权利如经济权利被侵犯的风险。

上述这些编号都具有唯一性，提交任何一组都能够保证用户是提交本人信息本人。其中，手机号连接着各种 App 软件，各种服务平台都需要用户提供手机号，且可以通过验证码修改手机登录密码和关联手机号。如果丢失手机未及时挂失或销号，盗用者可以通过获得特定系统平台的验证码而越过密码进入该系统。

1.3.3　用户数据存储多元主体特征带来的隐私安全风险

信息服务机构与第三方合作，第三方可能是信息服务机构，也可能是其他类型机构。有的合作会记录和统计用户数据，存在隐私泄露和非法使用的风险。本书以图书馆为例进行分析。

◎　图书馆/信息中心与数据库商的合作；

◎　图书馆/信息中心与通信公司的合作，如 Wi-Fi；

◎　图书馆/信息中心与其他商业性信息服务机构的合作。

（1）用户个人信息存储主体为本机构（或联盟）专门部门

用户个人信息存储在本机构，分为两种情况，一种是存储在本部门如图书馆，一种是存储在本机构专门部门，如高校的校信息网络中心。

图书馆将读者（用户）个人信息存储在本地是基于图书馆自动化系统。根据本课题组对图书馆的访谈，读者的个人借阅数据都存储在本馆借阅系统中，由本馆信息技术部门专人负责，一般图书馆工作人员不用接触，也接触不到。这种方式是比较好的个人信息存储管理方式，减少能够接触的人员，用户隐私泄露风险就可以降低很多。

如第 1.3.2 小节所言，通过数字校园或智慧校园信息系统，信息服务用户的身份信息和行为信息（包括借阅信息）都被整合在数字校园或智慧校园系统中，其服务器若放在学校信息网络中心，信息网络中心则掌握更多用户个人信息。同时，其他部门包括图书馆，有的是同时存储，有的则不需要自己存储和管理。

这种方式存在的风险主要来自能够接触到读者个人信息的工作人员，如第 1.2.1 小节所指的"内鬼"窃取和非法买卖，目前图书馆工作人员及学校信息网络中心出现这种非法现象，不多但已出现，如某图书馆技术服务部员工将学生读者信息提供给其某教育培训机构的朋友。❶

另外，在公共信息服务系统中，通过总分馆和系统内机构管理，信息用户数据多被整合到联盟或总分馆的云存储平台。云存储方式带来的隐私安全风险将在后面讨论，这里主要是从存储主体视角分析。

相对于存储在外部系统，个人信息存储在本单位——如果工作人员是认识的人，知道他/她看到自己的各种查阅信息的行为内容，对用户个人来讲是一个比较尴尬的事情。

（2）用户个人信息存储主体为数据库平台商

①图书馆采购数据库使用权场景下的用户隐私安全风险。

目前我国图书馆采购的数据库，其使用方式多是远程访问形式，用户使用这些数据库，会在数据库平台上留存其访问信息，如果是注册用户，则访问信息会和注册身份信息整合；如果是非注册用户，用户的 IP 地址信息会和访问信息整合。这里存在的隐私安全风险主要有：

◎ 数据库平台会记录大量个人信息；
◎ 这些个人信息会被多种类型管理人员查阅、挖掘和共享；
◎ 这些个人信息很可能会被数据库商合作或联盟成员共享、聚集和挖掘；
◎ 存储用户数据的系统安全性能不能有效防范隐私安全风险。

数据库平台记录的个人信息可从其用户使用统计数据项显现出来。数据库

---

❶ 北大法宝. 张某侵犯公民个人信息罪一审刑事判决书：【法宝引证码】CLI.C.104913995 [EB/OL].（2020-01-16）[2020-12-13]. https://www.pkulaw.com/pfnl/.

商向图书馆订户提供的用户使用统计数据，历经从自定义数据类型到标准化的发展过程。国外比较著名的数字资源用户使用统计标准主要有：

◎ 1998年国际图书馆协会联合会（International Federcotion of Library Associations and Institutions，IFLA）《网络信息资源使用统计指南》及其2001年修订版；

◎ ISO标准《情报和文献工作 国际图书馆统计学》（ISO 2789），2013年修订版及以后版本增加有电子资源及服务的测量方法和标价指标；

◎ 2002年开始的COUNTER项目及其先后发布的COUNTER1.0和后来的2.0、3.0和4.0版本；

◎ 美国研究图书馆协会研制的E-Metric等[1]；

◎ 国内的主要有行业标准、高校图书馆工作委员会制定的以及国家图书馆制定的统计标准[2]；

◎ 数据库商自己制定有本企业使用标准、数据库订户与软件公司合作研制的电子资源使用统计分析如ERU项目等。

通常标准化的使用统计标准（如COUNTER标准），其统计项目和数据属于脱敏的用户数据，如每月及每种期刊全文文献成功请求量，每月、每种期刊、每种页面类型（PC/应用移动设备可以分开计算）的成功请求量（含全文、文摘、目次、音频、视频、图像）、拒绝量等。统计的颗粒度主要是对时间、数字资源、应用设备的细分。对用户是以组织机构为单位进行统计。然而，这些标准并不是强制性的，数据库商还可以采用自己的统计方案，或者订户与数据库平台商合作配置的统计方案，对用户使用数据的统计进行用户颗粒度的细分。如springer数据库平台的隐私声明描述了其所收集用户数据的类型。

---

[1] 李娜.电子资源管理与评估——以上海财经大学图书馆的外文电子期刊为例[J].图书情报工作，2018，62（15）：60-66.

[2] 如《国家图书馆数字资源统计标准和应用指南》《图书馆数字资源统计规范》（WH/T 47—2012）和《高等学校图书馆数字资源计量指南》；胡大琴.中文数字资源使用统计数据的调查研究[J].图书情报工作，2017，61（15）：104-110.

数据库平台收集统计的用户个人信息，如果被更多人获知和共享，隐私安全风险就更大。例如，Springer数据库平台的隐私声明就表示"您的个人数据可能会披露给可能位于您居住国以外的第三方"❶。

如果用户建立个人账户，数据库商通过个人账户使用数据库，则数据库平台上记录有大量用户使用数据库的行为信息，包括上网日志，也包括COUNTER统计项目中所列出的各项内容。关键是数据库商也赋予机构管理员查询用户使用数据库的行为信息。因此，机构用户数据管理员保护用户隐私的意识和能力需求很高，否则容易因用户数据管理员的问题带来隐私安全风险。

②数据库平台用户行为数据统计案例。

目前各机构购买的数据库，基本都是通过IP控制。如果用户不建立个人账户，数据库商就仅验证IP地址。现在在校园里使用，需要登录一卡通账号才能上网，因此，如果信息网络中心的上网日志与数据库的上网日志关联，就能够勾画出一个特定人的画像。

各数据库平台还同时有个人账户模块，以提供个性化的资源服务。这里以中国知网为例。中国知网收集用户个人信息的内容主要表现在中国知网个人馆注册方面。中国知网用户在个人馆注册，注册时可以使用虚假姓名，然后以两种方式使用中国知网：智能建馆和申请进入机构馆。注册成功后，首次进入中国知网个人馆，会自动进入智能建馆：情报推送、个人信息、开始智能建馆。读者勾选所感兴趣的信息类型，搜集个人信息比较多的是勾选完后进入下一步，需要填写除了表示身份信息的真实姓名外，还包括工作单位名称、感兴趣的学科领域、研究内容的关键词，这些内容都属于必填项目。通过个人馆使用机构购买的资源，就必须申请进入机构馆，而进入机构馆则需要提交用户的更多真实信息。必填事项有真实姓名、学校名称、电子邮箱、部门、证件类型和证件号码，选填事项包括手机号。

被更多人获知信息的情况为：中国知网为订购方的机构管理员提供的本机

---

❶ Springer. Privacy policy[EB/OL]. (2021-06-01) [2021-07-01]. https://link.springer.com/privacystatement.

构及本机构用户使用中国知网特定数据库的行为信息查询功能，管理员可以查到本机构用户对各种数据库的使用统计数据，如登录次数和时间、使用导航次数和时间、检索次数和方式、各种浏览方式的次数和时间、下载次数和时间等。还可以选择用户类型对子机构馆、个人馆进行统计。

上述个人馆注册方案、用户使用统计方案及管理员查看权限方案，并没有对用户数据进行脱敏统计，个人数据库使用行为对数据库商平台和订户管理员（主要是单位的图书馆管理员或信息网络中心管理员）过于暴露。

（3）第三方协助统计数据库用户使用数据带来的隐私安全风险

信息服务机构购买的数据库种类很多，每个数据库都有自己的用户使用统计模块。信息服务机构通常希望整合各数据库用户使用统计模块的数据。目前已有专门进行这种整合统计的软件系统。

例如，复旦光华信息科技公司研制的 ERU 系统，可对电子资源使用进行统计分析和访问监控。该系统从"利"的方面来讲，避开了数据库异构及数据库平台应用异构问题，对用户使用数据进行深层次统计，包括对用户使用行为深层次的语义关联分析。然而，该系统采集和分析的用户使用数据庞大，数据类型包括"读者 IP、访问时间、会话 ID、检索式、读者所在校区、归属平台、归属网站、归属数据库，还包括读者详细浏览、下载资源的详细信息，如文章的题名、摘要、刊物名称、作者、关键字、刊物年卷期等"❶。这里，读者 IP 就可以将其他使用行为信息界定到具体某个人。从隐私保护视角来看，如果不对读者 IP 数据进行脱敏，上述所有数据就都成为非脱敏的个人信息，包括身份信息和行为信息。这里存在两方面问题：一方面，读者是否愿意自己的信息被用于统计和分析；另一方面，有哪些及多少管理员可以查阅这些读者使用统计数据，他们的保密意识如何。

概括来讲，数据库后台记录大量用户使用数据库的行为信息，如果统计活动对用户细分的颗粒度达到个人时，这些行为信息就成为个人信息且是非脱敏

---

❶ 张计龙，殷沈琴，汪东伟. 基于 COUNTER 的电子资源使用统计中的标准问题探讨与研究 [J]. 图书馆理论与实践，2016（5）：95-100.

的，隐私安全风险很大。另外，第三方收集存储用户个人信息的还有各种信息技术管理应用系统，如座位管理系统、门禁系统、电子书系统等。目前这些系统收集和存储的用户个人信息都是存放在系统商自己的后台。

（4）云存储服务中的隐私安全风险

从管理责任角度来看，云存储实质上是一种数据托管服务。

个人云存储（也称为"网盘""云盘"）采取的是私有云方式，用户提交身份信息进行注册后，允许用户个人提交和存储各种类型的数据和文件，用户通过登录自己的账户对提交的数据和文件进行访问和管理。目前主要的个人云存储服务有国外的 sybc.com、pCloud、OneDrive、Drophox、Google Drive 等，国内的百度网盘、360 安全云盘、网易网盘、沃家云盘等。其中，360 云盘曾在 2016—2017 年关闭个人云盘服务，清空用户数据，转型企业云服务，表示"在网盘存储、传播内容合法性和安全性得不到彻底解决之前不再考虑恢复"❶。现在的 360 安全云盘采取收费模式。目前已有不少文献研究隐私安全风险感知对各种互联网产品使用意愿的负向影响。在云存储方面，程慧平等人指出用户在使用个人云存储服务时面临的主要风险有 6 类，其中包括隐私泄露风险。❷ 隐私泄露风险，不仅来源于云存储系统自身安全问题，也来自云存储运营商工作人员的保密职业操守问题，同时还涉及运营商如果关闭系统带来的用户数据是否会泄露或被共享的问题。2016 年当 360 宣布关闭 360 云盘时很多用户就担心自己的数据会被移用或泄露。

云存储租赁服务是云计算崛起的一个重要市场因素，从市场方面讲，也就是拥有大量服务器的云商，将其服务器使用空间租赁给需要在其上存储业务数据的机构，这些机构不乏从事大量信息服务的组织。机构租赁云存储服务器，一般都是构成私有云，上面存储大量的业务数据。对从事信息服务的机构来讲，租赁的云存储服务器会存储大量的客户和用户的个人信息。例如，苹果公司从

---

❶ 王辉.360 云盘主动关闭 国家版权局：好榜样 [EB/OL].（2016-10-28）[2019-10-10]. http://ssd.zol.com.cn/611/6112345.html.

❷ 程慧平，彭琦.个人云存储服务安全风险及治理策略 [J].图书馆理论与实践，2018（1）：54-60.

2018年初开始,将苹果设备上的中国用户个人信息存储到iCloud(云上贵州大数据产业发展有限公司)。

云存储服务,主要存在两大方面隐私安全风险:①由于云存储安全措施不到位造成的业务数据包括隐私泄露或被黑客攻击,这种案例已有很多报道❶;②由于管理机制不到位而造成的,如租赁到期后业务数据包括个人信息未及时从云存储服务器上清除,给后续的租赁者可利用的机会。租赁,必然会有合同到期或终止的时候。通常情况下,租赁的甲方和乙方都会清除云存储服务器上的所有数据包括大量的个人信息。这个环节不能掉以轻心,一旦出现租赁中甲方和乙方忽视清理个人信息现象,就会形成泄露大量个人隐私的风险。

上述两种情景下,由于涉事企业顾虑声誉,很多未必能暴露出来,个人的哪些信息被泄露、被利用都是未知的。

(5)其他如公共领域拍照、监控等方面的隐私安全风险

作为公共场所,图书馆等公共信息服务实体馆,会在馆内的一些关键部位安放摄像头。如果某些摄像头的位置与用户看书看电脑的位置没有很好地安排,用户阅读的内容(书籍上的或正在阅读的手机上的、电脑屏幕上的等)和行为信息则会被摄入,特别是如果没有在附近给予用户明显的提示,用户对自己的阅读行为被摄入无防备,这些容易给用户带来不愉快的隐私保护体验。

现在公共场所一般都接入 Wi-Fi,其带来的隐私安全风险一直都存在,已经被多人分析和提出解决方案,这里不再分析。

拍照是很多人的习惯,手机拍照功能给大家带来很大便利。信息服务机构如图书馆,作为公共场所,也无法避免有读者有意无意拍摄他人。目前国外许多图书馆都有规定未经读者同意(如果读者是未成年,则需要获得监护人的同意)不能对其拍摄。查阅我国图书馆规章制度,发现清华大学图书馆以保护

---

❶ 如案例:立思辰信息安全集团. 从600万用户信息泄露案谈云存储数据安全防护 [EB/OL].(2017-07-14) [2021-05-01]. https://www.sohu.com/a/157115934_507120;存储 D1net. 配置错误导致用户信息泄露 云存储是否真的安全 [EB/OL].(2019-05-07) [2021-05-01]. http://www.elecfans.com/d/930016.html.

肖像权为依据规定"如读者对拍摄有异议，须尊重读者个人的肖像权"[1]，本课题组也从一些渠道得知在深圳图书馆要拍摄时，馆员特地过来告知在未得到读者同意之前不能拍摄到脸部。可以看出，我国信息服务机构也开始注意拍摄带来的隐私安全风险。

1.3.4 图书阅读活动存在的隐私安全风险

浏览中国知网和 Web of Science（WOS）上相关文献的摘要，在讨论隐私安全风险时涉及的场景主要包括 RFID 技术应用、数字图书馆、云计算、大数据、个性化服务、参考咨询、阅读服务等，尤其是国外文献对阅读服务隐私问题非常关注。这里阅读服务包括提供在场纸质图书阅读、通过网站的数字阅读及通过移动设备（主要是手机）的移动阅读。这些服务，基本上都需要用户的身份信息，如一卡通账号信息，可以记录下用户的身份信息和信息行为信息。提供的服务类型越多，也即用户产生的信息行为越多，记录下的用户行为信息就越多。一般会记录的个人信息有：

◎ 用户身份信息：证件号码，更多的则还有性别、年龄、职业、在校生的专业等；
◎ 用户信息行为信息：登录信息，使用特定设备的信息，使用特定服务的信息，这些方面的信息包括对应的时间及时间链、地点及地点链、信息内容主题和信息记录数量、信息行为类型等。

（1）电子书阅读存在的隐私安全风险

目前在很多图书馆、公共服务场所都能看到电子书阅读器和电子书借阅器，这些服务器的后台并不是由提供电子书使用权限的图书馆所管理，而是提供这些设备和电子书的商家。如 OverDrive 公司在 2018 年时就已经向全球图书馆用户借出 2.74 亿本电子书。[2] 同时，借阅器上的图书主要是通过手机上的移动

---

[1] 清华大学图书馆. 清华大学图书馆进馆拍摄、采访管理办法 [EB/OL].（2021-02-04）[2021-05-01]. https://lib.tsinghua.edu.cn/info/1114/2615.htm.
[2] 爱范儿. 你的 Kindle 可能还在吃灰，但图书馆里借电子书的人越来越多了 [EB/OL].（2019-10-10）[2019-12-11]. https://www.sohu.com/a/346015891_413981.

图书馆扫码下载并在手机上阅读,因此能够掌握用户借阅电子书信息及阅读行为的,不仅仅是移动图书馆所属的图书馆或其他信息服务机构,还包括提供和管理这些电子设备的商家。正如2019年3月网络安全专家贾斯廷·潘恩指出,"Kanopy的流媒体视频应用泄露用户观看内容的信息,原因是云服务安全保护不当。云阅读的应用程序OverDrive可以让你把图书馆的电子书转移到Kindle应用程序上,而Kindle应用程序就会知道你读过的图书馆书籍,拥有你的阅读清单并记录"❶。

这里存在的隐私安全风险,一是用户可能并不愿意哪个机构掌握自己阅读的内容,二是图书馆难以管理这些第三方,每个收集存储个人信息的主体都存在泄露个人信息的风险,且和这些主体的数量及保护措施有关。

(2)读者排行榜活动中的隐私安全风险

阅读推广活动是一项比较特殊的信息服务活动。从推广角度开展工作,很多信息服务机构采取具有宣传激励作用的"读者排行榜"形式。具体就是在网站上或者App公布借阅量高的前几位读者的个人信息。目前公布方式有两类:①公开读者的姓名(或者加上院系专业);②匿名公布,如遮挡住部分信息。

公开读者姓名等方式,实际上是公开读者的个人信息。课题组采访了几位图书馆负责人,都表示这种公开的读书评比活动,由读者自愿报名参加,网上公布的读者个人信息都经过读者同意。这种经过读者同意的方式符合隐私保护的要求。这里主要是从业务活动角度提醒,公开读者个人信息以及阅读信息,必须经过读者本人同意(未成年人则需要经过其监护人同意)。这种方式存在的隐私安全风险主要是主办方未征求读者本人意见擅自发布其个人信息。

匿名方式公布,很多都不是经过本人同意,是根据图书馆日常借阅数据统计出后发布的。这种方式存在的隐私安全风险可能主要是匿名程度不够,容易让周围同学猜测出具体是哪位读者。

---

❶ EDITOR_CARL. 图书馆里的电子书泄露了你的隐私——他们知道你去年夏天读了什么 [EB/OL]. (2019-04-12) [2019-12-11]. http://www.funinusa.net/article-187696-1.html.

1.3.5 用户数据分析、个性化服务等各种信息服务活动存在的隐私安全风险

（1）用户数据分析业务

用户数据包括用户本人的人口统计特征数据，也包括其信息行为数据，如阅读行为数据、检索行为数据等。开展用户数据分析是各信息服务机构所青睐的业务，而且收集的数据类型和数量越多，描述一个用户的特征越准确。根据本课题组对一些高校信息网络中心和图书馆的采访，很多负责收集和存储用户数据的部门都在做用户数据分析尤其是用户行为数据分析，尽可能提供更为精准的个性化服务。这些数据处理时是非脱敏的，处理后进行脱敏，但是有类型的划分，每个用户都会归到某个类中，这个类的大小目前并没有什么标准规定。从隐私安全风险角度来讲，当这个分类的颗粒度比较细时，用户的归类就很容易将某个用户与某些个人特征结合起来。

（2）个性化信息服务业务

一些信息技术应用比较强的信息服务机构，开展多样化的个性化信息服务，如学科服务、情景敏感服务、深度参考咨询服务、预约服务、"我的服务"等。个性化服务突出特色是了解特定用户、针对特定用户提供专门服务。无论是"了解"工作性质要求，还是针对特定用户服务时的现实境况，服务人员都必然会掌握更多层次的个人信息，包括很多敏感性个人信息。例如，情景敏感服务，是将图书馆服务嵌入到用户的活动中，通过自动感知获取用户所处的情景信息并自动发现用户需求，这种服务方式必然要涉及许多用户个人信息，包括用户的基本信息、行为情景信息及其社会关系信息。❶ 这些个人信息是不是用户愿意提交的？信息服务机构是否能保证隐私安全不被泄露？其包含的个人信息类型太多，一旦泄露带来的隐私安全风险很大。

（3）射频识别技术（RFID）的应用

很多信息服务机构，如图书馆，通过图书RFID标签的方式获取读者借阅

---

❶ 袁静, 贾聪聪, 李思艺. 高校图书馆情景敏感服务中的用户隐私保护研究 [J]. 图书馆, 2015（1）: 73-77.

记录，利用 RFID 追踪分析读者位置移动信息，只要在有 RFID 阅读器的地方就可以随时读取 RFID 标签，这种技术可能会被用于非法获取读者位置情形以及借阅信息。

（4）搜索引擎服务

互联网上有大众性质的搜索引擎（如百度、必应等），也有信息服务平台上的平台搜索引擎，信息服务机构还出现整合异构数据库和检索系统的发现系统，如百度发现、超星发现等。其中大众搜索引擎最能够搜集和关联用户个人信息。例如，在知乎上有这样一个帖子❶，发帖人叙述一个即将成为同事的人给他发了一些信息，其对发帖人了如指掌，信息则是通过搜索引擎在网上搜索而得，该帖底下评论纷纷表示应该换个大众化的名字以防被检索到。

国外的全文检索服务商 Elasticsearch，其云存储有段时间处于不安全状态，其中包含有大量个人信息的汇集和整合，暴露于互联网。Elasticsearch 是一个企业检索系统，其服务器托管于美国一家云存储公司。这次暴露事件既是检索服务的安全问题，也是云存储的安全问题。❷

另外，有文章总结以往文献中提到的图书馆隐私保护工作纰漏，如 2012—2014 年每年都提到个人信息收集过量问题，可见这个问题是较常发生的；2013—2014 年的文章提到个人误操作造成隐私泄露的问题，且提到的次数有 20 次（即有 20 多篇文章提到个人误操作），远高于其他问题；另外，还有错误发布用户信息、智能终端漏洞、无线网络问题、病毒软件等问题。❸

1.4 小结

根据本章对各种信息服务活动中存在或可能存在的隐私安全风险的分析，

---

❶ 严大人我好方. 我第一次觉得搜索引擎和个人信息暴露是很可怕的东西！[EB/OL].（2018-03-21）[2018-03-21]. https://www.douban.com/group/topic/114243839/.

❷ 灵火 K.Elasticsearch 27 亿数据泄露：10 亿明文波及中国大厂 [EB/OL].（2019-12-11）[2019-12-20]. https://news.mydrivers.com/1/661/661761.html.

❸ 边倩. 微服务背景下图书馆用户信息保护研究 [J]. 图书馆学刊, 2015, 37（9）：41-43.

可以看出，现代各种新型的信息技术或产品的运用，产生的多元主体收集存储用户个人信息的现象，以及多种信息活动形式本身，都存在一定的隐私安全风险。这些隐私安全风险，不仅仅是泄露用户个人的身份信息，还会泄露和被用于挖掘更多用户的行为信息。在信息服务活动中，用户查阅信息行为及查阅的信息内容，都将成为泄露或不当使用的对象。有时候，用户查阅信息内容的信息可反映出其思想和观念，或者某时刻的内心活动，甚至被用户视为更为隐秘的东西。因此，信息服务活动中的隐私安全风险应被更多关注和积极应对。

第 2 章　信息用户隐私披露意愿影响因素及演化博弈分析

　　大数据思维主导的当下，收集和分析网络用户个人信息已是多方业务决策的重要手段，如广告商自采或者委托网络运营者采集用户个人信息以期望进行精准营销，运营商为发展个性化服务或者为吸引广告商投资也在进行用户个人信息的收集。面对层出不穷的隐私泄露事件，很多国家都出台相关法律法规，要求除了规定情境外，一般情况下收集和使用个人信息需要经过个人信息主体的"同意"。为了激励尽可能多的用户给予更多的"同意"，运营商往往需要深入了解用户的隐私披露意愿及行为的影响因素，以制定出相应对策，最大程度地实现自己的利益追求。在大数据背景下，信息服务者希望收集更多的个人信息，而用户则希望在得到所需信息服务时披露更少个人信息，同时信息服务平台和用户对待保护个人信息的心态也分别受到同行或他人的影响。本章分析什么因素对用户隐私披露意愿产生什么样的影响，分析信息服务者与信息用户之间在个人信息收集上的演化博弈，为后续研究隐私安全管理策略提供依据。

2.1 信息用户隐私披露意愿影响因素分析

本课题组成员于 2018 年对隐私披露意愿影响因素进行问卷调查❶，2020 年本课题组根据现有文献对 2018 年的调查结果进行对比验证。

2.1.1 理论基础

考察已有研究隐私披露意愿影响因素的文献，所依据的理论归纳起来主要有社会交换理论、成本利益理论、感知价值理论、效用理论、公平理论、社会资本理论、社会关系理论、社会渗透理论、社会认知理论、激励理论、保护动机理论、自决理论、计划行为理论、理性选择理论、技术接受模型，以及专门针对隐私方面的传播隐私管理理论和隐私计算理论等。这些理论之间具有引用或传承关系，其中，社会交换理论、效用理论、理性行为理论、公平理论是基础，其他理论都是在这些理论基础上针对特定问题发展起来的。

这些理论主要来自社会心理学和经济学。"意愿"是人们的心理活动，对隐私披露意愿的研究需要运用心理学尤其是社会心理学的理论进行解释和指导。社会心理学是社会学与心理学的交叉学科，隐私披露意愿受到社会意识、社会环境、社会规范及社会道德等各方面的影响。经济学将人视为理性的，衡量利弊是人的经济属性，所以也需要从社会资本、成本收益等经济学、社会学视角进行研究。这里介绍本书主要引用的隐私计算理论。隐私计算理论是社会心理学和经济学结合发展出的一种理论，反映了社会交换理论、成本利益理论等思想。

隐私计算理论（privacy calculus），也被称为"隐私演算理论"。1999 年库尔兰（Culnan）等发文表示："先前关于隐私的研究发现，个人愿意公开个人信息，以换取所规定的一些经济或社会利益，这种评估表明他们的个人信息随后将得到公平使用，并且不会受到负面影响。"❷ 我国不少学者引用过 Dinev 等人提

---

❶ 刘晓晓. 面向隐私保护的信息服务商和用户演化博弈研究 [D]. 保定：河北大学，2018.
❷ CULNAN M J, ARMSTRONG P K. Information privacy concerns, procedural fairness, and impersonal trust: an empirical investigation [J]. Organization science，1999，10（1）：104-115.

出的基于隐私计算理论的隐私计算模型，如图 2-1 所示，其中感知互联网隐私安全风险对隐私披露意愿的影响系数是 -0.15，其影响力度不及互联网信任、个人互联网兴趣及互联网隐私关注，不过感知互联网隐私安全风险同时还影响着隐私关注和信任，也即感知隐私安全风险因素作用很广泛。

结构方程模型的完全标准化路径系数

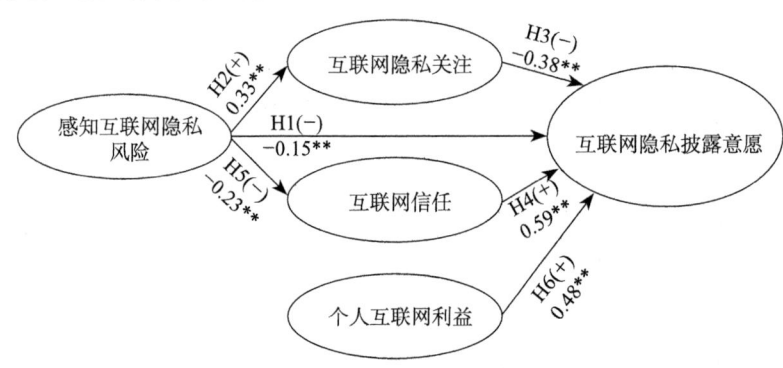

图 2-1　隐私计算模型 ❶

隐私计算理论是在社会交换理论、感知价值理论等基础上发展起来的。隐私计算用"感知隐私安全风险"反映上述理论中的感知成本。在信息服务过程中，很多情况下都需要用户披露部分个人信息，特别是注册用户披露个人信息内容更多。在整个社会隐私保护意识越来越强情况下，用户在决定是否披露及披露多少个人信息时，往往需要衡量收益与隐私安全风险成本。

在信息服务领域，用户披露其个人信息，会有社会交换的需求、隐私计算的考虑，会受到信息服务平台隐私保护程度的影响。当有多种信息服务活动时，用户可以有多种选择，包括可以选择要求提交个人信息少的服务平台。

---

❶ DINEV T，HART P. An Extended Privacy Calculus Model for E-Commerce Transactions [J]. Information systems research，2006，17（1）：61-80.

2.1.2 隐私披露意愿影响因素研究假设

借鉴图 2-1 隐私计算模型和已有文献，本节构建信息用户隐私披露意愿影响因素模型，如图 2-2 所示。其中，用户隐私偏好对应图 2-1 的互联网隐私关注（international privacy concerns），用户不良经历、网络负面评价对应图 2-1 的感知互联网隐私安全风险（perceived internet privacy risk），信任度对应图 2-1 的互联网信任（internet trust），信息服务有用性和信息服务易用性对应图 2-1 的个人互联网利益（personal internet interest），隐私保护安全控制、政府监管是本书借鉴已有文献提出的类似影响因素。❶

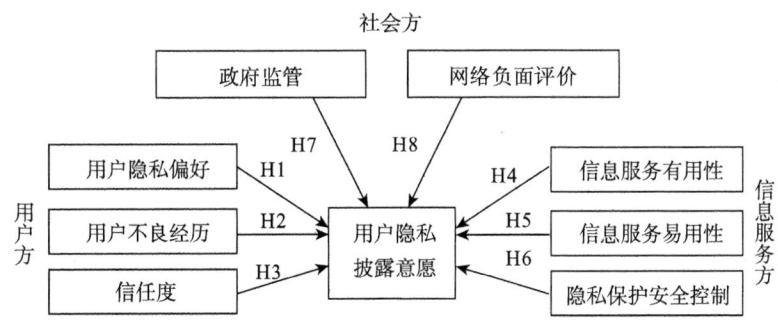

图 2-2 信息用户隐私披露意愿影响因素模型

（1）用户隐私偏好

在个性化服务设计领域，常围绕用户偏好进行建模，并认为，用户的偏好随时间的推移会逐渐衰减直至被用户完全遗忘。❷ 这里，本书将用户注重隐私的意识看作用户的一种偏好，即隐私偏好，这种偏好会影响用户信息行为的选择，即隐私保护意识越强则披露个人信息越少。❸ 因此假设：

H1：在信息服务场景下，用户隐私偏好负向影响用户隐私披露意愿。

---

❶ 王洪伟，周曼，何绍义. 影响个人在线提供隐私信息意愿的实证研究 [J]. 系统工程理论与实践，2012，32（10）：2186-2197.

❷ 刘晓春. 网络隐私保护中的政府管理 [J]. 网络传播，2011（3）：37-39.

❸ 杨姝，任利成，王刊良. 个性特征变量对隐私关注影响的实证研究 [J]. 现代教育技术，2008（18）：54-59.

（2）用户不良经历

用户不良经历是指用户曾经遇过与隐私有关的不好经历。根据隐私计算理论，不好的经历会带来隐私安全风险感知。已有研究认为，隐私权被侵犯的经历会增加用户对隐私安全风险的感知❶和对隐私关注产生显著影响❷。因此假设：

H2：在信息服务场景下，用户不良经历负向影响用户隐私披露意愿。

（3）信任度

社会交换理论认为信任是交换的前提。已有学者研究认为，在电子商务活动中信任对感知风险有显著抑制作用。❸在探讨信息服务方和用户之间博弈时，信任度是指用户信任信息服务方保护其隐私的程度，信任程度越高，用户越有可能向信息服务方提交更多个人信息。因此假设：

H3：在信息服务场景下，信任度正向影响用户隐私披露意愿。

（4）信息服务有用性

有用性是属于"收益"部分。成本收益原则和隐私计算理论都指出收益有助于提高用户隐私披露意愿。卢叶微等论证感知有用性对隐私披露有显著正向作用。❹在信息服务活动中，如果该服务确是用户所需，用户即使介意也会填写更多个人信息。因此假设：

H4：信息服务有用性正向影响用户隐私披露意愿。

（5）信息服务易用性

黄永哲认为加强网站导航功能，可增加顾客对网站的信任。❺本书认为，信息服务平台的易用性，可以节省用户的学习和努力成本，而很多信息服务平台的易用性是在对大量用户信息行为数据分析基础上发展的，作为交换，用户

---

❶ 李凯，黄敬尧，王晓文. LBS用户信息公开意愿影响因素分析——基于交换理论的实证研究[J]. 情报学报，2016, 35（1）: 84-97.

❷ 郭龙飞. 社交网络用户隐私关注动态影响因素及行为规律研究[D]. 北京：北京邮电大学，2013.

❸ 赵冬梅，纪淑娴. 信任和感知风险对消费者网络购买意愿的实证研究[J]. 数理统计与管理，2010, 29（2）: 305-314.

❹ 卢叶微，胡治严. 对个人在线提供信息隐私意愿的影响因素研究[J]. 上海管理科学，2008（5）: 36-39.

❺ 黄永哲. 电子商务环境下的顾客信任[J]. 中山大学学报论丛，2008（2）: 245-247.

可以提交更多其个人信息。因此假设：

H5：信息服务易用性正向影响用户隐私披露意愿。

（6）隐私保护安全控制

感知风险来自不安全感。《网络安全法》等个人信息保护相关法律法规的颁布，确定了信息服务者实施个人信息安全的义务和责任。在目前社会隐私泄露比较严重状况下，如果信息服务组织积极采取措施保护用户隐私，则会降低用户感知的隐私泄露风险，减少用户在获得服务时披露个人信息的顾虑。因此假设：

H6：隐私保护安全控制正向影响用户隐私披露意愿。

（7）政府监管

社会规范分为描述性规范和命令性规范，描述性规范描述的是在一定环境下大多数人会怎么做；命令性规范描述的是在一定的环境下人们应该怎么做。❶信息服务市场中常会因信息不对称而发生各种侵权现象，其中包括隐私泄露现象，用户感知成本、感知隐私安全风险增加。针对泄露用户隐私的事件，越来越多的声音呼吁政府加大惩罚力度❷，认为政府的力量加上社会的力量（包括行业自律）是保护隐私的重要措施。❸因此假设：

H7：在信息服务场景下，政府监管正向影响用户隐私披露意愿。

（8）网络负面评价

目前信息服务平台类型丰富、数量可观，但质量参差不齐，在隐私保护方面的口碑也不尽相同。人们在对各种信息服务平台进行选择时，如同对其他服务选择一样，也会关注和分析有关的评价，将评价作为选择的参考。在隐私保护方面，人们更关注是否有负面评价，即是否出现过隐私泄露等相关议论。因此假设：

H8：在信息服务场景下，网络负面评价负向影响用户隐私披露意愿。

---

❶ 陈思静，何铨，马剑虹. 第三方惩罚对合作行为的影响：基于社会规范激活的解释 [J]. 心理学报，2015，47（3）：389-405.

❷ 刘晓春. 网络隐私保护中的政府管理 [J]. 网络传播，2011（3）：37-39.

❸ BIGNAMI F. Cooperative legalism and the non-Americanization of European regulatory styles: The case of data privacy [J]. The American journal of comparative law, 2011, 59（2）: 411-461.

2.1.3 问卷调查实施与数据分析

（1）问卷调查实施

调查时间为 2018 年 2 月 1 日至 10 日，在"问卷星"上发布调查问卷，通过微信、QQ 等工具向使用过信息服务的好友发送问卷作答邀请，并请求好友帮忙宣传和进一步邀请，通过滚雪球的方式进行收集问卷。此次调查问卷共回收 220 份有效样本，有效样本数与测项数量（30 项）之比例超过 6∶1，根据问卷调查的样本数量应为题项数的 5~10 倍❶，这次样本量充足，可以进行数据分析。

问卷第一部分为被调查者个人基本信息，包括性别（选项：男，女）、年龄（选项：18 岁及以下，19~25 岁，26~35 岁，36 岁及以上）、教育背景即学历（选项：高中及以下，专科，大学本科，硕士研究生，博士研究生）、职业（选项：学生，教师，互联网公司员工，事业单位，党政机关公务员，其他）等人口统计变量。被调查者的基本情况如表 2-1 所示。无论是从职业还是从年龄，表 2-1 显示的被调查者，都是经常使用信息服务系统的群体，尤其学生是信息服务系统的主要用户，因此被调查者具有一定代表性。

表 2-1　信息用户隐私披露意愿影响因素调查样本基本情况的统计

测项	分类	人数	百分比 /%
性别	男	103	46.8
	女	117	53.2
年龄	18 岁及以下	2	0.9
	19~25 岁	96	43.6
	26~35 岁	120	54.5
	36 岁及以上	2	0.9
职业	学生	81	36.8
	教师	10	4.6
	互联网员工	39	17.7

---

❶ 武松. SPSS 统计分析大全 [M]. 北京：清华大学出版社，2014：384.

续表

测项	分类	人数	百分比/%
职业	事业单位	18	8.2
	党政机关公务员	11	5.0
	其他	61	27.7

问卷的第二部分是隐私披露意愿影响因素的测量项。心理变量无法被直接测量，需要通过一系列问题测项来间接测量，针对每个心理变量，通常可采用 3 个或 3 个以上问题测项。❶ 本书需要测量的图 2-2 所示 8 个自变量，很多文献都已经针对其他场景进行过测量，因此这里借鉴以往这些变量的测项，对每个变量都设置了 3 个测项，在表述上根据本书研究场景特点进行改动，随机通过微信向 20 名信息用户进行初步调查，提出表述上的修改意见，消除语义上的歧义。其中，用户隐私偏好变量的测项主要参考郭龙飞的量表❷；用户不良经历变量的测项主要参考 Cheshlre、Larose 等❸ 和上述郭龙飞的量表；信任度变量的测项主要参考王洪伟、Krasnoval 和 Malhotra 等的量表❹；网络负面评价的测项主要参考上述王洪伟的量表；政府监管变量的测项主要参考宋亚培的量表❺；信

---

❶ 徐云杰. 社会调查设计与数据分析 [M]. 重庆：重庆出版社，2011：60.

❷ 郭龙飞. 社交网络用户隐私关注动态影响因素及行为规律研究 [D]. 北京：北京邮电大学，2013.

❸ CHESHLRE C, ANTLN J, CHURCHILL E. Behaviors, Adverse Events, and Dispositions: An Empirical study of Online Discretion and Information Control[J]. Journal of the american society for information science and technology, 2010, 61（7）: 1487-1501; LAROSE R. RIFON N. LIU S, et al. Understanding online safety bahaviour: A multivariate model[J]. International communication association, 2005：27-30.

❹ 王洪伟，周曼，何绍义. 影响个人在线提供隐私信息意愿的实证研究 [J]. 系统工程理论与实践，2012, 32（10）: 2186-2197; KRASNOVAL H, SPIEKEMANN S, KOROLEVAL K, et al. Online social networks: why we disclose [J]. Journal of information technology, 2010（25）: 109-125; MALHOTRA N K, KIM S S, AGARWAL J. Internet users'information privacy concerns（IUIPC）: The construct, the scale, and a causal model[J]. Information Systems Research, 2004, 15（4）: 336-355.

❺ 宋亚培. 基于博弈论的旅行社信任体系构建研究 [D]. 湘潭：湘潭大学，2014.

息服务易用性变量的测项主要参考上述王洪伟的和 Koufaris 的量表❶；信息服务有用性变量的测项主要参考孙霄凌和 Chellappa 的量表❷；隐私保护安全控制变量的测项主要参考上述王洪伟的和 Metzger 的量表。❸调查表运用李克特量表5分法，每个测量项对应非常不同意、不同意、一般、同意、非常同意，分别用 1~5 分表示，见本书附录一。

（2）问卷信度与效度检验

有量表题的问卷，需要进行问卷的信度和效度检验，以衡量问卷调查的质量。

问卷信度（reliability），反映的是问卷量表内部的一致性或稳定性。信度越高，则表示问卷一致性或稳定性越好，问卷调查结果越可信。通常采用 Cronbach's α（克朗巴哈系数）值来检验采用李克特量表的社会调查问卷信度，且 Cronbach's α 值在 0.8 以上，该问卷调查才算具有很好的可靠性❹。利用 SPSS 软件对问卷调查结果进行统计分析，问卷量表的总体 Cronbach's α 值为 0.964，并且删除任何一项都不会使总体信度有所提升；同时，用户隐私偏好、用户不良经历、信任度、网络负面评价、政府监管、信息服务易用性、信息服务有用性和隐私保护安全控制这 8 个变量的 Cronbach's α 值分别为 0.871、0.851、0.864、0.896、0.861、0.833、0.836、0.892，即各指标的 Cronbach's α 值均大于 0.8，说明量表内部一致性良好，适合进行接下来的数据分析。

问卷效度（validity），是指通过问卷准确测出所需测量事物的程度，效度越高表示测量结果与测量目的越一致，具体分为内容效度、准则效度和结构效度。一般验证内容效度和结构效度两个方面。内容效度，主要验证的是问卷测

---

❶ KOUFARIS M, HAMPTON-SOSA W. The development of initial trust in an online company by new customer[J]. Information and management, 2004, 41（3）: 377-397.

❷ 孙霄凌，程阳，朱庆华. 社会化搜索中用户隐私披露行为意向的影响因素研究[J]. 情报杂志，2017，36（10）: 172-179, 201; CHELLAPPA R K, SIN R G. Personalization versus privacy: an empirical examination of the online consumer's dilemma[J]. Information technology and management, 2005（2）: 181-202.

❸ METZGER M J. Privacy, trust, and disclosure: Exploring barriers to electronic commerce[J]. Journal of computer mediated communication, 2004, 9（4）: 1.

❹ 吴增基，吴鹏森，苏振芳. 现代社会调查方法（第 4 版）[M]. 上海：上海人民出版社，2014: 63.

项与问卷目的的匹配性，本书中的量表是基于前人研究的、公开发表过的成熟量表进行的设计，并通过向信息资源管理领域的师生、互联网工作人员进行预调查，根据调查者的意见修改问卷不足之处，以此来确保问卷的内容效度可以符合要求。结构效度，主要验证的是所使用的理论结构和问卷的匹配程度。结构效度分析所采用的方法是探索性因子分析。利用 SPSS 检验问卷变量的 KMO 和 Bartlett 球体检验值，KMO 的值在 0~1 之间，越接近 1，越适合进行因子分析。如果 Bartlett 球体检验值的显著性 p 值小于等于 0.05，同时 KMO 的值大于 0.7，各题项负荷系数大于 0.5 时，则可通过因子分析方法将这些测项合并为一个公共因子[1]。本次调查问卷结果统计见表 2-2，其中 KMO 等于 0.951，大于 0.7，Bartlett 球体检验值的显著性 p 值小于 0.001，说明各变量间有较高的相关性，适合做因子分析。

表 2-2　信息用户隐私披露意愿影响因素测量量表的总体结构效度检验结果

取样足够度的 KMO		0.951
Bartlett 球体检验	近似卡方	5968.454
	自由度	378
	显著性	0.000

通过 SPSS 软件操作，利用最大方差法进行因子旋转，旋转以后，每一个题项对变量的因子载荷值都大于 0.5，说明每一个题项都可以很好地解释此变量；并且每一个变量的 KMO 值都大于 0.7、Bartlett 球体检验 p 值小于指定显著性水平，说明问卷的结构效度良好，可以进行下一步分析。

（3）回归分析

回归分析可以说明相关关系的方向以及说明因变量和自变量之间的因果关系。这里因变量隐私披露意愿有两个取值即愿意和不愿意，因此可以采用回归分析式中的 0-1 回归式，分析因变量和其他自变量之间的关系。本书具体采

---

[1] 卢小广. 社会调查研究实务教程 [M]. 北京：人民邮电出版社，2016：112.

用 0-1 回归式中的二元逻辑回归（binary logistic regression）进行分析。首先进行拟合优度的检验。广义决定系数 Nagelkerke R^2 的取值范围在 0 至 1 之间，取值越接近 1，说明回归模型的拟合优度越高；越接近于 0，说明回归模型的拟合优度越低。利用 SPSS 进行统计分析，Nagelkerke R^2 值为 0.896，接近于 1，说明回归模型的拟合优度较高，模型合理。接下来验证因变量"用户隐私披露意愿"和各自变量间的因果关系，进行二元逻辑回归进行验证，具体如表 2-3 所示。显著性小于 0.5 时为显著相关，否则为不显著相关。表 2-3 数据显示，因变量"用户隐私披露意愿"与各自变量都存在显著相关关系，即假设 H1、H2、H3、H4、H5、H6、H7、H8 成立。表 2-3 中的 B 列的值分别表示图 2-2 中各自变量（即影响因素）对用户隐私披露意愿的影响系数。

表 2-3 信息用户隐私披露意愿影响因素二元逻辑回归结果

	项目	B	S.E.	Wald	显著性 p	Exp（B）
步骤 8	用户隐私偏好	−1.004	0.439	5.229	0.022*	0.366
	用户不良经历	−0.493	0.248	3.939	0.047*	1.611
	信任度	0.683	0.240	8.086	0.004**	1.505
	网络负面评价	−0.948	0.398	5.666	0.017*	1.388
	信息服务易用性	0.613	0.295	4.319	0.038*	1.542
	信息服务有用性	0.590	0.258	5.217	0.022*	1.555
	隐私保护安全控制	0.837	0.351	5.689	0.017*	1.433
	政府监管	0.825	0.311	7.040	0.008**	1.438
	常数	64.438	19.122	11.355	0.001**	9666471170420749000000000000.000

注：*$p<0.05$，**$p<0.01$，***$p<0.001$

2.1.4 基于现有文献研究的支撑和论证

2020 年 11 月底，本课题组用同类文献研究结果对第 2.1.2 小节所述 2018 年做的调查分析结果做进一步论证。

第 2 章　信息用户隐私披露意愿影响因素及演化博弈分析

（1）现有文献研究的隐私披露意愿影响因素总体情况

截至 2020 年 11 月 25 日，本课题组分别通过中国知网和 WOS 获得 190 篇有关"隐私披露意愿"方面的文献，其中，中文 37 篇，英文 153 篇。这些论文在术语方面用词有差异，针对关键词"隐私"，分别有用"隐私""隐私信息""个人数据""个人信息"和"用户信息"，对应的英文分别有用"personal information""personal data""privacy""share""disclose""show""provide""willing""intention""desire"等。虽然用词不一，但含义相同或相似，为了描述方便，本书统一采用"隐私披露意愿"用语。所查询到的 153 篇英文文献，有相当一部分是来自国内学者的投稿，因此这里总结时不再区分中外文文献。这些文献采用的研究方法主要是影响因素结构方程模型设计及验证，偶有用实验方法或访谈方法。

①涉及的场景、用户和发文时间的特征。所查阅的 190 篇文献，研究的用户对象涉及多个国家、多个年龄段，和多个活动场景下。

国别方面，被调查对象包括中国、美国、俄罗斯、英国、澳大利亚、韩国、荷兰、波兰、葡萄牙、新加坡、印尼、泰国、沙特、加纳、捷克等多国网民，基本反映世界各地国民尤其是网民对隐私披露的态度。

年龄段和教育水平方面，被调查对象是以大学生为主，个别涉及初中生、职场白领、中老年人，从年龄段来说，不够均衡和全面；但因网络是以年轻人为主力军，因此这个范围涉及多数用户。

活动场景方面，所查阅的 190 篇文献中有 185 篇是以网络环境为主，约占 97%，其中，又以电子商务、社交网络和在线医疗健康场景为多；其次是位置服务、信息服务网站、移动应用 App、物联网等。这种现象反映出，电子商务、社交网络和在线医疗健康是隐私泄露的重灾区，受到广泛的关注，其中社交网络和移动应用 App 是交叉关系，移动应用 App 场景以社交 App 为主。同时其他场景如信息服务也逐渐引起大家关注，2018 年年底到 2019 年年初开始有几篇涉及云存储、智慧图书馆场景下的隐私保护问题。如易红等人通过采用实证研究方法，调查图书馆读者在大数据时代的隐私泄露容忍度[1]；谢珍和杨九龙调查分析智慧图书馆视角下的用户隐私披露意愿，认为感知收益、信任程度和依赖程度对其有显著影响，而隐私关注和感知风险因素影响较小[2]；Sanderson、Schomakers 等分别调查分析美国公民、德国公民向网络信息服务商披露隐私意愿，论证了大家的犹豫和顾虑等。[3]

发文时间方面，大多集中在 2016 年以后，这个时间段的发文占比约为80%。由于对外文文献是以 WOS 为检索源，并未覆盖全部甚至大多数外文文献。因此，这里的统计数据是个小样本的推测结果。

②影响因素的类型。所搜集到的 190 篇文献，探讨的影响因素多种多样，既有影响隐私披露意愿的直接因素，也有间接因素，也有调节作用的因素。归纳起来，这些因素主要有用户本体方面的、服务者本体方面的、个人信息本体方面的、外部社会作用的，以及用户与服务者及个人信息三者关系方面的。由于不同方面的影响因素被研究的频率差别过大，归纳时进行了一定的分类和综合，在此基础上统计了各种影响因素被研究、被认可或被否定的情况，具体如图 2-3 所示。

③影响因素呈现出的特点。中英文文献揭示出的影响因素种类很多，且非常分散，根据本课题组对这 190 篇文献研究结果的统计，仅有 2 个影响因素是被超过 50% 的文献提到。这与各家研究场景不同、运用理论有别，以及研究深度不一相关。这种现象同时也反映出，影响用户披露其隐私意愿的因素复杂，受多种因素影响。

---

[1] 易红, 任竞. 图书馆大数据服务环境下用户隐私泄露容忍度的实证研究 [J]. 图书馆论坛, 2016, 36（4）: 57-64.

[2] 谢珍, 杨九龙. 智慧图书馆视域下的用户隐私披露意愿 [J]. 图书馆论坛, 2020, 40（9）: 69-78.

[3] SANDERSON S C, BROTHERS K B, MERCALDO N D, et al. Public attitudes toward consent and data sharing in biobank research: a large multi-site experimental survey in the US[J]. The American journal of human genetics, 2017, 100（3）: 414-427; SCHOMAKERS E M, LIDYNIA C, ZIEFLE M. All of me? users' preferences for privacy-preserving data markets and the importance of anonymity [J]. Electronic markets, 2020, 30（3）: 649-665.

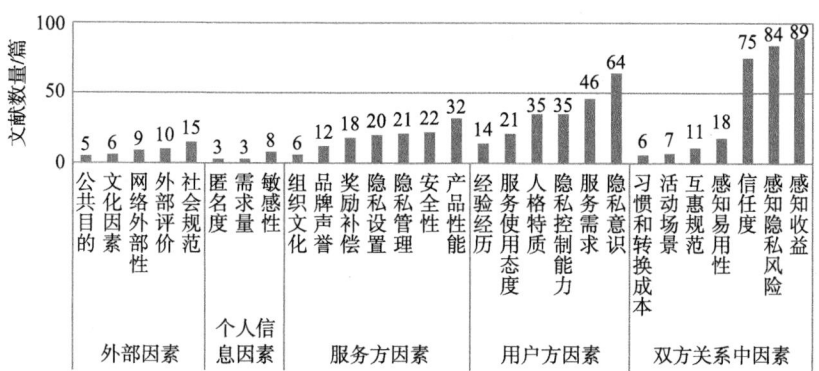

图 2-3 隐私披露意愿影响因素被研究的类型及文献数量

受关注最多的是关系方面的感知收益、感知隐私安全风险、信任度，用户方面的隐私意识；其次是用户方面的隐私控制力、服务需求，服务者方面的隐私管理、安全性，社会方面的外部作用，以及个人信息方面的信息因素。这种被广泛关注的现象，表现出这些影响因素被普遍认可。影响用户隐私披露意愿的因素并没有集中在上述 4 个方面的某一个方面，且关注度高的前 3 个因素即感知收益、感知隐私安全风险和信任度都集中在关系方面，这表明影响用户隐私披露意愿的是网络共同体。开展隐私保护，应当从多方面入手，联合开展保护措施与合法使用个人信息。

（2）现有文献研究结果对本书问卷调查结果的支撑

以下根据现有文献的研究分析第 2.1.2 小节所总结的影响因素的准确性。

①用户方面的三个影响因素。如图 2-2 所示，用户方面的三个影响因素分别为用户隐私偏好、用户不良经历和信任度。

用户隐私偏好因素，按照现在的说法实际上是属于隐私意识。隐私意识（privacy awareness），目前没有权威定义，George 等认为是指用户对社交网站上的隐私选项的了解和理解[1]，孙霄凌等认为是指用户对个人隐私信息的重视

---

[1] GEORGE A, ASEDA M, ADOLPH A, et al. Examining Self-Disclosure on Social Networking Sites: A Flow Theory and Privacy Perspective [J/OL]. Behavioral sciences, 2018, 8（6）: 58. https://www.ncbi.nlm.nih.gov/pmc/articles/PMC6027239/.

程度和保护意识。❶ 从风险管理和价值管理视角来讲，隐私意识包括隐私安全风险意识、隐私保护意识、隐私维权意识、隐私道德意识、隐私价值意识和隐私管理意识。根据这种含义的界定，在所收集到的190篇文献中包含隐私意识方面因素有64篇。这64篇文献有59篇都证实隐私意识的强弱程度与隐私披露意愿有负向关系；也有的是将隐私意识作为感知隐私安全风险或信任度的影响因素；有的是将其作为态度与隐私披露意愿的调节因素，其调节的方向是负向；也有的是将其作为隐私关注的影响因素，与隐私关注成正向关系。另外，有5篇文献的研究结果是隐私关注的负向影响不成立，场景分别涉及电子商务、云计算、移动医疗健康、社交网络中的位置服务和网络，分别涉及我国台湾、美国、泰国、新加坡的网民且以年轻人为主。这5篇文章发表于2016—2018年，早于或同时于本课题组的调查，因此不能否定本课题组的调查和分析结果。因此，可以用现有文献的结论验证本课题组之前的假设即用户隐私偏好负向影响用户隐私披露意愿。

用户不良经历因素。现有14篇文献对用户以往被侵权经历影响作用进行了研究。例如，研究认为，隐私被侵犯的经历降低了用户网络社交的使用意愿❷，对网络用户自我披露意愿有强烈的负向影响❸；先前的隐私被侵犯现象对用户共享其位置信息的行为意图有负面影响❹；隐私被侵犯经历也会作为调节变量，将影响信息共享规范（即所有权、联系和渗透性）与自我披露之间的关系等。❺

---

❶ 孙霄凌，程阳，朱庆华. 社会化搜索中用户隐私披露行为意向的影响因素研究 [J]. 情报杂志，2017，36（10）：172-179，201.

❷ KIM S, PARK H, CHOI M J. Negative Impact of Social Network Services Based on Stressor-Stress-Outcome : The Role of Experience of Privacy Violations[J]. Future internet, 2019, 11（6）：137.

❸ 王乐，王璐瑶，孙早. 隐私侵犯经历对网络用户自我披露的影响机制 [J]. 系统工程理论与实践，2020，40（1）：79-92.

❹ FODOR M, BREM A. Do privacy concerns matter for Millennials? Results from an empirical analysis of Location-Based Services adoption in German [J]. Computers in human behavior, 2015, 53（12）：344-353.

❺ OSATUYI B, PASSERINI K, RAVARINI A, et al. "Fool me once, shame on you... then, I learn. An examination of information disclosure in social networking sites [J]. Computers in human behavior, 2018, 83（6）：73-86.

仅有 1 篇 2012 年发表的有关位置信息服务的文章认为隐私被侵犯经历对其隐私关注没有影响。❶ 这些文献研究场景分别是社交网络、电子商务、电子健康或在线医疗、位置信息服务和旅游网站信息服务。可以说，现有文献的研究结果与本课题组的假设和验证的结果绝大部分是一致的，即用户不良经历负向影响用户隐私披露意愿。

信任度因素。有 75 篇文献研究"信任"因素，其中 72 篇文献认可"信任"对隐私披露意愿的正向作用，不过有的是按照直接变量研究，即有直接作用；有的是按照间接变量研究，如认为"信任"对"感知收益"有强化作用❷，对"隐私关注"和"感知隐私安全风险"有负向影响。❸ 从人们的一般认识来讲，"信任"对行为意愿有着或多或少的影响。然而，依然有 4 篇文献通过实证认为"信任"对隐私披露意愿的正向作用不成立或者不完全成立，其中，孙霄凌认为社会化搜索平台（知乎、百度知道等）已有很高的公信力，平台内的用户之间相互信任，在决定是否披露隐私时已不需要再考虑"信任"因素，还有就是在这些平台上用户更多依赖从众心理来决定是否披露个人信息，利用社会化搜索平台的任务性也很强，为了完成任务目标，必须将披露隐私达到一个水平，这个水平不随"信任"度而改变❹；朱侯认为用户对于平台的信任会正向影响隐私披露意愿，但用户对于平台其他用户的信任对用户自己信息的披露意愿没有显著影响❺；

---

❶ ZHAO L，LU Y，GUPTA S. Disclosure Intention of Location-Related Information in Location-Based Social Network Services[J]. International journal of electronic commerce，2012，16（4）：53-89.

❷ 闫春晓. 交易型虚拟社区成员提供个人信息意愿的影响因素研究 [D]. 北京：北京邮电大学，2014；ADEBESIN F，MWALUGHA R. The Mediating Role of Organizational Reputation and Trust in the Intention to Use Wearable Health Devices：Cross-Country Study [J]. JMIR mHealth and uHealth，2020，8（6）：e16721.

❸ 李贺，余璐，许一明等. 解释水平理论视角下的社交网络隐私悖论研究 [J]. 情报学报，2018，37（1）：1-13；SWIRE P P. Finding the best of the imperfect alternatives for privacy，health it，and cybersecurity [EB/OL]. （2012-12-10）[2020-01-05]. https://papers. ssrn. com/sol3/papers. cfm?abstract_id=2187305.

❹ 孙霄凌，程阳，朱庆华. 社会化搜索中用户隐私披露行为意向的影响因素研究 [J]. 情报杂志，2017，36（10）：172-179，201.

❺ 朱侯，张明鑫，路永和. 社交媒体用户隐私政策阅读意愿实证研究 [J]. 情报学报，2018，37（4）：362-371.

还有2篇认为对互联网的信任对隐私披露意愿没有直接影响,但对服务商的信任正向影响披露意愿。❶ 严格来讲,后3篇并不是完全否定信任的作用,而是看信任对象是谁。本课题组设定的信任是指对信息服务方的信任,并不涉及平台上其他用户,不存在上述几篇不认可信任度对隐私披露意愿正向影响的问题。因此,可以确认现有研究也证实用户对信息服务方的信任度会正向影响隐私披露意愿。

②信息服务组织方面的三个影响因素。信息服务组织方面的三个影响因素分别为信息服务有用性、信息服务易用性和隐私保护安全控制。

信息服务有用性。信息服务有用性是通过感知收益体现的。成本效益分析理论、感知价值理论、技术接受模型、价值接受模型、隐私计算理论等多种理论,都支持在隐私披露意愿中存在"感知收益"和"感知隐私安全风险"因素的影响,其中"感知隐私安全风险"是隐私演算理论和传播隐私管理理论将其他理论中的"感知成本"因素转换为"感知隐私安全风险"因素,将"隐私安全风险"作为一种成本对待。由于运用理论不同,在以往不同文献中对"感知收益"和"感知隐私安全风险"都有不一样的称呼,但本质是一样的。89篇研究"感知收益"因素的文献,具体表述中所用术语分别有"社会回报""感知有用性""用户价值""感知效用""感知价值""娱乐性"等,其中,用"感知收益"或者"感知有用性"的比较多。还有的将"感知收益"进行细分,如研究社交场景的文献,有的划分为功利收益和社交收益或者划分为信息补偿和娱乐补偿;研究社会化搜索的文献,有的划分为社交收益和信息收益;研究在线医疗健康的文献,有的划分为结果期望、物质奖励等。这89篇文献中,有3篇不认可信息服务有用性对隐私披露意愿的正向作用,它们的研究对象分别

---

❶ TREIBLMAIER H, CHONG S. Trust and Perceived Risk of Personal Information as Antecedents of Online Information Disclosure: Results from Three Countries[J]. Journal of global information management, 2011, 19(4): 76-94; BECERRA E P, KORGAONKAR P K. Effects of trust beliefs on consumers' online intentions[J]. European journal of marketing, 2011, 45(6): 936-962.

是 YouTube 推荐系统、云计算服务和手机 Facebook。❶ 这 3 篇文献，都是描述社区内用户之间共享个人信息，而本课题组所研究的是用户与信息服务者之间分享个人信息，因此这 3 篇文献的研究结果不能算是与本课题组的研究结论相左。

信息服务易用性。很多文献使用"感知易用性"，也有的使用"努力预期""便利性""便利条件""工作量预期"等说法，其内涵都是指用户感知到的使用某种新技术新方法的容易程度。收集到的 18 篇文献是研究有关易用性因素的，但都不是研究该因素对于隐私披露意愿的直接作用。其中，有 6 篇分析易用性因素对感知有用性的影响，全部支持易用性因素正向影响用户的感知有用性。有 15 篇分析易用性因素对使用信息服务系统行为意图的影响，其中 1 篇文献认为易用性差（努力预期高）对使用移动医疗平台意图有负向作用，但易用性强（便利条件）对使用该平台意愿的正向作用不成立❷；其余都是支持易用性对使用系统平台意图的正向作用。这些文章研究的场景以在线健康信息服务为多，其他场景分别为移动政府服务、云服务、学习平台、智能设备、共享交通工具等。因此这些研究结论并不能说明与本课题组的研究结论相左，即不能否定用户对信息服务的感知易用性正向影响用户隐私披露意愿这一结论。

隐私保护安全控制。讨论隐私保护安全控制因素对隐私披露意愿影响的文章有 22 篇，研究结果都认同隐私保护安全控制因素对隐私披露意愿有直接或间接的正向影响，间接影响的研究主要是论证隐私保护安全控制因素对用户感知风险有负向作用、对用户信任有正向影响作用等。这些文献的研究可以支持或

---

❶ ALAIAD A, ALSHARO M. ALNSOUR Y. The Determinants of M-Health Adoption in Developing Countries : An Empirical Investigation[J]. Applied clinical informatics, 2019, 10（5）: 820-840 ; KIM M S, KIM S. Factors influencing willingness to provide personal information for personalized recommendations[J]. Computers in human behavior, 2018, （11）: 143-152 ; KISEKKA V, BAGCHI-SEN S, RAO H R. Extent of private information disclosure on online social networks : An exploration of Facebook mobile phone users[J]. Computers in human behavior, 2013, 29（6）: 2722-2729.

❷ ALAIAD A, ALSHARO M. ALNSOUR Y. The Determinants of M-Health Adoption in Developing Countries : An Empirical Investigation[J]. Applied clinical informatics, 2019, 10（5）: 820-840.

者说与本课题组的调查结果不相左,即进一步证实隐私保护安全控制正向影响用户隐私披露意愿。

③政府和社会方面的两个因素,即政府监管因素和网络负面评价因素。

政府监管因素。研究政府监管因素的文章,本课题组统计时归入"社会规范"类。目前涉及该因素对隐私披露意愿影响的文章很少,仅有3篇,即还是以隐私保护法律环境为主要研究对象,很少有文献直接研究对隐私披露意愿的影响。其中,维杰亚(Widjaja)等人在研究印尼云存储用户放置个人信息的意愿时指出,行业自律和政府管制对隐私控制有显著的正向影响,即第三方制度机制在增强用户的隐私控制观念方面起着重要作用❶;王乐等人研究中国微博用户,认为感知行业自律和法律执行的有效性正向影响用户自我披露意愿。❷虽然这方面的研究文章不多,但都是支持政府监管因素对用户隐私披露意愿有着直接或间接的正向影响作用,与本课题组的研究结果一致。

网络负面评价因素。所收集的190篇文献中有10篇是论证外部评价的影响,但这10篇并没有专门指定评价是网络负面评价或网络正面评价,主要是指同龄人、同伴或媒体报道的影响作用。所以,目前直接研究"网络评价"因素的文章很少,班萨尔(Bansal)认为先前在网站上的积极经验与在网站上披露私人信息的意图有一定的关联,但个人信息敏感度会降低这种关联关系。❸本课题组所界定的"网络负面评价",与用户的感知隐私安全风险和信任度密切相关。当网络负面评价的内容是关于信息服务方出现隐私泄露事实时,用户对隐私风险的感知会增加。收集的190篇文献中有84篇研究"感知隐私安全风险",所用术语分别有"隐私忧虑""隐私顾虑""隐私担忧""感知隐私侵犯""消极

---

❶ WIDJAJA A E, CHEN J V, SUKOCO B M, et al. Understanding users' willingness to put their personal information on the personal cloud-based storage applications: An empirical study[J]. Computers in human behavior, 2019, 91: 167-185.

❷ 王乐,王璐瑶,孙早. 隐私侵犯经历对网络用户自我披露的影响机制 [J]. 系统工程理论与实践, 2020, 40(1): 79-92.

❸ BANSAL G, ZAHEDI F M, GEFEN D. Do context and personality matter? Trust and privacy concerns in disclosing private information online[J]. Information & management, 2016, 53(1): 1-21.

态度""隐私关注"等。这些文献中绝大多数都支持感知隐私安全风险因素负向影响"隐私披露意愿"。另有13篇认为这个负向作用不明显。考察这13篇文献内容，认为"感知隐私风险"负向作用不明显的原因主要是用户对服务商安全的信任❶、个人隐私控制能力增强❷、个人信息不敏感❸、接受服务所必需的❹等。这13篇文献，发表时间范围为2013—2020年，而这个时期正好也是欧盟加强个人数据保护、起草和出台相关法律法规的时期，我国则正在陆续出台《刑法》（修订案）和《网络安全法》等，强制性要求服务商加强个人信息安全和隐私保护。由此可见，服务商用户隐私安全管理可增强用户隐私安全信念。

上述情况显示，现有文献的研究结果与本课题组的调查结果并不矛盾。

2.2 信息用户隐私披露的演化博弈

本节将信息服务方和其用户都看作为有限理性经济人，分析他们各自在思考收集或提交用户个人信息上的演化博弈现象，为研究保护用户隐私安全管理措施提供依据。

国内外文献都是从2005年开始出现利用博弈理论研究隐私保护的文章。2013年以后相关论文数量明显增多。研究的场景主要包括电子商务平台、社

---

❶ 兰晓霞. 移动社交网络信息披露意愿的实证研究——基于隐私计算与信任的视角 [J]. 现代情报，2017，37（4）：82-86；ALSMADI D，PRYBUTOK V. Sharing and storage behavior via cloud computing：Security and privacy in research and practice[J]. Computers in human behavior，2018，85：218-226.

❷ FODOR M，BREM A. Do privacy concerns matter for Millennials? Results from an empirical analysis of Location-Based Services adoption in German[J]. Computers in human behavior，2015，53（12）：344-353.

❸ 李琪，王璐瑶，乔志林. 隐私计算与社会资本对移动社交用户自我披露意愿的影响研究——基于微信与微博的比较分析 [J]. 情报杂志，2018，37（5）：169-175；孙霄凌，程阳，朱庆华. 社会化搜索中用户隐私披露行为意向的影响因素研究 [J]. 情报杂志，2017，36（10）：172-179，201.

❹ CULNAN M J，ARMSTRONG P K. Information privacy concerns，procedural fairness，and impersonal trust：an empirical investigation[J]. Organization science，1999，10（1）：104-115.

交网络、云计算服务、"互联网+"、大数据产业等,研究内容主要是从合作视角分析各方的博弈策略、给出博弈平衡点和最后的对策。如王文韬等研究电子健康网站和电子健康网站用户之间博弈回合数与双方得益的关系❶;Lei等提出一种随机博弈模型用来研究和解决用户与服务商之间隐私数据和服务质量的平衡❷;Wang等从交易视角探索个人数据主体和数据收集者之间的博弈❸;Du和Chen等提出社区结构演化博弈理论框架,认为动机和风险是决定隐私设置的实现和稳定性的重要因素❹;丰米宁等构建社交平台和用户的隐私演化博弈模型,并提出隐私保护过度和保护不足两种情况下对应的社交网络隐私保护对策❺;顾秋阳等引入隐私关注因素探索社交服务与用户间的演化博弈等。❻目前在信息服务领域运用博弈思想进行分析的成果还比较缺乏,已有研究成果显示,运用博弈理论可以分析在隐私(个人信息)披露方面用户与服务者之间的博弈动态,对双方隐私保护策略提出了更高要求。博弈理论有多种,本书主要采用演化博弈理论,探索用户群体和信息服务者群体在隐私披露方面的演化博弈。

演化博弈是以两个或两个以上的博弈群体为研究对象的,运用演化博弈的前提条件是研究对象的行为随着时间的变化而变化,并且有选择性和突变性。在群体演化过程中博弈主体一般有多种选择策略,在经过不断试错的情况下,博弈主体最终会选择获得利益较高的策略,而在这过程中,可能会存在突

---

❶ 王文韬,李晶,张帅,等.基于不完全信息动态博弈模型的电子健康网站用户信任机制研究[J].图书情报知识,2018(3):78-84.

❷ LEI X, JIANG C, HE N, et al. Check in or not? a stochastic game for privacy preserving in point-of-interest recommendation system [J]. IEEE internet of things journal, 2018, 5(5): 4178-4190.

❸ WANG W, YING L, ZHANG J. The value of privacy: Strategic data subjects, incentive mechanisms, and fundamental limits [J]. ACM transactions on economics and computation (TEAC), 2018, 6(2):1-26.

❹ DU J, JIANG C, CHEN K C, et al. Community-structured evolutionary game for privacy protection in social networks [J]. IEEE transactions on information forensics and security, 2017, 13(3): 574-589; CHEN J, KIREMIRE A R, BRUST M R, et al. Modeling online social network users' profile attribute disclosure behavior from a game theoretic perspective [J]. Computer communications, 2014, 49: 18-32.

❺ 丰米宁,朱光.基于演化博弈的社交网络隐私保护研究[J].情报杂志,2017,36(9):128.

❻ 顾秋阳,琚春华,鲍福光.融入隐私关注的社交网络服务与用户间关系的演化博弈模型研究[J].情报科学,2019,37(9):29-36.

变因素，影响少数个体的策略选择。演化博弈理论最早起源于 20 世纪 70—80 年代数学家 G.R. 普赖斯（G.R. Price）和生物学家约翰·梅纳德·史密斯（John Mayard smith）共同对动物之间冲突与合作行为的博弈分析，他们用稳定演化策略（Evolutionary Stable Strategy，ESS）取代传统博弈论中的纳什均衡概念。同时期即 1978 年，泰勒（Taylor）和琼格尔（Jonker）提出演化博弈动态概念——复制动态方程（Replicate Dynamics，RD）❶，形成演化博弈论最核心的两个概念，即稳定演化策略和复制动态方程，分别表示群体演化的最终稳定状态和群体如何达到稳定状态的过程。目前演化博弈的理论和方法被广泛用于研究经济和社会问题，包括隐私披露研究。❷ 演化博弈理论研究的对象应当具有随时间而变化的群体的特征，稳定演化策略的思想是在一个群体中，大多数个体的选择策略（即稳定演化策略）不会被少数个体的选择所影响，认为人们演化博弈的最优均衡在初始状态是无法达到的，必须通过不断调整策略才可以达到。

在信息服务领域，时常出现隐私泄露、隐私权被侵犯的事件。信息服务方会根据政府的惩罚力度调整自己的个人信息收集和使用策略，将自己的损失降到最低；用户方可以更正、删除个人账号或者调整其隐私设置，以保护其个人隐私。因此，信息服务方和用户方不断调整策略的过程可以用演化博弈模型进行分析。

2.2.1 突变条件下用户隐私披露双方演化博弈模型构建

第 2.1 小节论证的隐私披露意愿影响因素都可以作为突变因素。非突变条件下，只考虑用户方和信息服务方获取的最基本的收益。

（1）模型假设和支付矩阵

考察以往研究成果，已有一些研究部分隐私披露意愿影响因素，作为用户方与信息服务方之间演化博弈的突变因素，这些影响因素主要有信任、用户经

---

❶ 张维迎. 博弈与社会 [M]. 北京：北京大学出版社，2013：297-299.
❷ 邵明. 基于进化博弈的 LBSNS 用户隐私信息披露行为研究 [D]. 广州：华南理工大学，2016.

历、第三方监管或政府监管、隐私安全控制、成本控制、利益分配机制等。例如，在隐私披露方面用户和服务者之间的演化博弈中，丰米宁和田立勤等学者都证实了信任作为突变因素的作用，只不过前者的研究场景是社交平台，而后者的研究场景是整个网络；丰米宁和李军伟都证实了社交平台场景下第三方监管力度（实际上是指政府监管或行业监管）作为突变因素的作用；郭龙飞和邵明分别证实了社交网站和基于位置的移动社交平台场景下用户经历作为突变因素的作用；李军伟和张胜兵都证实了网络社交网站场景下隐私安全控制作为突变因素的作用。❶另外，张欣欣证实了网络环境下成本控制、利润分配机制和政府监管这几个突变因素对网络服务提供商合作的演化博弈的作用等。❷

本书的研究对象和已有研究的研究对象并不完全相同，但包含在网络场景中，且比社交平台的隐私安全风险要低很多，因此，对于第 2.1 小节研究的 8 个影响因素，已有 4 个在上述研究中得到论证，本书只研究用户隐私偏好、网络负面评价、信息服务有用性及信息服务易用性这四个突变因素对用户的演化博弈行为的影响。信息服务者主要受成本、收益这两个基本因素影响。

根据表 2-3，用户隐私偏好、网络负面评价、信息服务有用性和信息服务易用性对用户隐私披露意愿的影响系数分别为 –1.004、–0.948、0.590 和 0.613，其绝对值本章分别用符号 m、n、u 和 v 表示。

为方便模型的计算和求解，对基于突变条件的信息服务方和用户方的收益作如下假设：

①本书分析的两大博弈主体（即信息服务方和用户方）都是有限理性的，在博弈过程中双方都在不断调整自己的策略，找到最优策略，获得最大收益；

---

❶ 丰米宁，朱光.基于演化博弈的社交网络隐私保护研究 [J]. 情报杂志，2017，36（9）：128；田立勤，林闯. 可信网络中一种基于行为信任预测的博弈控制机制 [J]. 计算机学报，2007，30（11）：1931-1937；李军伟.基于演化博弈的社交网络用户隐私行为研究 [D]. 北京：北京邮电大学，2014；郭龙飞.社交网络用户隐私关注动态影响因素及行为规律研究 [D]. 北京：北京邮电大学，2013；邵明.基于进化博弈的 LBSNS 用户隐私信息披露行为研究 [D]. 广州：华南理工大学，2016；张胜兵，蔡皖东，李勇军. 一种基于博弈论的社交网络访问控制方法 [J]. 西北工业大学学报，2011，29（4）：653.

❷ 张欣欣，徐恪，钟宜峰.网络服务提供商合作行为的演化博弈分析 [J]. 浙江大学学报，2017，51（6）：1215-1216.

②信息服务活动中,信息服务者的行为策略集合是收集个人信息、不收集个人信息,用户的行为策略集合是提交个人信息、不提交个人信息;

③在所有信息服务者中,设定采取"收集个人信息"策略的信息服务者的占比为 p,则采取"不收集个人信息"策略的信息服务者的占比为 $1-p$($0 \leqslant p \leqslant 1$);

④在所有用户中,针对其个人信息,设定持有"提交个人信息"策略意愿的用户的占比为 q,则持有"不提交个人信息"策略意愿的用户的占比为 $1-q$($0 \leqslant q \leqslant 1$);

⑤用户方在各种策略下的收益和损失设定如下:

◎ 接受信息服务方提供的基本服务,用户方获得的固有收益为 A_1;

◎ 提交个人信息后,安全情况下用户方可获得的额外收益为 A_2;

◎ 因感受到隐私安全风险,受到隐私偏好影响,用户方不提交个人信息而可能造成的收益损失为 mA_3;

◎ 虽感受到隐私安全风险,但受到网络负面评价少的影响,或受到信息服务有用性较高的影响,或受到信息服务易用性较高的影响,而可能提交其个人信息,因而有可能获得的额外收益为分别 nA_4、uA_5 和 vA_6。

⑥信息服务方在各种策略下的收益和成本设定如下:

◎ 信息服务方在开展信息服务活动中获得的固有收益为 G_1;

◎ 信息服务方收集用户个人信息后获得的增值收益为 G_2;

◎ 信息服务方因收集用户提交个人信息而付出的成本为 C,其中 C 主要包括奖励用户的成本、实施隐私保护措施的成本。

⑦双方的损失设定为:隐私安全风险发生而由此造成的损失由双方共同承担,其损失设定为 L,承担系数为 a($0 \leqslant a \leqslant 1$),其中信息服务方承担的收益损失(如受到政府惩罚)为 aL,用户方承担的收益损失为 $(1-a)L$。

根据上述假设,在有突变因素作用下信息服务者和用户双方的博弈收益矩阵如表 2-4 所示。

表 2-4　信息服务方和用户方在隐私披露方面的演化博弈收益矩阵

类别		信息服务方	
		收集个人信息（p）	不收集个人信息（$1-p$）
用户方	提交个人信息（q）	$A_1+A_2+nA_4+uA_5+vA_6-mA_3-(1-a)L$；$G_1+G_2-aL-C$	A_1+A_2；G_1-C
	不提交个人信息（$1-q$）	A_1；G_1	A_1；G_1

（2）演化博弈下各种收益公式

在提交个人信息和不提交个人信息两种策略情况下，用户方获得信息服务的期望收益分别用 U_{1Y} 和 U_{1N} 表示，根据表 2-4 所示的博弈收益矩阵，U_{1Y} 和 U_{1N} 的计算如公式 2-1 和公式 2-2 所示：

$$U_{1Y}= p[A_1+A_2+nA_4+uA_5+vA_6-mA_3-(1-\alpha)L]+(1-p)(A_1+A_2) \quad （式2-1）$$

$$U_{1N}= pA_1+(1-p)A_1 = A_1 \quad （式2-2）$$

根据公式 2-1 和公式 2-2，用户方在混合策略下提交或不提交个人信息的平均期望收益 $\overline{U}_1$ 如公式 2-3 所示：

$$\overline{U}_1 = qU_{1Y}+ (1-q)U_{1N} \quad （式2-3）$$

根据演化博弈理论，在有限理性博弈中，如果选择不同于本群体的策略而得到的收入高于平均群体收入，则该策略会被本群体中更多的个体所采纳，随着时间 t 的推移，该策略被越来越多的个体所采纳，当采纳该策略的个体随着时间 t 的增加而不再增加时，即 $dq/dt = 0$ 时，该群体达到稳定状态。这就是复制动态方程的基本原理。根据公式 2-1 和公式 2-3，可以求得用户群体提交个人信息比例的复制动态方程❶为：

$$F(q) = \frac{dq}{dt} = q(U_{1Y} - \overline{U}_1) \quad （式2-4）$$

---

❶ 朱庆华，窦一杰. 绿色供应链中政府与核心企业进化博弈模型 [J]. 系统工程理论与实践，2007（12）：85-89，95.

在收集个人信息和不收集个人信息两种情况下，信息服务方所获得的收益分别用 U_{2Y} 和 U_{2N} 表示，根据表 2-7 所示的博弈收益矩阵，U_{2Y} 和 U_{2N} 的计算如公式 2-5 和公式 2-6 所示：

$$U_{2Y}= q(G_1+G_2-\alpha L-C) + (1-q) G_1 \quad （式 2-5）$$

$$U_{2N}= q(G_1-C) + (1-q) G_1 \quad （式 2-6）$$

信息服务者群体的混合策略，即收集或者不收集用户个人信息的平均期望收益为：

$$\overline{U}_2 = pU_{2Y}+ (1-p) U_{2N} \quad （式 2-7）$$

其复制动态方程为：

$$F(p) = \frac{\mathrm{d}p}{\mathrm{d}t} = p(U_{1Y} - \overline{U}_1) \quad （式 2-8）$$

演化博弈中，稳定状态下策略对小扰动必须具有抗干扰力，即为稳定演化策略。稳定演化策略的点 $q*$，一方面本身要具有均衡状态，另一方面，对于某些博弈主体因为受其他因素的干扰而偏离稳定均衡点，那么复制动态仍会使 q 回到 $q*$。在数学上，这就类似于 q 因受干扰而低于 $q*$ 时，$F(q) = \frac{\mathrm{d}q}{\mathrm{d}t}$ 必须大于 0；当 q 受干扰而高于 $q*$ 时，$F(q) = \frac{\mathrm{d}q}{\mathrm{d}t}$ 必须小于 0。用另外一种方法表示的话，也就是在这些稳定状态处 $F(q)$ 的导数 $F'(q*)$ 必须小于零，这就是微分方程的稳定性定理。

2.2.2 双方演化博弈策略变化趋势

（1）用户方采取"提交个人信息"策略的群体占比的变化趋势及稳定性分析

分析公式 2-4，使得 $F(q) = 0$，可求得 $q = 0$ 或 1，但 $[mA_3 + (1-\alpha) L]$ 和 $(nA_4+uA_5+vA_6)$ 的大小关系不能确定，用户的演化博弈模型不能立刻找到稳定均衡点，需要对这两个参数的大小进行讨论。

根据微分方程的稳定性定理可知，用户群体的稳定策略 q^* 需要满足：$F'(q^*) = (1-2q^*)\{A_2 - p[(mA_3 + (1-\alpha)L) - (nA_4+uA_5+vA_6)]\}<0$，由第 2.2.1 小节可知，$m>n>v>u$，并且 $\alpha \in (0,1)$，得出以下结果：

◎ 当 $mA_3 + (1-\alpha)L < (nA_4+uA_5+vA_6)$ 时，$q=1$ 是演化稳定均衡点；

◎ 当 $mA_3 + (1-\alpha)L > (nA_4+uA_5+vA_6)$ 且 $p>A_2/[mA_3 + (1-\alpha)L - (nA_4+uA_5+vA_6)]$ 时，$q=0$ 是演化稳定均衡点；

◎ 当 $mA_3 + (1-\alpha)L > (nA_4+uA_5+vA_6)$ 且 $p<A_2/[mA_3 + (1-\alpha)L - (nA_4+uA_5+vA_6)]$ 时，$q=1$ 是演化稳定均衡点。

采用二维平面坐标的形式将用户群体中比例变化的趋势展现出来，即复制动态相位图。用户群体在 3 种情境下提交个人信息比例变化趋势如下所示：

情景1：$mA_3 + (1-\alpha)L < (nA_4+uA_5+vA_6)$。该情景是指用户方群体因提交个人信息所遭受的损失小于所获得的收益。在该情景中，虽然用户会有收益上的损失，但其因网络负面评价少、信息服务有用性和信息服务易用性比较高的影响，感知收益大于感知成本。在用户群体中，一开始仅有部分提交个人信息，其他用户看到提交个人信息的用户获得更多收益，在利益驱动下，就会仿效，那么随着时间 t 的增加，仿效提交个人信息的用户越来越多，而继续选择不提交个人信息的用户则越来越少。这个过程慢慢演化，最后所有用户都会提交个人信息。用户方提交个人信息比例变化如图 2-4 所示。

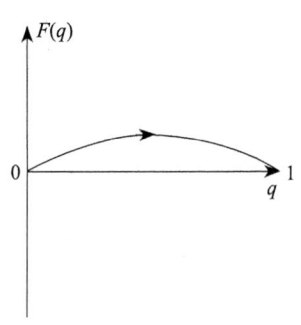

图 2-4 感知损失小于收益时信息用户群体选择"提交个人信息"策略的人数比例变化趋势

情境2：$mA_3 + (1-\alpha)L > (nA_4+uA_5+vA_6)$ 且 $p>A_2/[mA_3 + (1-\alpha)L - (nA_4+uA_5+vA_6)]$。该情景与情景 1 正好相反，用户方部分用户提交个人信息，所获得的收益之和 $(nA_4+uA_5+vA_6)$，小于因不提交个人信息遭受的损失与因提交个人信息遭受的损失之和 $(mA_3 + (1-\alpha)L)$，在隐私计算中，用户的感知损失大于感知收益，同时收集用户个人信息的信息服务方初始比例（p）大于临界值（$A_2/[mA_3 + (1-\alpha)L$

$-(nA_4+uA_5+vA_6)]$），也即太多信息服务方都收集用户个人信息，用户对信息服务方信任度降低，进而不愿意提交其个人信息。在用户方群体中，那些提交个人信息的用户看到不提交个人信息的用户受到的损失少，在避免损失心态的驱动下，就会逐渐仿效，那么随着时间 t 的增加，最后仿效选择"不提交用户信息策略"的用户越来越多，这个过程慢慢演化，就会使得所有用户都选择"不提交个人信息"策略。用户不提交个人信息的比例变化如图 2-5 所示。

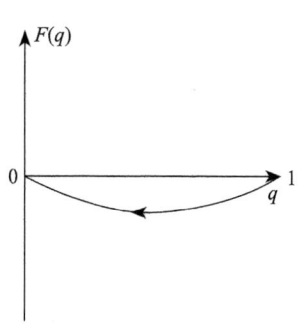

图 2-5 感知损失大于收益时信息用户群体中选择"不提交个人信息"策略的人数比例变化

情境 3：$mA_3 + (1-\alpha) L > (nA_4+uA_5+vA_6)$ 且 $p<A_2/[mA_3 + (1-\alpha) L - (nA_4+uA_5+vA_6)]$。该情景与情景 2 有相似，即用户方感知的损失大于感知的收益，但不同的是选择"收集个人信息"策略的信息服务方初始比例（p）小于临界值（$A_2/[mA_3 + (1-\alpha) L - (nA_4+uA_5+vA_6)]$）。在这种情景下，虽然有用户感知到损失而不愿意提交其个人信息，但因选择收集用户个人信息的服务方比例比较小，用户增加对信息服务方整体的信任，不介意提交其个人信息。随着时间的推移，不介意提交其个人信息用户越来越多，这个过程慢慢演化，最后所有用户都选择提交其个人信息策略。这与图 2-5 的最终稳定策略是一样的，只是初始条件不同。用户选择"提交个人信息"策略的比例变化如图 2-6 所示。

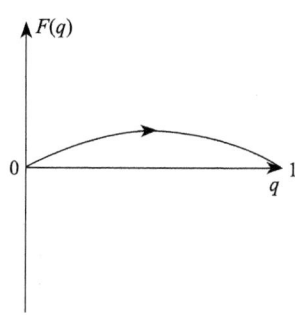

图 2-6 感知损失大于收益但收集用户信息服务方比例小时选择"提交个人信息"策略的信息用户人数比例变化趋势

（2）信息服务方采取"收集个人信息"策略的群体占比的变化趋势及稳定性分析

同理，信息服务方群体的稳定策略 p^* 需满足 $F(p^*) = (1-2p^*) q (G_2-\alpha L) < 0$，根据参数的大小关系，可分为以下几种情况：

◎ 当 $G_2>\alpha L$ 时，$p=1$ 是稳定演化均衡的；

◎ 当 $G_2 < \alpha L$ 时，$p=0$ 是稳定演化均衡点。

采用二维平面坐标方式，将信息服务方群体中比例变化的趋势展现出来，即复制动态相位图。信息服务方群体两种情景下选择"收集个人信息"策略的占比变化趋势如图 2-7 和图 2-8 所示。

情景 4：$G_2 > \alpha L$，即信息服务方收集用户个人信息所获收益大于其所承担的损失。在该情景中，信息服务者的感知成本降低，乐意收集用户个人信息。那些没有收集用户个人信息的信息服务者，分析得出获得更多收益的信息服务者是因为其采取"收集个人信息"策略的结论。在这种思考结果引导下，以及在利益最大化思想的驱动下，随着时间 t 的增加，选择对用户采取"收集个人信息"策略的信息服务者越来越多，这个过程慢慢演化，最后所有的信息服务者都选择"收集个人信息"策略。选择"收集个人信息"策略的信息服务者占比变化如图 2-7 所示。

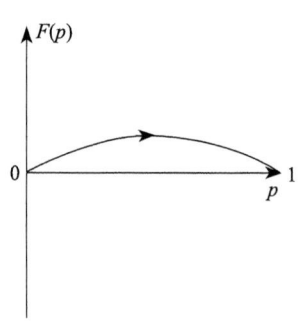

图 2-7 感知收益大于损失时信息服务方选择"收集个人信息"策略的群体比例变化趋势

情景 5：$G_2 < \alpha L$。在该情景中，信息服务者收集用户个人信息所获得的收益小于所遭受的损失。当有的信息服务者在隐私计算中感受到成本大于收益而选择"不收集个人信息"策略，因而避免损失，信息服务方其他信息服务者看到这些服务者遭受的损失少，究其原因是他们选择了"不收集个人信息"策略，在这种思考结果驱动下，那些原来选择收集个人信息策略的服务者就会仿效不收集个人信息，随着时间 t 的增加，仿效的服务者越来越多，这个过程慢慢演化，最后就会使得所有信息服务者都采纳"不收集个人信息"策略。这个过程中，采纳"不收集个人信息"策略的信息服务者占比变化如图 2-8 所示。

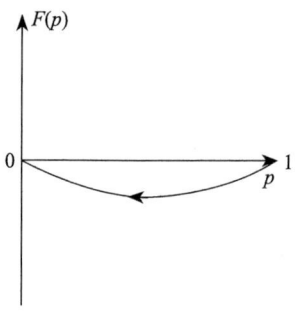

图 2-8 感知收益小于损失时信息服务方采纳"不收集个人信息"策略的群体占比变化趋势

(3)双方稳定策略关系分析

根据上述分析,信息服务方和用户方稳定性策略有 4 种,但有 6 种分析情况:

① A 情况:信息服务方"收集个人信息"+用户方"不提交个人信息":情景 4 与情景 2 的结合场景;

② B 情况:信息服务方"收集个人信息"+用户方"提交个人信息":情景 4 与情景 1 的结合场景;

③ C 情况:信息服务方"收集个人信息"+用户方"提交个人信息":情景 4 与情景 3 的结合场景;

④ D 情况:信息服务方"不收集个人信息"+用户方"不提交个人信息":情景 5 与情景 2 的结合场景;

⑤ E 情况:信息服务方"不收集个人信息"+用户方"提交个人信息":情景 5 与情景 1 的结合场景;

⑥ F 情况:信息服务方"不收集个人信息"+用户方"提交个人信息":情景 5 与情景 3 的结合场景。

A 情况下,经过较长时间的演化博弈过程,最后出现信息服务者都开始采取"收集个人信息"策略,而用户则都开始采取"不提交个人信息"策略。

B 情况和 C 情况,策略组合都是信息服务方"收集个人信息"+用户方"提交个人信息",但场景不同:B 情况下,信息服务方和用户方感知到的收益都大于感知到的损失或成本,容易促使未采取"收集个人信息"策略的信息服务者改向采取"收集个人信息"策略,促使未采取"提交个人信息"策略的用户改向采取"提交个人信息"策略。C 情况下,信息服务方群体更容易达到全员采取"收集个人信息"策略;而用户群体,因为还存在较大的损失感知,会出现越来越多的采取"不提交个人信息"策略的用户,只有在采取"收集个人信息"策略的信息服务者的占比小于临界值($A_2/[mA_3 + (1-\alpha) L - (nA_4+uA_5+vA_6)]$)时,用户感知到的收益才大于感知的风险,随着时间的推移,选择"提交个人信息"策略的用户才会越来越多,经过慢慢演化过程,就会使得所有用户都提交其个人信息。由此可见,用户对是否提交个人信息策略的选择,不仅受到收益的影响,也受到心理因素的影响,即使用户提交个人信息获得的收益小于遭受的损失时,只要收集用户信息的信息服务方的初始比例与自己的预期相吻合,用户心中便会愿意提交其个人信息。

D情况下信息服务方的风险成本感知大于其收益的感知,在保护利益、规避损失思想的驱动下,越来越多的信息服务者选择"不收集个人信息"策略;而同时,用户受网络负面评价较多、信息服务有用性和信息服务易用性较低的影响,感知到的收益并不能抵消掉担心其个人信息泄露以及隐私偏好感知的风险,且采取"收集个人信息"策略的信息服务者大于临界值,用户群体逐渐都趋向于选择"不提交个人信息"的策略。

E情况和F情况,策略组合都是信息服务方"不收集个人信息"+用户方"提交个人信息",但场景不同:E情况下,信息服务方群体对选择"收集"策略带来的损失感知要大于收益感知,经过慢慢地演化过程,越来越多乃至最后所有的信息服务者都选择"不收集个人信息"策略。而同时,用户受到的收益感知影响大于损失感知影响与隐私偏好影响之和,越来越多乃至最后所有用户都会选择"提交个人信息"策略。F情况下,用户受到的损失感知影响与隐私偏好影响之和大于收益感知的影响,本是倾向于选择"不提交个人信息"策略,但因采纳"收集个人信息"策略的信息服务者的占比低于临界值,即总体上用户对信息服务者不会存储和滥用其个人信息方面持有信任态度,而愿意选择"提交个人信息"策略。由此可见,用户是否选择"提交个人信息",不仅受到感知收益的影响,也受到其他心理因素的影响。因为即使用户提交个人信息获得的感知收益小于感知的损失时,只要收集用户个人信息的信息服务者的初始比例与自己的预期相吻合,心中便会有愉悦感,便愿意提交其个人信息。

通过问卷调查显示,在影响用户提交个人信息意愿的因素中,按照影响程度高低顺序排依次是用户隐私偏好、网络负面评价、信息服务易用性和信息服务有用性。下一节将具体阐述各影响因素对博弈行为的影响。

2.2.3　突变因素介入下信息服务双方演化博弈行为分析

（1）用户隐私偏好因素影响下信息服务者和用户博弈行为分析

由第 2.2.2 小节分析结果可知，当用户受隐私偏好的影响而不提交个人信息时，信息服务方两种对应策略：收集用户个人信息和不收集用户个人信息。

用户方选择策略行为分析。由用户隐私偏好理论可知，用户本身可能具有较高隐私关注意识，但随着时间推移，用户很可能会出现隐私疲倦现象。结合第 2.1.2 小节问卷数据分析可知：用户隐私偏好负向影响用户提交个人信息意愿，即如果用户隐私偏好较高，提交个人信息意愿降低；反之则不然。根据此调查结果，在演化博弈模型中，设定的是用户隐私偏好负向影响用户选择"提交个人信息"策略，进而用户个人收益受到一定损失。

信息服务方选择策略行为分析。在信息服务者和用户的隐私保护博弈模型中，双方为各自的利益而进行博弈，双方都在对对方的行为进行推测以决定自己的策略选择。在进行博弈时，假设用户受隐私偏好影响而不乐意提交个人信息，那么，在用户选择"不提交个人信息"策略情况下，信息服务方采取的策略将会是：①收集个人信息策略。原因是出于追求利益最大化的目标，如为了进行用户信息大数据分析以开展个性化服务或精准服务，或为了招揽广告商等。选择的收集方式可包括：第一，通过技术手段或者从第三方手中获取用户的个人信息，这里存在较大法律风险，获取成本也较高；第二，从用户公开分享的个人信息中提取对自身商业发展有用的信息，这种方式利于自己的发展，同时也可以不触碰"非法收集用户信息"的法律红线；第三，与合作方分享用户个人信息。其中，第三种方式与社会环境有关，若信息服务方所处的社会环境中，很多信息服务者都相互合作，分享用户个人信息，信息服务方本身会形成一种要"入群"的意识，要和大多数人采取的行为保持一致，如果不一致，就不能和别人很好地合作，对自身发展来讲并不是一件好事。②不收集个人信息策略。原因可能有：第一，在用户不提交个人信息情景下，信息服务方如果从第三方获取用户个人信息，存在触犯法律的风险；第二，收集来的个人信息需要存储，这就存在一个存储成本，同时还存在个人信息泄露风险，目前法律和政府监管加强对隐私泄露与滥用的惩罚力度，因此一旦泄露，信息服务方就会被处罚，同时还需要向受害用户进行赔偿，损失很大；第三，为了避免泄露，就需要加强隐私保护，加强信息系统安全，这个成本也很高，而且信息服务方也会对自身隐私保护措施的有效性和合规性不自信；第四，根据现有法律法规，用户有权访问和获取信息服务者收集的用户本人的个人信息，信息服务者分析出特定用户个人信息并提供个性化服务的技术成本和管理成本并不低等。因此，当上述风险带来的成本高于信息服务者收集个人信息的感知收益时，信息服务者则会选择"不收集个人信息"策略。

"信息服务者不收集用户个人信息，用户不提交个人信息"这样的一个博弈结果，信息服务方对用户需求特点无法掌握，个性化推荐、精准服务、广告推广等都难以实现，很难实现其高商业价值；用户方因信息服务方不能提供更有针对性服务而可能无法得到更满意的服务结果。因此，这种策略组合对双方来说都不是最佳策略。

（2）网络负面评价因素影响下信息服务者和用户博弈行为分析

由第 2.2.2 小节分析结果可知，当用户受网络负面评价较少的影响而提交个人信息时，信息服务方有两种对应策略：收集用户个人信息和不收集用户个人信息。

用户方选择策略行为的分析。由第 2.1 小节分析可知，当用户通过网络搜寻，发现网络负面评价没有或者极少，提交个人信息并不会明显增加自己的隐私安全风险，则用户愿意采纳"提交个人信息"策略以换取所需信息服务，反之用户则不会愿意提交其个人信息。

信息服务方选择策略行为的分析。①采取收集个人信息策略。信息服务方收集用户个人信息，则可以对大量的用户个人信息进行整合和数据挖掘，掌握更准确以及更丰富的用户特征和用户信息需求特点，在此基础上开发出更能符合信息用户需求以及给自己带来收益的服务项目，扩大用户数量以及增加用户忠诚度。而同时，根据现有法律法规，当用户自己选择提交个人信息，即实现其"同意"要求时，信息服务方收集个人信息是合法行为，不存在违法收集成本。收益很可能大于成本，因此越来越多的信息服务者会依据用户所采取的"提交个人信息"策略而采取"收集"用户个人信息的策略。与此同时，由第2.1.2 小节问卷数据分析结果和第2.2.2 小节博弈策略变化趋势可知，网络负面评价对用户行为的影响很大，信息服务方要特别注意提高其正向的网络影响力度,减少负面影响。②采取不收集个人信息策略。在用户选择"提交个人信息"策略时，虽然信息服务方可以合法且便利地获得用户个人信息，但信息服务方还会存在其他隐私安全风险和管理成本，信息服务方会衡量这些成本与感知收益，在不收集个人信息情况下，并不会降低用户的网络正面评价，更不会增加用户对其网络负面评价，所以会选择"不收集个人信息"策略。

（3）信息服务有用性因素影响下信息服务方和用户博弈行为分析

由第2.2.2 小节分析结果可知，当用户受信息服务有用性的影响而提交个人信息时，信息服务方有两种对应策略：收集用户个人信息和不收集用户个人信息。

用户方选择策略行为的分析。根据现有文献研究结论以及本书所做的问卷调查结果，信息服务有用性正向影响用户隐私披露意愿，服务越有用，对用户的"诱惑"越大，特别是在该信息服务是其他服务无法替代或者用户本身非常需要该服务时，用户越不介意向信息服务方提交其个人信息，反之则不然。从信息服务整体来讲，在信息社会、互联网环境下，人们的生活和工作已经离不开信息，进而离不开信息服务，而信息服务有用性就像"磁铁"，吸引用户更紧密依赖信息服务。在本章节博弈模型中，假设的是信息服务有用性正向影响用户提交个人信息行为，用户因受信息服务有用性的影响提交个人信息而获得收益。

信息服务方选择策略行为的分析。①采取收集个人信息策略。商业性信息服务本质是要吸引更多的用户以实现其利润的增长，公益性信息服务同样也需要吸引更多用户以实现其价值。而信息服务有用性的提高有助于吸引用户是不争事实。提高信息服务有用性，一种方式就是要向大众用户提供更加具有针对性的服务，避免用户因受到无用服务打扰而弃之，也避免浪费财力、物力研发推送用户认为无用的服务。这些要求的实现离不开掌握目标用户（群体）的特征和需求，而这种掌握就需要针对大量用户个人信息的收集和统计分析。因而从信息服务有用性影响角度，信息服务方会选择收集用户个人信息策略。②采取不收集个人信息策略。虽然在信息服务有用性影响下，用户群体愿意采取提交其个人信息的策略，信息服务方不会存在非法收集的风险，但还会存在其他隐私安全风险。这种情况下，信息服务方感知到风险成本，为了避开或者降低风险成本，避免因这些风险造成的现有利益的损失，会选择采取不收集用户个人信息策略。不收集用户个人信息，信息服务方依然会保持其服务的基本有用性，这也是其可以选择不收集策略的基础。这种不收集策略，虽然可避开隐私泄露或滥用等风险，但不利于其改进和提高信息服务的有用性，不利于现有用户的黏性以及用户规模的扩大。

（4）信息服务易用性因素影响下信息服务方和用户博弈行为的分析

由上述博弈分析结果可知，当用户受信息服务易用性的影响而提交个人信息时，信息服务方两种对应策略：收集用户个人信息和不收集用户个人信息。

用户方选择策略行为的分析。根据第2.1小节分析结果，信息服务易用性对用户提交其个人信息有直接或间接的正向影响作用。根据"省力法则"，用户更喜欢信息服务系统是简单易用的。如果这种简单易用是以用户提交个人信息交换得来的，用户很有可能会进行这种交换。同时，如果提交个人信息的操作也很容易的话，用户在隐私偏好没有那么强的情况下就会很容易向信息服务方提交其个人信息。在本书的博弈模型中，假设的是信息服务易用性正向影响用户提交个人信息的行为，用户因受信息服务易用性影响提交个人信息而获得收益。

信息服务方选择策略行为的分析。①采取收集个人信息策略。信息服务方收集用户个人信息会获得很多收益。例如，通常信息服务系统的易用性是建立在对用户信息需求特征的分析和掌握之上，而后者又是基于对大量用户个人信息的收集和数据分析。收集用户个人信息，再经过对用户个人信息的大数据分析，可以帮助信息服务方按照用户的习惯和特点进一步改进和简化信息服务平台服务及个人信息提交模式；当信息服务方提供的服务简单易操作时，可以吸引更多具有不同程度操作能力的用户，并增加用户对信息服务平台的黏性，促进信息服务方的发展。②采取不收集个人信息策略。信息服务方采集用户个人信息所面临的风险同本小节（3）所指。在这种风险感知下，信息服务方很有可能会放弃以收集分析用户个人信息的方式改进信息服务系统易用性的思路，而通过加强信息服务的有用性等方式来吸引用户，或者通过其他方式（如访谈、问卷调查、观察等）来分析用户的信息需求特点和使用信息系统的特点，从而改进信息服务系统的易用性，即信息服务方选择不收集个人信息的策略。

2.2.4　基于双方演化博弈的隐私安全管理要求

根据本章前面分析可以看出，用户的感知对信息服务方是否能有效获取用户个人信息有重要影响，而用户的感知又与信息服务方的隐私保护口碑有很大关系。因此，信息服务方在处理与用户的关系上需要注重用户的感知，主要有以下四个方面。

第一，了解用户隐私偏好的特征和原因，对用户给出隐私保护的保证措施，降低用户隐私偏好，使用户对信息服务者给予最大信任。

第二，减少网络负面评价影响，提高用户信任度。①加强市场调研和合规分析，了解政府对泄露隐私事件惩罚的状况，认真研读相关隐私保护要求，加强自身行为规范（针对用户个人信息的收集使用方面的行为），严格遵守相关法律法规和行业规范，符合社会伦理道德要求，为外显其口碑打下基础；②加强信息服务平台信息安全和数据安全措施，为用户个人信息采集后的保护做好技术和制度上的准备，杜绝可能会引起网络负面评价的隐私侵权现象的发生；③全力借助网络各种渠道宣传力量，宣传自身的隐私保护能力和行为，积极参与并公开其参与的隐私保护认证，以扩大自身的影响力，增加网络正面评价。

第三，将收集到的用户个人信息真正用到信息服务有用性的提高方面。目前各种隐私政策一般都会写明本信息服务产品或活动收集用户个人信息的目的是为提高产品性能。针对用户因信息服务有用性而提交个人信息的情况，信息服务方应对目标用户进行调查与咨询，以用户需求为主，了解哪些服务是用户所需要的，对所提供的服务有什么要求，赢得用户好感与信任；同时也可以借鉴其他信息服务方的服务，了解用户满意其服务的原因，改善目前自身所提供服务的不足之处。

第四，不断提高信息服务平台的易用性，在用户群体中留有印象，不让易用性问题成为用户使用该信息服务及提交其个人信息的阻碍。具体来讲，信息服务方应最大限度优化自己的服务流程，降低用户使用服务时的难度；同时加强对内部员工的培训，提升专业技能，以设计出简单易操作的服务流程。信息服务方不采集用户个人信息，虽然也能实现信息服务平台易用性，但也只能满足大众性的易用性，无法针对目标用户群体的特点给出符合目标用户群体的易用性，用户感知到的易用性并非自己期望的，所以信息服务方还需要根据特定用户群体的特征和需求研发提供对应的易用性，而其基础是掌握特定用户群体的特征和需求，掌握的基础最便捷和最准确的途径是对用户个人信息进行大数据统计和分析。因此，信息服务方需要根据用户所担忧的隐私安全风险来解决风险问题。

2.3 小结

概括而言，信息服务方和用户方存在双赢的策略选择，即用户提交个人信息，信息服务方收集用户个人信息。但这个双赢的前提是：首先，在隐私保护方面，用户方有较强的隐私保护意识和能力，信息服务方有较强的隐私保护能力和措施并在网络上有很好的评价和口碑；其次，信息服务方确实通过分析用户个人信息，增加信息服务的有用性和易用性，用户真正获益。信息服务方要在隐私保护方面赢得用户信任，在符合国家法律法规和行政规范的基础上，需要采取多种措施，而且这些措施应当呈现给用户，即向用户提供隐私保护方面的质量保证。在管理方面，这些保证措施包括信息组织行业自律和信息组织内部的管理，后者内容比较丰富，能够直接让用户感知到的措施主要包括隐私政策和隐私保护官体制，以下我们将在第3章和第4章着重讨论这些措施。用户具有一定的隐私意识，以及能够操作信息服务平台提供的隐私保护设置，则需要具有一定的隐私素养。我们将在第5章讨论用户隐私素养问题。

第 3 章 信息服务隐私保护的行业自律与组织管理措施

信息服务机构对现行隐私保护法律法规和国家行政管控要求的有效实施，需要信息服务行业的引导和督促，需要信息服务机构建立有效的隐私保护组织管理机制。

3.1 信息服务隐私保护行业自律措施

行业组织的引导，主要是通过制定政策和执行政策措施来实现；行业组织的管控，主要是通过行政命令和监督执行来实现。行业组织层面，着重针对行业特点出台政策和监督实施行业自律。

行业自律，是在法律法规、国家宏观管理控制下各行各业自我规范、自我约束的表现。法律法规和国家宏观管理控制的范畴相对比较小，更多需要整个社会特别是信息服务行业形成隐私保护的社会氛围。早在 2004 年美国学者史密斯等就指出，大多数国家不愿意采用法律形式来保护在线和传统医疗模式中的隐私权，而选择通过公司自律来处理这类问题；然而公司自律并没有提供许多个人所需的全面隐私保护，他们认为应当加强对行业调节的依赖。[1] 经合组

---

[1] SMITH A D, MANNA D R. Exploring the trust factor in e-medicine [J]. Online information review, 2004, 28 (5): 346-355.

织（OECD）于 2013 年指出，各国在保护个人数据隐私方面应当积极采取国内立法、鼓励和支持以行为守则或者其他形式的自律。❶ 直接冲击国际市场的欧盟 GDPR，将属于行业自律的隐私保护认证作为一种新的数据保护监管工具。❷ 我国工业和信息化部于 2013 年发布法规《电信和互联网用户个人信息保护规定》，也强调在隐私保护方面要加强自律性管理。

根据搜索结果显示，这方面的中外文相关研究文献，其发表时间跨度是从 1999 年至今，与互联网的产生和应用时间吻合，符合人们注重互联网环境下的隐私保护的基本认知。对国外隐私保护行业自律的研究，研究对象主要集中在美国，也有少部分集中在日本、加拿大、澳大利亚、新加坡和欧洲等国家和地区。这些国家共同的特征是经济发达，个人数据是其国家企业经济发展的重要资产，相应隐私泄露问题也更严重。研究的问题主要包括隐私保护行业自律与立法监管的关系、现有隐私保护行业自律特点等。例如，由于国家理念和市场管理传统的不同，这些国家在选择以立法监管为主还是以行业自律为主的管理方式上有很大不同，研究者也持有不同观点。如，徐（Xu）团队认为行业自律和政府立法这两种监管方式在一定程度上可相互替代❸；科尔南（Culnan）、鲍伊（Bowie）等认为在互联网及跨境数据环境下，期望隐私权法在全球范围内实施是不现实的，而行业自律具有柔性管理特色❹；马洛塔-乌格勒（Marotta-Wurgler）认为行业自律的一些做法可能会有误导作用，给消费者带来伤害

---

❶ OECD. OECD guidelines on the protection of privacy and transborder flows of personal data [EB/OL]. （2013）[2019-11-15]. http：//www.oecd.org/sti/ieconomy/oecdguidelinesontheprotectionofprivacyandtransborderflowsofpersonaldata.htm.

❷ 高富平. 个人数据保护和利用国际规则：源流与趋势 [M]. 北京：法律出版社，2016：249-253；LACHAUD E. The general data protection regulation and the rise of certification as a regulatory instrument [J]. Computer law & security review, 2018, 34（2）: 244-256.

❸ XU H, TEO H H, TAN B C Y, et al. Research note—effects of individual self-protection, industry self-regulation, and government regulation on privacy concerns: a study of location-based services [J]. Information systems research, 2012, 23（4）: 1342-1363.

❹ CULNAN M J, BIES R J. Consumer privacy: Balancing economic and justice considerations [J]. Journal of social issues, 2003, 59（2）: 323-342；BOWIE N, JAMAL K. Privacy rights on the internet: self-regulation or government regulation?[J]. Business ethics quarterly, 2006, 16（3）: 323-342.

等。❶对我国隐私保护行业自律的研究，主要是探索问题和提出一些建议。徐敬宏、张继红等认为，我国隐私政策制定率低、流于形式、缺乏相应行业监管等问题的存在，与我国目前尚未形成隐私保护行业自律体系有关❷；齐爱民、孙浩然等认为我国应以成文法为主，形成行业自律组织的审查考核与政府的监管相结合的模式❸；弓永钦认为在全球统一数据隐私规则尚未形成的情况下，我国可积极加入区域性数据隐私规则体系。❹

从目前研究结果来看，还需进一步研究如何完善各层次各领域隐私保护行业自律内容，也更需要研究如何推动更多的组织自觉遵守行业自律，参与本行业的隐私认证。

3.1.1　隐私保护行业自律范畴的界定

行业自律（industry self-regulation），目前国内外并没有一个标准的定义，我国早在20世纪80年代就从国外引进"行业自律"这个概念，也介绍过国外多种不同的解释和观点。本书采用常健等提出的解释，即"行业自律应是同一行业的经济行为人联合体（行业组织）自觉、自愿地对本行业成员行为的自我控制和约束"❺。另外，我国术语知识服务平台"术语在线"也给出解释：行业自律，是指"工商企业为了协调企业之间的经营活动与信息沟通，自发组织起来设立的规则以及进行的活动"。两者本质相近，前者范围更大。

---

❶ MAROTTA-WURGLER F. Self-regulation and competition in privacy policies [J]. The journal of legal studies, 2016, 45（S2）：S13-S39.

❷ 徐敬宏. 我国网络隐私权的行业自律保护、现状问题与对策 [J]. 图书与情报, 2009（5）：80-83；张继红. 大数据时代个人信息保护行业自律的困境与出路 [J]. 财经法学, 2018（6）：57-70.

❸ 齐爱民, 佟秀毓. 美国在线行为广告领域个人信息保护自律模式研究 [J]. 苏州大学学报（哲学社会科学版）, 2018, 39（3）：72-80, 191-192；孙浩然. 网购中消费者隐私权的法律保护问题研究 [J]. 法制博, 2019（29）：73-74.

❹ 弓永钦. 欧盟数据隐私新规则对我国"涉欧"数字企业的影响及应对 [J]. 国际经济合作, 2019（2）：70-79.

❺ 常健, 郭薇. 行业自律的定位、动因、模式和局限 [J]. 南开学报（哲学社会科学版）, 2011（1）：133-140.

隐私保护行业自律，是指行业自律是针对隐私（个人信息）保护要求的。隐私保护行业自律有多种形式，我国学者陈耿将美国网络隐私保护行业自律的发布组织分为行业协会、倡议性隐私保护自律组织和个人隐私保护认证组织。❶按照这种组织性质划分，隐私保护行业自律可分为隐私保护行规或行约、隐私保护联盟行为规范和隐私保护认证印章。另外，按照执行力度来划分，隐私保护行业自律可分为建议指示性的和监督处罚性的两种。

根据上述概念，本书将隐私保护行业自律范畴界定为以下几个方面：

◎ 包含隐私保护要求的各类推荐标准：行业标准、地方标准和团体标准；
◎ 包含隐私保护要求的各类行业协会及学会的行规和行约；
◎ 隐私保护联盟发布的倡议和规范；
◎ 隐私保护认证机制：隐私保护能力认证、隐私保护实践认证等。

各类推荐标准本身虽不具有强制性，但作为各种行政和市场开展相应评价的依据，对社会、对各行业具有较高的影响力。例如，2020年11月我国工业和信息化部推出18项App隐私保护团体标准，为App侵害用户权益专项整治工作提供依据和支撑，为企业合规经营明确规范要求。该新闻迅速成为百度和微博的热搜，在社会各界引起很大反响。

各类行业协会行规和行约是行业自律的主要类型。其中，行约也称"行业自律公约"，是行业协会全体成员协商制定的，具有契约性质；行规是行业协会向成员提出的行为规则，有提倡和鼓励的性质，但本身并不具有契约性质。对应隐私保护方面，带有监督处罚性的隐私保护行业自律是行约，建议指示性的行业自律是行规。

各类社会团体（包括学会）发布的隐私保护规范是社会团体的一种自律。除了行业协会外，社会上还有其他社会团体、组织或个人自发组织的联盟等。例如，作为世界五大信息专业组织的美国计算机学会和美国计算机专业认证研究所都制定有违反隐私保护规则的处罚规定，最高处罚决定分别是终止违规成

---

❶ 陈耿. 美国网络隐私保护行业自律模式的探究 [J]. 特区经济，2013（7）：79-81.

员的成员资格和终止资格证明。❶

各类隐私保护联盟，是由若干组织针对隐私保护行规或行约而组成的联盟，即自律协会。这些联盟，有的面向全社会独立存在，其组织属于上述社会团体；也有的在特定行业内部产生，其组织是行业协会的一部分。例如，我国互联网协会内部产生的很多签约联盟。隐私保护联盟组织很多采取准入、退出和年审机制，加入该联盟的成员必须遵守共同制定的公约。如美国在线广告网络成立的网络广告倡议（Network Advertising Initiative，NAI）、数字广告联盟（Digital Advertising Alliance，DAA）等自律协会发布涉及在线行为广告、多站点数据、移动环境、跨设备环境等多个自律原则。❷

隐私保护认证机制通常都是第三方机构开展，对符合认证标准的颁发认证证书——也被称为"印章"。这种印章包括两种，一种是对隐私保护能力的认证，一种是对隐私保护实践的认证。前一种认证更多是一种信息安全能力的认证，是对隐私保护客观技术和方案的认证；后一种认证是对目前所开展的隐私保护实践的认证，这种认证机制往往带有监督处罚措施。在美国，这种认证机制也称为"网络隐私认证计划"（online privacy seal program），具体操作是：第三方发布个人信息收集使用规范，建立独立的包括申诉、评估、争端解决、制裁等内容的监督执行机制，对遵守其规范并服从其监督管理的实体颁发隐私保护认证标志，即"印章"，如果出现违规，严重的将被取消"印章"。

3.1.2　国外信息服务隐私保护行业自律发展现状分析

所调查的信息服务领域隐私保护行业自律，既包括相关国际组织制定的，也包括其他各国相关组织制定的。

---

❶　齐爱民.美国信息隐私立法透析[J].时代法学，2005（2）：109-115.

❷　齐爱民，佟秀毓.美国在线行为广告领域个人信息保护自律模式研究[J].苏州大学学报（哲学社会科学版），2018，39（3）：72-80，191-192；BARCLAY C A. A comparison of proposed legislative data privacy protections in the united states [J]. Computer law & security review, 2013, 29（4）：359-367.

（1）国际组织与协会制定的信息服务行业自律要求

信息服务领域的国际行业组织主要有 ICOLC、IFLA 和 ICA，进一步扩展，还有计算机、互联网等方面的行业组织。

ICOLC，全称是国际图书馆联盟联合体（The International Coalition of Library Consortia），成立于 1996 年，是为了适应图书馆建设电子资源的发展而成立的一个非正式、自组织的国际性组织，现已有世界各国的 200 多个图书馆联盟成员。ICOLC 发布了很多文件和声明，用以指导各国图书馆联盟的业务，以及向出版商及社会表达图书馆界的态度和声音。针对隐私保护方面，ICOLC 于 2002 年 7 月 1 日发布《电子资源供应商隐私指南》[1]，主要是对电子资源供应商向第三方披露用户隐私提出制约，要求电子资源供应商未经用户同意不得向第三方披露用户信息和个人搜索特定内容的信息，不能因用户拒绝同意向第三方披露用户信息而拒绝向用户提供服务，应在网站上发布其隐私政策，同时电子资源提供商应监管保证隐私政策的实施。该指南发布较早，所以对 GDPR 要求的很多内容都未能涉及。

IFLA，全称是国际图书馆协会联合会（简称"国际图联"）（International Federation of Library Associations and Institutions），在诸如图书馆职业道德方面、服务方面、资源引进方面以及互联网宣言等方面的各种指导性文件中，都不同程度提到图书馆和数据库商应当保护读者的隐私。同时，IFLA 还独立发布专门针对隐私保护方面的两份声明文件：①《国际图联图书馆环境下的隐私声明》（2015 年 8 月 14 日签署，2017 年 7 月 7 日修改），就图书馆和信息服务机构在开展业务工作时的保护个人隐私方面提出 8 点建议，主要包括在实践和原则两个层面尊重并推进隐私权，应支持国家、地区和国际层面为倡导保护个人隐私和数字权限所做的努力，拒绝电子监控，鼓励用户了解使用信息服务时个人信

---

[1] ICOLC. Privacy Guidelines for Electronic Resources Vendors [EB/OL].（2002-07-01）[2020-10-05]. https://www.icolc.net/statement/privacy-guidelines-electronic-resources-vendors.

息可能被收集的结果并提供指导，提供隐私保护的培训教育等❶；②《国际图联被遗忘权声明》（2016年2月15日发布），主要强调"在信息获取权利与被遗忘权之间寻求平衡"以及"从搜索引擎结果中删除链接不应导致基础信息的破坏"。❷

ICA，全称是国际档案理事会（International Council on Archives）。2020年IFLA与ICA联合发布《IFLA-ICA隐私立法和归档声明》（2020年3月4日发布，2020年7月3日更新）。该声明主要是针对隐私保护中如GDPR提出的"被遗忘权"发布的声明，强调应该对图书馆、档案馆等在限制收集和使用个人信息方面有例外情况，以便这些专业机构"能够获取和保存含有个人身份信息的材料"，并支持这些机构制定和使用严格有效的道德守则来管理和获取含有个人身份信息的资料。❸

ICOLC、IFLA和ICA的这些文件，表明两种态度：第一，在用户服务方面，特别强调服务机构如图书馆、电子资源供应商应该对用户个人隐私进行保护；第二，在信息资源建设方面，担心因过度实施"被遗忘权"而使历史记录不完整，希望各国法律法规能够对图书馆、档案馆等文化遗产保护机构设定一些例外，以便能够对含有个人身份信息的资料进行收集和保存，避免从历史上遗失。总体来讲，信息服务国际组织比较重视读者（用户）的隐私安全和隐私保护。

（2）国外信息服务领域行业自律的组织形式和运作模式

美国是行业自律的鼻祖，隐私保护自律运作方面也走在国际前列。同时，现有中外文文献在研究隐私保护行业自律运作模式时，基本都以美国的隐私保护行业自律为主要案例分析对象。因此下文的总结和梳理更多来自美国隐私保护行业自律的模式。

---

❶ IFLA. 国际图联图书馆环境下的隐私声明[EB/OL].（2015-08-14）[2020-12-02].https://www.ifla.org/files/assets/hq/news/documents/ifla-statement-on-privacy-in-the-library-environment-zh.pdf.

❷ IFLA. 国际图联被遗忘权声明[EB/OL]].（2016-07-07）[2020-12-02].https://www.ifla.org/files/assets/clm/statements/rtbf-full-statement-zh.pdf.

❸ IFLA. IFLA-ICA Statement on Privacy Legislation and Archiving[EB/OL].（2020-07-03）[2020-10-05]. https://www.ifla.org/publications/node/92939.

从目前国内外相关文献分析来看，广告界是隐私保护行业自律的主要发展领域。例如，孟茹认为美国广告行业协会主要承担保护美国网络用户隐私信息的自律监管职责，这与广告界更注重收集个人信息以便精准投放广告且因此更容易侵犯隐私权有关。❶ 严格来讲，广告界的自律协会并不属于本书所界定的信息服务行业，但规范的网络广告行为也属于信息传播行为，对信息服务行业也有一定影响，有些信息服务项目也需要开展一定的广告活动，如文献数据库推广、阅读推广、服务营销等，因此可以加入该类联盟。目前，随着各种信息技术的运用，信息服务领域也在发展其隐私保护行业自律。与信息服务密切相关的行业协会主要有图书情报与档案界各类学会或协会、互联网联盟、计算机或数据处理相关学会或协会等。

根据文献调查和信息服务网站调查，目前在信息服务领域，隐私保护行业自律模式是以行业协会学会发布的隐私保护行规行约为主，同时还有面向各个行业的隐私保护联盟及第三方隐私保护认证印章机制。

（3）国外隐私保护联盟和隐私保护认证印章机制的发展

根据文献记载，美国自1997年开始发展隐私保护行业自律，2000年左右是其发展的顶峰。但2003年至2008年，美国联邦贸易委员会放松了对美国企业隐私保护自律的监管，很多隐私保护行业自律组织工作懈怠或停止，到2011年时原有的很多隐私保护行业自律停止工作。❷ 这里所指的行业自律实际上是指联盟式隐私保护行业自律和隐私保护认证组织印章，这两类行业自律模式都存在发展高潮、低落甚至结束的状况，而这些状况与政府监管的发展有一定关系。

有的隐私保护行业自律开始时发展迅猛但后期接近停滞，这种情况的典型案例有美国在线隐私联盟（Online Privacy Alliances，OPA）和隐私认证组织（BBBonline）。这两个行业自律当时在国际上都很有知名度和影响力，我国很

---

❶ 孟茹. 美国网络用户隐私保护的自律规则研究 [J]. 新闻法制研究，2018（3）：74-78.
❷ 陈湉. 大数据时代背景下个人信息保护行业自律面临的挑战 [EB/OL]. （2017-10-10）[2020-10-05]. https://www.cebnet.com.cn/20171010/102432113.html.

多文献对它们都进行过介绍。OPA 于 1998 年成立并发布建议性的《联机隐私指引》❶，提出了组织机构在其网站上发布隐私政策的建议，并提供隐私政策内容范本。该组织要求参加的成员必须发布隐私政策，不发布则不能成为其成员，这是仅有的监督处罚，但并不监督成员是否遵守隐私政策，对没有遵守成员必须发布隐私政策规则的状况也没有对应的惩罚措施。❷目前，该联盟网站虽依然存在，但实际上到 2001 年就停止了工作。根据本研究 2021 年年初对 OPA 网站（http：//www.privacyalliance.org）的浏览获知，OPA 于 2015 年 8 月 15 日发布两条介绍软件公司的消息，2015 年 9 月 1 日发布了最后一条"您需要了解的五项隐私政策要求"，再无最新信息。BBBonline 运作于 1999 年，2007 年停止网络隐私认证项目。❸

有的隐私保护行业自律中间走过下坡路而现在又开始重新发展。这种情况的典型如美国非营利性自律协会——网络广告倡议（Network Advertising Initiative，NAI）。NAI 成立于 2000 年，由第三方数字广告公司组成。该组织向成员提供数字广告技术，这些技术具有针对性但又不收集和使用用户的敏感个人信息，提供用户退出接收针对性广告的机制。2013 年，NAI 将这些技术和机制的应用扩展到移动环境。彼时 NAI 的成员企业仅剩 2 家，监督和审计工作全部停滞。❹根据 NAI 网站信息，截至 2021 年年底，NAI 的工作正常运行，会员已包含 100 多家顶级广告公司。2008 年 NAI 对 2000 年发布的行为准则进行修订；之后 2013 年、2015 年和 2020 年分别根据法律和技术环境等变化进行重大修订。目前 NAI 设立的入会门槛是：对申请人进行培训，申请人的商业模式和个人数据收集、使用等措施符合 NAI 行为准则。

---

❶ OPA. Guidelines for Online Privacy Policies[EB/OL]. [2020-10-05]. http：//www.privacyalliance.org/resources/ppguidelines.

❷ 徐敬宏. 美国网络隐私权的行业自律保护及其对我国的启示 [J]. 情报理论与实践，2008，31（6）：955-957，907.

❸ 陈耿. 美国网络隐私保护行业自律模式的探究 [J]. 特区经济，2013（7）：79-81.

❹ 陈湉. 大数据时代背景下个人信息保护行业自律面临的挑战 [EB/OL].（2017-10-10）[2020-10-05]. https://www.cebnet.com.cn/20171010/102432113.html.

采取的监管措施是：

①技术检测工具：自动检测其会员是否给消费者提供退出接收广告的机制；利用隐私政策扫描器每天检查会员隐私政策，如有不符合行为准则要求的则通知会员修改。

②消息的合规评估过程：消费者关注点调查，其他投诉调查，合规性审查，年度报告。

③制裁和执行：暂停或撤销成员资格，公开列出公司或违规行为的名称。❶

目前美国主要的隐私保护认证组织印章是 TRUSTe 隐私认证（TRUSTe Certified Privacy）。发放 TRUSTe 隐私认证的公司是 TrustArc 的子公司 TRUSTe LLC，成立于 1997 年，最初是一个非营利性组织，2008 年以后转为营利性机构。2010 年 9 月对外公布向提供手机程序隐私保护的公司发放许可证的计划。企业获得 TRUSTe 的认证，表明其提供的隐私政策和隐私保护实践内容符合 TrustArc 隐私和数据治理框架［TrustArc Privacy & Data Governance（"P&DG"）Framework］。❷ 该框架基于公认的法律和监管标准，如隐私指南、亚太经合组织的隐私框架、欧盟的 GDPR、ISO27001、美国健康保险便携性和责任法案，以及全球其他隐私法律法规。❸ TRUSTe 隐私认证对企业的监控和处罚措施主要包括对企业的隐私保护进行持续监控，也接收投诉并帮助用户和客户进行协调，进行年度重新认证。持有 TRUSTe 隐私认证的企业有义务执行其隐私保护实践，也有责任及时通知 TRUSTe 任何可能影响其认证状态的变更。TrustArc 目前与全球企业开展合作。我国小米公司也申请了该公司隐私认证，至 2019 年小米公司是国内唯一获得 TRUSTe 企业隐私保护认证的公司。❹

---

❶ NAI. Self-Regulatory Code of Conduct[EB/OL].（2018-05）[2020-10-05].https://www.networkadvertising.org/code-enforcement/enforcement/.

❷ TRUSTe. TRUSTe Privacy Program Standards – TrustArc The Leader in Privacy Management Software[EB/OL]. [2020-10-05]. https://trustarc.com/truste-privacy-program-standards/#.

❸ TRUSTe. The Most Widely Used Indicator of a Commitment to Privacy[EB/OL]. [2020-10-05]. https://trustarc.com/truste-certifications-assurance/.

❹ IT 之家. 小米公司获 TRUSTe 企业隐私保护认证，系国内首家[EB/OL].（2019-11-20）[2020-10-05]. https://www.sohu.com/a/354933613_114760.

除了美国，其他国家也在一定程度地开展了隐私保护行业自律，我国有文献对此进行过介绍，如陈燕指出日本情报处理开发协会建立"隐私标识"制度，日本电子商务促进委员会和加拿大标准协会分别出台隐私保护准则或标准，英国发布在线个人隐私联盟（OPA）计划，新加坡和澳大利亚受美国影响积极主张行业自律保护模式等。❶

（4）国外信息服务行业协会学会的隐私保护行规行约的发展

前面介绍的联盟式隐私保护行业自律和隐私保护认证机制，都是强调对企业的约束。如果信息服务组织是属于企业性质的，可以采用这些行业自律形式。

信息服务行业协会（在美国主要有面向互联网场景的美国蜂窝电信和互联网协会）和信息服务密切相关的数据处理协会、电信行业协会、计算机学会，以及图书情报与档案领域的协会学会等。根据对这些协会学会网站文件的调查，协会学会成员有机构成员和个人成员两大类。这些协会学会在发布隐私保护行业自律方面存在以下特点：

①面向机构成员提出隐私保护行业自律。这方面主要有美国图书馆协会（American Library Association，ALA）和美国蜂窝通信和互联网协会（Cellular Telecommunications Industry Association，CTIA）。其中，ALA连续多年提出较多的隐私保护自律规范；CTIA发布的隐私保护政策较为简单，包括单独的《隐私》（privacy）和服务准则，要求各无线运营商制定遵守联邦和州法律的隐私政策和隐私保护设置，建议隐私保护框架核心部分应该是全国性的，认为美国联邦贸易委员会应该是致力于消费者隐私问题的主要机构。❷

②面向个人成员提出隐私保护行业自律。美国没有面向信息科学与技术机构及档案机构的协会，美国信息科学与技术学会（American Society for Information Science and Technology，ASIS&T）和美国档案者工作协会（Society of American

---

❶ 陈燕. 论网络隐私权的法律保护 [D]. 上海：复旦大学，2011：16-17.

❷ CITA. Privacy[EB/OL]. [2020-10-05].https://www.ctia.org/positions/privacy；CTIA.Consumer Code for Wireless Service[EB/OL]. [2020-10-05]. https://www.ctia.org/the-wireless-industry/industry-commitments/consumer-code-for-wireless-service.

Archivists，SAA）等，都是面向个人工作者的，并没有针对行业的隐私自律行规，仅有说明协会保护协会成员隐私的隐私政策。对成员个人提出隐私保护行为规范的主要有美国计算机学会（Association for Computing Machinery，ACM），2018 年 ACM 发布《ACM 计算机学会道德与职业行为准则》，指出计算机专业人员的一个基本目标是减少计算机带来的负面影响，包括对隐私的威胁。该准则专门有一小节是"1.6 尊重隐私"，对计算机专业人员提出收集、处理、使用个人信息的隐私保护要求。现实中，信息技术融合下的信息服务，掌握用户个人信息的多是计算机专业人员，这种隐私保护的行为规范准则是对该职业的一种自律要求。❶

（5）美国图书馆协会（ALA）的隐私保护行业自律特点

ALA 发布多个隐私保护文件，对我国图书馆隐私保护工作有一定借鉴作用，在此简要介绍。ALA 认为读者的隐私不仅包括读者个人身份信息，还包括读者的阅读内容，认为"一个人在图书馆阅读的内容和观点缺乏隐私，会对行使其阅读权的意愿产生寒蝉效应"❷。ALA 出台的隐私保护政策主要有《隐私：对〈图书馆权利法案〉（2019）的解释》《图书馆档案保密政策（1986年）》《图书馆用户个人身份信息保密政策（2004 年）》《关于在自助保管实践中保护图书馆用户机密性的决议（2011 年）》《关于保存图书馆使用记录的决议（2006 年）》，以及相关的问答、工具包和指南，如《接触追踪、健康检查和图书馆用户隐私指南（2020 年）》《图书馆视频监控指南（2020）》《图书馆隐私检查表（2017）》《图书馆隐私指南（2016）》《图书馆中的 RFID：隐私和保密指南（2006）》等。❸

其中，《隐私：对〈图书馆权利法案〉（2019）的解释》特别指出"图书馆

---

❶ ACM. 计算机协会道德与职业行为准则 [EB/OL].（2018-06-22）[2020-10-05]. https://www.acm.org/about-acm/code-of-ethics-in-chinese.

❷ ALA. Resources on Protecting Privacy During a Pandemic Are Available on the ALA's Choose Privacy Everyday Website[EB/OL].（2019-06-24）[2020-10-05]. http：//www.ala.org/advocacy/node/466.

❸ ALA.Resources on Protecting Privacy During a Pandemic Are Availableon the ALA's Choose Privacy Everyday Website [EB/OL].（2017-04）[2020-10-11]. http：//www.ala.org/advocacy/privacy.

使用依赖于收集、使用、共享、监测和/或跟踪用户数据的新技术可能与《图书馆权利法案》和图书馆员的道德责任产生直接冲突。图书馆在设计和提供所有程序和服务时应考虑隐私，并仔细注意自己的政策和程序及与之合作的任何供应商的政策和程序"❶。《图书馆隐私指南（2016）》包括 2015—2016 年 ALA 批准的几项隐私保护指导原则，如《电子书借阅和数字内容供应商》《网络设备和服务之间的数据交换》《公共访问计算机和网络》《图书馆网站、OPAC 和发现服务》《图书馆管理系统》和《K-12 学校的学生》等，用以指导图书馆、电子资源供应商、信息网络中心和学校开展在线隐私或数据安全保护的实践。❷

ALA 发布的这些政策，都是属于建议性、指南性的政策，并没有提出监管和惩罚措施。

3.1.3 国内信息服务隐私保护行业自律发展现状分析

根据文献和网络信息调查，我国已经出现多种类型的隐私保护行业自律，但规模和影响还不是很大。

（1）包含隐私保护要求的各类推荐标准（行业标准、地方标准）

利用全国标准信息公共服务平台，以"个人信息""隐私"为检索词，对检索结果根据标准名称进行筛选，截至 2020 年 12 月底，最终检索出 27 份标准，分别有 5 份现行国家标准、11 份行业标准和 15 份地方标准。①行业标准涉及的行业或领域包括：通信行业的电信和互联网服务、移动智能终端、移动浏览器、车联网，卫生行业的健康档案共享，金融行业的移动支付检测，邮政行业的寄递服务等；② 15 份地方标准中，辽宁省发布的就有 13 份，另外分别是河北省和重庆市发布的，涉及快递行业、信息安全领域和科技信息资源数据采集与处

---

❶ ALA. Privacy：An Interpretation of the Library Bill of Rights [EB/OL].（2019-06-24）[2020-10-05]. http：//www.ala.org/advocacy/intfreedom/librarybill/interpretations/privacy.

❷ ALA. Library Privacy Guidelines（2015-2016）[EB/OL]. [2020-12-06]. http：//www.ala.org/advocacy/privacy/guidelines.

理领域。这些标准并不是法规，是推荐性、建议性的。这些结果显示，相关的行业标准和地方标准主要都和互联网有关系。另外，辽宁省相比其他省份更重视以标准形式规范各行各业隐私或个人信息的安全和保护，值得其他省份学习。

（2）包含隐私保护要求的信息服务领域行业协会和社会团体的行业自律

国家级层面图书情报与档案管理领域，目前有学会而无协会。利用中国科学技术协会（简称"中国科协"）网站上的全国学会分类导航，查询到相关学会7个，包括图书馆学会、档案学会、科学技术情报学会、管理现代化学会、计算机学会、电子学会、人工智能学会。分别考察这些学会网站，仅中国图书馆学会有少许行业自律相关内容。中国图书馆学会 2002 年 11 月 15 日通过并发布《中国图书馆员职业道德准则（试行）》，声明是"为履行图书馆承担的社会职责而制定的行业自律规范"。该规范正文是 10 条标语，共 120 字，其中 1 条是有关隐私保护内容，即"4. 维护读者权益，保守读者秘密"。总体来讲，目前各学会还未对隐私保护给予高度重视。

利用中国社会组织公共服务平台，检索出协会名称包含"情报""信息""软件""计算机""互联网""终端"之一的行业协会共 18 个，其中 5 个协会出台有包含隐私保护内容的行约，如表 3-1 所示。协会发布的隐私保护行业自律数量并不多，仅比学会多一些，监管处罚措施很少，很多甚至没有。在适用范围（即约束对象）方面，有的是全体协会成员，有的则是参与签署协议的机构；在效力方面，行约性质相对比较多，约束性比较强，但有监管处罚的不多，执行力会打折扣。

表 3-1　我国信息服务相关协会及隐私保护相关自律

协会名称	行业自律文件 / 隐私保护要求 / 监管惩罚措施	适用范围 / 效力
中国市场信息调查业协会（CAMIR）	行业自律文件：《中国市场信息调查业自律公约》❶ 隐私保护要求：保守用户和被调查者信息秘密 监管处罚措施：若违反上述公约规定，根据情节轻重分别采取批评、内部通报和公开曝光的措施，对于影响特别恶劣或坚持不改的，将除去其成员资格	适用范围：全体协会会员 效力：行约性质

续表

协会名称	行业自律文件/隐私保护要求/监管惩罚措施	适用范围/效力
中国软件行业协会（CSIA）	行业自律文件：团体标准《企业个人信息安全管理规范》❷ 隐私保护要求：在组织、人员、个人信息处理过程、安全管理、监控和改进等方面提出具体要求 监管处罚措施：无 其他：可根据第三方进行测评出具个人信息保护能力认证证书	适用范围：全体协会会员 效力：推荐
中国互联网金融协会（NIFA）	行业自律文件：有行业自律导航，其中《中国互联网金融协会会员自律公约》有"客户信息安全"规定❸，《互联网金融从业机构营销和宣传活动自律公约（试行）》有部分相关内容❹ 监管处罚措施：无	适用范围：全体协会会员 效力：行约性质
中国互联网协会（ISC）	行业自律文件：《中国互联网行业自律公约》以及有关搜索引擎服务、终端软件服务或安全服务、移动智能终端软件分发服务、分享经济服务、数据安全等20多个自律公约❺ 隐私保护要求：有关用户个人信息保护的内容逐渐增多 监管处罚措施：其监督和处措施基本上是接受投诉、监督自查、视情况给予内部警告或开除。有的是借用社会舆论力量，对违反公约的成员视情况在全国多数主流媒体进行公开谴责	适用范围：参与签署机构 效力：承诺和合约性质
电信终端产业协会（TAF）	行业自律文件：发布18项App个人信息保护团体标准❻ 隐私保护要求：都是评估标准 监管处罚：无	适用范围：全体协会成员 效力：推荐

❶ 中国市场信息调查业协会.中国市场信息调查业自律公约[EB/OL].（2016-05-23）[2020-10-05].http://www.camir.org/2016/05/23/%e6%b3%95%e5%be%8b%e6%b3%95%e8%a7%84/.
❷ 中国软件行业协会.企业个人信息安全管理规范：T/SIA001-2017[S/OL].[2020-10-05].http://www.csia.org.cn/content.jsp?id=4028813e5d1fb90a015d34b18897009f&classid=2e3a8abf1e93466daf2e0513a8fb5db1.
❸ 中国互联网金融协会.会员自律公约[EB/OL].（2016-03-25）[2020-10-05].http://www.nifa.org.cn/nifa/2955692/2955730/2957682/index.html.
❹ 中国互联网金融协会.互联网金融从业机构营销和宣传活动自律公约（试行）[EB/OL].（2018-06-14）[2020-10-05].http://www.nifa.org.cn/nifa/2955692/2955730/2972799/index.html.
❺ 中国互联网协会.互联网搜索引擎服务自律公约[EB/OL].（2012-11-01）[2020-12-06].https://www.isc.org.cn/hyzl/hyzl/listinfo-25501.html.
❻ 信息通信管理局.App个人信息保护标准先行 工业和信息化部组织发布18项团体标准[EB/OL].（2020-12-04）[2020-12-04].https://www.miit.gov.cn/xwdt/gxdt/sjdt/art/2020/art_8f36e8b02aba4df78889489188a19613.html.

（3）隐私保护联盟发布的倡议和规范

2017年12月13日，中国互联网协会发出"关于同意加入中国互联网协会个人信息保护工作委员会成员单位的函"❶，2018年1月，中国互联网协会个人信息保护工作委员会成立。从性质上讲，该委员会是隐私保护自律组织，即隐私保护联盟。委员会的主要工作是开展隐私保护领域的行业自律工作，包括制定相关行业自律公约、加强隐私泄露举报受理机制、建立行业内隐私泄露预警协作机制、评价我国隐私保护现状以支撑我国相关政策法规、加强公众的隐私保护宣传教育工作等。❷ 目前该委员会已参与多次工业和信息化部组织的手机App收集和使用用户个人信息情况专家评议会，对App进行评估。

2019年1月8日中国互联网协会个人信息保护工作委员会研制并由中国互联网协会发布《网络数据和用户个人信息收集、使用自律公约》，发布当天有23家电信和互联网企业签署加入，同年7月11日发布《用户个人信息收集使用自律公约》同时举行第二批签约仪式，共有28家企业加入。该公约主要还是建议性行业自律，但也有一定的监督处罚措施，主要根据成员自查和公众举报及委员会核实，督促成员整改，必要时采取警告、通报或公开谴责等方式进行处罚，如果发现有违法行为，则提交相关部门处理。❸ 目前，信息搜索引擎方面的几家公司，如百度、搜狗、奇虎（360搜索）等都签署了该公约。但其成员还没有图书馆、情报研究所等公益性信息服务机构。

概括来讲，我国的隐私保护联盟是在一个大协会中产生的，还没有脱离协会独立成立的隐私保护联盟，也还没有特定行业领域的隐私保护联盟。这种方式在协会内部影响力比较大，管理成本也相对比较低，但对于没有在这个协会中的其他领域成员来说，则缺乏参与机会和参与动力。

---

❶ 中国互联网协会. 关于邀请加入"中国互联网协会个人信息保护工作委员会"成员单位的函 [EB/OL].（2017-12-19）[2020-12-04]. https://www.isc.org.cn/wzgg/listinfo-35668.html.

❷ 中国互联网协会. 中国互联网协会个人信息保护工作委员会在京成立 [EB/OL].（2017-07-20）[2020-12-06]. https://www.isc.org.cn/zxzx/xhdt/listinfo-35538.html.

❸ 中国互联网协会. 用户个人信息收集使用自律公约 [EB/OL].（2019-07-11）[2020-12-06]. https://www.isc.org.cn/zxzx/xhdt/listinfo-36851.html.

（4）隐私保护认证机制

2019年2月，依据国家标准《信息安全技术 个人信息安全规范》，我国首次开展个人信息安全管理体系认证，腾讯云、百度云等云计算领域企业作为首批试点单位，由中国网络安全审查技术与认证中心（China Cybersecurity Review Technology and Certification Center，CCRC）现场审核。❶目前CCRC网站给出的相关认证是"隐私信息管理体系认证"。有文献提到2006年大连市软件协会建立个人信息保护评价体系（PIPA）并启动认证工作❷，实际采用的衡量标准就是辽宁省制定的个人信息保护地方标准❸。

另外，我国有一些信用方面的认证，包含一定的隐私保护认证内容。例如，我国至诚集团的"网信认证"（iTrust）包括三种，其中网信认证（官网/App认证）的认证实质是防伪认证，按照该认证介绍，是对客户隐私信息保护机制的有效评估。❹目前进行认证的机构都是企业网站，如酷我音乐、海尔商城等。另外信用认证还有北龙中网的可信网站认证、北京盘石的诚信网站认证等，可进行身份认证和安全认证，有一定提醒用户和保障用户信息安全的作用。不过对于这些认证，目前主打信息服务的网站或App多未使用。

总体来讲，目前我国信息服务领域各行业协会出台有关隐私保护的行业自律文件比较少，不过，由于信息技术与信息服务融合发展离不开软件、互联网、App，上述这几个行业自律影响面较大，信息服务领域在进行相应工作时应该遵守或者借鉴上述行业的行业自律。目前各行业协会所采用的监管和处罚措施总体比较轻微，如果考虑利用主流媒体的社会力量，执行力会提高不少。

---

❶ 券商中国. 事关每个人！个人信息及隐私保护体系国家认证来了，支付宝等获认证[EB/OL].（2019-02-03）[2020-12-06].https://finance.ifeng.com/c/7jzFjDyfeqe.

❷ 徐敬宏. 我国网络隐私权的行业自律保护、现状问题与对策[J]. 图书与情报，2009（5）：80-83.

❸ 大连软件行业协会. 个人信息保护规范PIPA[EB/OL].（2020-12-06）[2020-12-06]. http://www.dlsia.org.cn/bcfb/13.html.

❹ 北京至诚信用管理有限公司. 网信认证[EB/OL].[2021-02-01].http://www.itrust.org.cn/index.php.

3.1.4　信息服务隐私保护行业自律存在的主要问题

在隐私保护方面,行业自律发挥着重要作用,但其短板也越来越明显。从国内外隐私保护行业自律发展历史和现状可以看出,隐私保护行业自律发展比较波折,存在不少问题。根据本书的调查和已有文献的讨论,目前在信息服务领域隐私保护行业自律发展存在的问题主要有两大方面:一是行业自律发展缓慢,二是行业自律本身还存在缺陷。

(1)隐私保护行业自律发展缓慢

隐私保护行业自律发展缓慢,主要体现在普及度不够、执行力度不强,以及类型少等方面。

目前各行各业的信息服务工作都存在隐私泄露风险,从现状来看,隐私保护自律还远未普及。第一,不是所有相关行业都有隐私保护自律;第二,参与隐私保护联盟的成员相对非常少。从本书收集的资料可以看出,美国隐私保护行业自律发展比较好的领域是广告行业,美国图书馆协会也发布了较多隐私保护的规范和要求。但总体来讲,很多信息服务领域都没有参与。我国目前行业自律普及度更低,如第 3.1.2 与第 3.1.3 小节调查结果所示,无论是从各种行业标准、地方标准、协会学会行规行约等,还是从参与隐私保护联盟成员数量来看,与隐私保护有关的方面甚少。公益性行业如图书馆、科技情报组织、档案馆等领域在这方面做得非常少。

(2)行业自律本身存在缺陷:效用不明显及观点有异

在 1999 年时,美国联邦贸易委员会在其报告中指出,用《网站公平信息实践原则》对比当时的行业自律实施情况,在线隐私保护行业自律有进展但还存在很多问题[1];随后,学者胡夫纳格尔(Hoofnagle)指出,在线购物行业并没有为消费者提供多少有意义的隐私保护[2];马洛塔 – 乌格勒(Marotta-Wurgler)

---

[1] FEDERAL TRADE COMMISSION. Self-regulation and privacy online: A report to Congress [EB/OL]. (1999-07) [2019-12-10]. https://www.hsdl.org/?view&did=744701.

[2] HOOFNAGLE C J. Privacy self regulation: A decade of disappointment [EB/OL]. (2005-03-04) [2020-01-05] https://epic.org/reports/decadedisappoint.pdf.

发现，企业隐私政策并没有很好地吻合行业规范❶；包括侯富强、周欣月等在内的许多研究者指出，现有美国隐私保护行业自律存在各行业自定规范、缺乏统一标准、保护程度不一、参与行业自律的企业不多、自我规制积极性不高、行业协会缺乏推动机制和有效监督、救济渠道不足、合法性存疑、实效不理想等诸多问题。❷法国学者塞塞雷（Cecere）和罗什兰德（Rochelandet）调研了法国197个访问量最大的网站的原始数据集，认为消费者不会对过度侵入的数据需求做出负面反应，行业自律可能不是最有效的监管机制。❸澳大利亚学者马修斯 - 亨特（Mathews-Hunt）指出，澳大利亚在线广告领域的隐私管理混乱，行业自律乏力，行业透明度、披露、同意程序和合规做法都值得怀疑，个人数据泄露现象不断出现等。❹

从我国情况来看，虽然行业自律还不普及，但也已有各种隐私保护行业自律形式。各种行业标准、团体标准、中国互联网协会发布的行规行约，很多是面向所有领域，特别是借助互联网开展活动的领域。然而，各种隐私泄露和侵权的事件依然层出不穷。根据工业和信息化部网站工作动态栏目的系列报道，仅2020年工业和信息化部就已经公布6批违规收集使用个人信息的App。❺另外，我国现有的行业自律内容很少，有些还未根据最新的隐私保护国家标准或法律法规进行更新。

（3）认证机制的"证明"可能会有误导作用

隐私保护认证颁发的证明印章，具有类似"证明商标"的作用，给用户展示就是要让用户放心披露个人信息以使用对应的产品。这种证明如果严谨度

---

❶ MAROTTA-WURGLER F. Self-regulation and competition in privacy policies[J]. The journal of legal studies，2016，45（S2）：S13-S39.

❷ 侯富强. 我国个人信息保护立法模式研究 [J]. 深圳大学学报（人文社会科学版），2015，32（3）：144-148；周欣月. 论美国行业自律模式及对我国个人信息保护立法模式的启示 [J]. 商，2013（23）：237.

❸ CECERE G，ROCHELANDET F. Privacy intrusiveness and web audiences：empirical evidence[J]. Telecommunications policy，2013，37（10）：1004-1014.

❹ MATHEWS-HUNT K. Cookie consumer：Tracking online behavioural advertising in Australia[J]. Computer Law & Security Review，2016，32（1）：55-90.

❺ 工业和信息化部. 工作动态栏目 [EB/OL]. [2020-12-30]. https://www.miit.gov.cn/xwdt/gxdt/ldhd/index.html.

不够或者后续监控不到位，很容易对用户起误导作用。对此国内外都有这种现象和顾虑，如马洛塔-乌格勒（Marotta-Wurgler）指出"如果行业自律组织采用隐私印章而不包括一个强有力的验证或执行机制，隐私印章很容易被一些公司利用，向消费者提供虚假的隐私保护保证，给消费者带来伤害"❶。我国现在开展的隐私保护认证机制还主要在个人信息保护能力方面，且涉及面不大，未来广泛开展这种认证机制时，"误导"的缺陷会更明显。

3.1.5 进一步发展信息服务隐私保护行业自律的建议

从国外有关隐私保护法的实践来看，法律并不能解决所有问题，依然需要行业自律、社会监督等措施。

（1）建立隐私保护行业自律必要性的观念

隐私保护行业自律是建立在制定者和参与者自愿的基础上，要广泛开展这种自律，首先就是要树立隐私保护行业自律必要性的观念。

对隐私保护行业自律的态度，主要是与政府监管对比而言。政府监管包括行政监管和立法。行业自律与政府监管一直以来就是社会管理的两种手段和工具。与政府监管相比，社会对行业自律的态度有正、反两种不同的态度。

我国隐私保护方面的法律以及行业专家高富平和姜珊认为，"隐私保护问题，涉及场景、使用方式等各不同方面，不是一刀切的时期，而法律恰恰是一刀切的，所以（个人）数据保护规则的最高境界是伦理规则，而这个伦理一般来说都会发展为行业规则"❷，"单靠法律规范是不够的，立法的终极目的还是在于要倒逼相关平台、企业升级信息安全保护措施，毕竟唯有加强行业自律，让他们主动承担起社会责任和法律责任才是治本之策"❸。

---

❶ MAROTTA-WURGLER F. Self-regulation and competition in privacy policies[J]. The journal of legal studies, 2016, 45（S2）：S13-S39.

❷ 高富平. 个人数据权益保护论坛：数据法学与数据伦理的首次交锋 [EB/OL].（2019-09-04）[2020-12-06]. https://www.thepaper.cn/newsDetail_forward_4324280.

❸ 姜珊. 防治信息泄露需充分发挥行业自律 [N]. 中华工商时报，2020-11-20（003）.

本书认为，无论隐私保护方面的法律法规如何完善，法律法规本质上的针对性和复杂性，都无法预防所有的隐私泄露危害。正如沃尔什（Walsh）等指出的，隐私保护的立法干预（监管）不够，不是因为制度存在缺陷，而是基于隐私保护发展的内在不可预测性。❶ 从普及和全面性角度来看，更需要行业自律和社会道德形成风气。这要比法律执行起来更有广泛的社会效应和效率。信息服务，不仅仅涉及个人身份信息，还涉及个人查阅信息的内容，能够通过"用户画像"分析出个人的思想、价值、观念及各种个人需求等，而这些内容也许并不是个人当下需要被"画像"、被"周知"的。保护这些信息更多需要管理机制。

（2）提高隐私保护行业自律普及度和参与度

隐私保护行业自律承担建立隐私保护社会环境的责任，应当得到广泛开展。

第一，政府督促。行业自律需要外界的推动和助力。从国外已有的实践来看，行业自律严格说是在政府引导下开展的。具体来讲，如美国的行业自律是从上到下政府引导，政府主抓几个典型重要领域，如互联网领域、大数据领域、云计算领域等，逐步形成开展行业自律的风气，推动更多行业包括信息服务行业参与其中。另外，政府在各种隐私保护评估中采用隐私保护行业自律公约，对大家遵守这些行业自律有更好的促进作用。

第二，先从建议性隐私保护行业自律入手。建议性隐私保护行业自律的约束力弱些，更能够使更多更广泛的行业、组织和个体参与其中。全员参与，才能更快、更有效地形成整个行业乃至整个社会保护隐私的良好风气。

第三，以点带面积极推广公约式行业自律。建议性的行业自律容易普及，但缺乏进入和清退机制，无法有效约束成员对隐私保护倡议的遵守。企业可以逐步开展有约束力的自律，先从一些更容易泄露隐私或更容易进行用户画像的领域（如大数据行业、软件行业、互联网行业等）采用签约形式的行业自律。

第四，对企业来讲，如果要参与一个约束自己且有惩罚措施的公约，必然是能给自己带来利益的，这个利益是能看得见的。所以，行业协会应当为参

---

❶ WALSH D, PARISI J M, PASSERINI K. Privacy as a right or as a commodity in the online world: the limits of regulatory reform and self-regulation[J]. Electronic commerce research, 2017, 17（2）: 185-203.

与者提供一些有益的帮助,比如对签署参与者进行公开宣传,作为组织机构口碑的一个衡量指标;再比如,能够帮助参与者制定或完善其隐私保护方案等。

第五,惩罚措施是行而有效的。沃尔什(Walsh)等认为隐私保护行业自律应与媒体力量、市场力量进行结合,以媒体力量来激发公众对隐私侵权的愤怒,并激励消费者采取法律行动遏制企业的不良行为。❶ 采用主流媒体曝光具有很大威慑力,因为企业重视口碑。也正是由于这个威慑力较大,因此也要慎用,在大家还都未积极参与,没有找到激励各组织参与的情况下,过重的惩罚会吓退成员。因此,对于非印章性质的隐私保护行业自律,首先要积极扩大参与成员数量,在此基础上更多要做的是协会或联盟内部的监管和处罚。

(3)利用政府监管和媒体舆论的力量助推隐私保护行业自律的发展

在医疗健康信息服务领域,美国、澳大利亚、加拿大三国学者都提出,电子健康领域比较复杂且充满动态性,需要强化政府监管和行业自律的结合。如,兰克(Rank)和特罗山(Troshani)分别提出,政府监管和行业自律结合有利于打破妨碍在线消费者个人健康记录采用的隐私僵局,最大限度地降低监控成本,提高合规性❷;班纳吉(Banerjee)等提出美国卫生和公共服务部应该建立一个"监督机构",负责识别和监控可穿戴技术捕获的新行为数据类型。❸

在跨境数据交流方面,拉肖(Lachaud)等提出,GDPR 将认证转变为一种新的数据保护监管工具,建议将其称为有监控的自律,介于自律与法律之间,建立起一个监管连续体。❹

---

❶ WALSH D, PARISI J M, PASSERINI K. Privacy as a right or as a commodity in the online world: the limits of regulatory reform and self-regulation[J]. Electronic commerce research, 2017, 17(2): 185-203.

❷ RANK P S. Co-Regulation of online consumer personal health records: breaking through the privacy logjam to increase the adoption of a long-overdue technology[J]. Wisconsin law review, 2009(5): 1169-1203; TROSHANI I, Goldberg S, Wickramasinghe N. A regulatory framework for pervasive e-health: a case study[J]. Health policy and technology, 2012, 1(4): 199-206.

❸ BANERJEE S, HEMPHILL T, LONGSTREET P. Wearable devices and healthcare: data sharing and privacy[J]. The information society, 2018, 34(1): 49-57.

❹ LACHAUD E. The general data protection regulation and the rise of certification as a regulatory instrument [J]. Computer law & security review, 2018, 34(2): 244-256.

在儿童隐私保护方面，马来西亚学者多德（Daud）提出，马来西亚目前法律保护薄弱，指导行业自律的《内容守则》没有执行力，认为应当学习澳大利亚的共同监管经验。❶ 澳大利亚学者马修斯-亨特（Mathews-Hunt）指出，鉴于快速的技术变化、澳大利亚监管部门反应滞后，以及大数据和在线行为广告在其所有演变形式中的失控潜在趋势，澳大利亚监管部门应该采取果断行动。❷

目前我国行业自律社会治理意识还不强，行业自律协会发展不够成熟。因此还需要借助政府行政力量和媒体舆论力量助推隐私保护行业自律的发展。

（4）加强隐私保护认证机制的监管和惩罚机制

隐私保护认证机制具有宣传广告性质，因此这种机制应当采取加强隐私保护印章审批程序来增强行业自律的效用❸，加强监控和清退机制以保证行业自律的可信度。印度数据安全委员会CEO巴贾吉（Bajaj）表示，印度作为全球外包中心，面临各国不同数据保护法规的挑战，最佳做法是加强遵守数据安全和隐私标准并要求服务提供商提供其合规性的证明，通过合同获得对这些标准的认可，行业协会可以作为第三方自律组织来促进这些标准通过认证或隐私印章在其成员之间实施。❹

由于监控和清退机制成本比较高，因此这种机制目前还不具备广泛开展的条件。从风险管理角度来看，可以先侧重于采集存储个人信息多、容易造成隐私泄露或者容易通过关联技术进行精准用户画像的行业实施这种认证机制。如企业性、大数据性的行业。相对来讲，图书馆、科技情报机构等这种实际上收集存储个人信息量并非很大（与政府和商业机构相比），与个人其他财产利益联

---

❶ DAUD M, JALIL J A. Protecting children against exposure to content risks online in malaysia: lessons from Australia[J]. Jurnal komunikasi: malaysian journal of communication, 2017, 33（1）: 115-126.

❷ MATHEWS-HUNT K. Cookie consumer: Tracking online behavioural advertising in Australia[J]. Computer Law & Security Review, 2016, 32（1）: 55-90.

❸ TANG Z, HU Y J, SMITH M D. Gaining trust through online privacy protection: Self-regulation, mandatory standards, or caveat emptor [J]. Journal of management information systems, 2008, 24（4）: 153-173.

❹ BAJAJ K. Promoting data protection standards through contracts: The case of the data security council of India[J]. Review of policy research, 2012, 29（1）: 131-139.

系少的行业，可以暂缓实施这种方式。另外，在隐私保护印章方面，我国主要认证的是隐私保护能力，还需要进一步发展对隐私保护实践的认证。

（5）关键领域隐私保护行业自律先行于信息技术的应用

各行各业，包括政府职能和业务部门，都在快速地迎接和适应各种信息技术产品，但很多新型信息技术产品的出现，并没有过硬的隐私保护技术和能力，同时在没有形成完善的隐私安全管理体系及业务人员隐私保护素养较低状况下，很容易造成隐私泄露并因此造成较大损失。

案例1：2020年9月，某省一居民丢失手机，随后进行了手机中各种卡的解绑、支付、转账等操作，但该居民发现很多密码都被破解了。原来犯罪分子获知了其用于验证的较完整的个人信息系统，然后再利用各种App之间个人账户的"弱联系"及某市电信工作人员在挂失操作流程上的不合理做法，给用户造成转账、贷款等各种损失。❶

案例2：2020年9月以来，某市很多市民被一家房产中介欺骗，按照房产中介要求刷了一下脸，由此造成房主还未得到房款，房子已经过户到别人名下。而这家房产中介正是利用当地不动产登记中心于2018年推出的线上业务办理平台。该平台本是为了让市民省时省力而使用的业务系统，但正由于操作过于便利，被不法分子钻了空子。❷

上述两个案例都表明了一个问题，即很多部门在隐私保护技术措施和管理措施都很不到位情况下，使用具有很大隐私安全风险的信息技术系统，虽说给用户或市民带来一定便利，但更给不法分子提供了钻空子的机会。这种状况促使各行各业谨慎使用各种信息技术系统，特别是App，不仅仅是要提高信息安全技术，更重要的是各行各业要有行业自律意识、行为规范，无论是从组织本身，还是个体职员，都应通过行业自律约束自己的行为。在行业自律缺乏或

---

❶ 信息安全老骆驼. 可怕！一部手机失窃而揭露的黑色产业链 [EB/OL]. （2020-10-24）[2020-12-06]. https://mp.weixin.qq.com/s/HODb3biA5hmjXu5sjsY5zA.

❷ 新浪财经. 业主毫不知情，仅刷一下脸，房子就被过户了？！ [EB/OL]. （2020-12-11）[2020-12-11]. https://baijiahao.baidu.com/s?id=1685636928171181275&wfr=spider&for=pc.

比较弱的情况下，不可用易泄露隐私的各种信息系统。

另外，如第 3.1.2 小节中所介绍的，从观念上，IFLA 和国际档案馆协会针对"被遗忘权"运用中影响文献和档案的完整性提出了担忧和声明。目前我国法律上还未使用 GDPR 所指的"被遗忘权"，这个问题还不存在。但本书认为，GDPR 的"被遗忘权"在使用上如果有条件限制的话，图书馆界和档案界应该注意把握好这个限制。网络环境中，关联数据技术极度发展的情况下，不应将特定人的个人信息都保存下来，而是应当对能保留下的个人信息进行充分界定，在维护特定人的隐私保护权益基础上规划不被"被遗忘权"消除的个人信息范畴。

概括来讲，目前社会对行业自律方式强化隐私保护，既有持乐观态度的，也有持悲观态度的，更多的是希望具有宽松约束力的行业自律能够和具有强制约束力的法律法规进行互补，也能够尽可能和媒体呼吁、公众愤怒、市场力量等其他手段以及技术措施结合。现实中，如何进行这种互补和结合，还没有普遍认可的模式。但在这些力量之间，行业自律与政府监管的融合可作为元监管，具有重要作用。❶

3.2 信息服务隐私保护的组织管理措施：隐私保护官责任体系

信息服务组织遵守国家隐私保护相关法律法规和政策、实施隐私保护行业自律，以及开展各种保护用户隐私的工作。

信息服务组织层面开展的隐私安全管理措施，主要包括组建隐私安全组织体系和制定管理制度。具体包括隐私安全风险应对策略制定、隐私安全管理组织机制建设以及隐私影响评估等。许春漫、赵艳萍等针对图书馆个性化服务、虚拟参考咨询中的隐私安全风险进行分析并提出了应对策略❷；刘江山、肖冬梅

---

❶ HEMPHILL T A, LONGSTREET P. Financial data breaches in the US retail economy：Restoring confidence in information technology security standards[J]. Technology in society，2016，44：30-38.

❷ 许春漫. 试论数字图书馆个性化服务中的个人信息保护 [J]. 图书情报工作，2008，52（3）：135-138；赵艳萍. 议图书馆虚拟参考咨询的用户隐私问题与处理 [J]. 黑龙江史志，2014（23）：216-217.

和张弛等从我国企业合规性角度对欧盟 GDPR 规定的数据保护官制度进行了分析❶；赖特（Wright）分析澳大利亚、加拿大等 7 个国家或地区隐私影响评估（Privacy Impact Assessment，PIA）方法，对构建欧洲最佳 PIA 方案提出了建议❷；肖冬梅和谭礼格认为数据保护影响评估制度包括审查、咨询、评估、报告和保障及复审五个阶段❸；等等。总体来讲，现有的研究还比较零散，提出的建议还比较笼统、不全面。

隐私保护官，在 GDPR 中被称为"数据保护官"（Data Protection Officer，DPO），在很多企业中也被称为"隐私保护官""首席隐私官"等。自 GDPR 出台并正式实施以来，为了符合 GDPR 的合规要求及其他相应法律法规要求，很多组织机构特别是涉及跨国个人数据流的企业，纷纷开始设置个人数据保护官职位，招聘相应人才，如国际性社交平台领英（LinkedIn，以下简称"领英平台"）上已出现大量个人数据保护官（或称隐私保护官）职位招聘公告。

本书以下内容将从隐私保护官的职责探索信息服务组织隐私安全管理的组织机制。

3.2.1　隐私保护官的起源、含义、类型和发展需求

隐私保护官，在文献和实践中有多种称呼，出现比较早且影响比较大的是"首席隐私官"（Chief Privacy Officer，CPO）的称呼，随后又出现"数据保护官""隐私官"（Privacy Officer）等多种称呼。为了表述方便，本书用"隐私保护官"统称之。

另外，本书所指的隐私保护官可以是一个人，也可以是由若干名隐私保护

---

❶ 刘江山. 欧盟通用数据保护条例中的数据保护官制度 [J]. 中国科技论坛，2019（12）：173-179；肖冬梅，成思雯. 欧盟数据保护官制度研究 [J]. 图书情报工作，2019，63（2）：144-152；张弛. 数据保护官岗位角色技术能力分析 [J]. 中国信息安全，2019（2）：46-49.

❷ WRIGHT D. The state of the art in privacy impact assessment[J]. Computer law & security review, 2012, 28（1）：54-61；WRIGHT D，WADHWA K. Introducing a privacy impact assessment policy in the EU member states[J]. International data privacy law, 2013, 3（1）：13-28.

❸ 肖冬梅，谭礼格. 欧盟数据保护影响评估制度及其启示 [J]. 中国图书馆学报，2018，44（5）：76-86.

人员组成的一个体系或一个部门等，其职责内容就是其组织实施隐私保护的管理内容。

（1）隐私保护官的起源

根据搜集的资料，早在1994年美国威瑞森通信公司就开始任命CPO；1999年至2000年，CPO开始在欧美企业兴起，且这些企业将CPO界定为专门处理与用户个人隐私相关事宜责任的高层管理人员；美国IBM公司于2001年任命公司首位CPO，引起世界范围的关注。❶然而随着金融危机的冲击，这一职位被认为存在必要性不强而被停滞，这种现象持续了10年左右。随着物联网、云计算、大数据等各种信息技术的发展和应用，尤其是欧盟2016年发布GDPR以来，国内外又开始重视包括CPO在内的各类隐私保护官职位的设置。

DPO首先是由欧盟成员国在20世纪末、21世纪初提出来的，如德国和法国的数据保护法律都提出建立这个角色。❷欧洲司法合作组织（Eurojust）于2002年2月发布"欧洲司法合作组织决定"（Eurojust Decision），提出在欧洲司法合作组织设立DPO，目前其DPO主要负责监督执行该组织规定的个人数据保护规则，以及作为该组织与欧洲数据保护监管机构之间的纽带。❸对全球企业提出建立DPO职位建议的是欧盟2012年发布的《统一数据保护条例——欧盟委员会2012年建议案》❹，随后在其2016年发布的GDPR中对此正式加以明确。GDPR规定了必须任命DPO的三种情形。GDPR的要求是强制性的，

---

❶ PEMBERTON J M. Chief Privacy Offitfifficer：Your Next Career? [J]. The information management journal，2012（3）：57-58；计算机与网络期刊编委．又一网络新兴职位：CPO [J]. 计算机与网络，2000（21）：34；石油工业计算机应用期刊编辑．IBM诞生世界首位隐私官 [J]. 石油工业计算机应用，2001（1）：52.

❷ 高富平．个人数据保护和利用国际规则：源流与趋势 [M]. 北京：法律出版社，2016：249-253；李小汇．个人数据保护德国有长处 [J]. 中国国情国力，1997（12）：41.

❸ Eurojust. Council decision[EB/OL]．（2018-02-22）[2020-01-05]. https://www.eurojust.europa.eu/about-us/data-protection/data-protection-officer.

❹ 附录2《统一数据保护条例——欧盟委员会2012年建议案》[M]. 孔洁琼，蒋静，余超，等译 // 高富平．个人数据保护和利用国际规则：源流与趋势．北京：法律出版社，2016：162-217.

在全球引起巨大反响。领英平台上的招聘公告中，有不少职位名称直接包含"GDPR"，如德国Citco集团的招聘职位有"GDPR-Data Privacy Officer"，美国IBM集团的招聘职位有"GDPR Privacy and Governance Consultant"。

目前，各国根据GDPR发展DPO的方式主要有：①对欧盟成员国，GDPR是强制的但也是开放性的，即允许成员国以此为基础做出进一步规定，如德国要求任命DPO的准入门槛要比GDPR低很多，比利时和奥地利也都在其法律中对设置DPO提出进一步要求；②其他国家方面，目前亚太地区的一些国家如菲律宾、新加坡和印度分别通过法律对设置DPO进行了规定。❶

（2）隐私保护官含义的界定

首席隐私官（CPO）的含义，目前有多种提法。①业界人士的看法：芝麻信用CPO认为，CPO是为用户权益代言的、负责公司信息管理体系并监督落实❷；360奇虎CPO认为，CPO是"处理隐私的各项政策，审核用户的协议，保证公司的各种产品符合国家的法律法规，进一步提高公司现行的隐私保护制度"❸；微软CPO表示，其工作是提出企业数据保密政策、监督企业保护用户的隐私及培训员工❹；邓白氏CPO认为，隐私工作是合规中的一个附加领域等。❺ ②学界人士的看法：2004年美国学者阿瓦祖（Awazu）通过对11个企业CPO的调查，总结CPO的角色，认为CPO应当是企业隐私问题的处理者，是与公众交流的公关者，负责与政府或立法机构合作解决隐私问题❻；2006年蒋玲提出CPO是"专门负责处理企业中所有与隐私问题相关的事务，处理同用户

---

❶ 赵冉冉，洪延青，蒋昕妍.历史和国际比较视角DPO法律制度探源[J].中国信息安全，2019（2）：43-45.

❷ 聂正军.首席隐私官眼中的数据安全[J].杭州（周刊），2017（17）：28-29.

❸ 贺骏.奇虎360首设"首席隐私官"隐私保护要从"奢侈品"变"必需品"[N].证券日报，2012-03-21（D02）.

❹ 辛闻.IT时代盛行CPO[N].厂长经理日报，2001-07-20（A03）.

❺ 全球企业法律顾问协会.Dun&Bradstreet首席隐私官兼高级合规顾问AryehFriedman：应对合规挑战的成功之道[J].法人，2012（005）：20-22.

❻ AWAZU Y, DESOUZA K C. The knowledge chiefs: CKOs, CLOs and CPOs[J]. European management journal, 2004, 22（3）：339-344.

隐私权相关事宜，CPO 直接对企业的最高领导人负责"❶；彭伯顿（Pemberton）等人指出，CPO 最重要的职责是监控信息系统以确保其安全，其中一项重要任务是让董事会成员意识到隐私的商业价值，认为 CPO 应具有技术和人文知识背景，同时该文认为，同 CIO 和 CKO 一样，CPO 的含义也会起起落落。❷ 上述这些说法，有一定差异，一种认为 CPO 应积极主动考虑隐私对道德、竞争及战略带来的影响，一种认为 CPO 应专注于对各项隐私法规要求的满足。但共性的内容更多，主要包括三方面：处理组织机构内部问题时，积极主动考虑隐私对道德、竞争及战略带来的影响；专注于对各项隐私法规要求的满足；处理组织与用户的利益平衡，协助用户捍卫其隐私权。❸

GDPR 规定了设置数据保护官（DPO）的要求，但并没有对 DPO 进行定义，而是通过规范明确其在组织机构中的地位和任务来说明这个角色的内涵，即 DPO 是恰当、及时参与所有个人数据保护的管理者，负责监管所在组织机构个人数据安全策略以及保证该策略满足 GDPR 合规性要求。❹

无论是 CPO 还是 DPO，其设置伊始都是将其角色定位为组织内部的决策者之一，是全面管理本组织用户隐私保护规划、制度、实施的高级管理者。在现实中,很多组织虽然并不属于 GDPR 所界定的必须配备 DPO 角色的组织形式，但在隐私泄露非常严重的当前环境下，各类信息服务组织的用户隐私保护任务非常繁重，需要有各方面的人员来共同承担隐私保护职责。

因此本书将"隐私保护官"概括地界定为：组织机构内处理隐私保护和隐私权益事宜的角色。这些角色在组织中所处的地位不同时所需要承担的职责也不尽相同。根据这个界定，本课题组在领英平台收集隐私保护官招聘信息时，

---

❶ 蒋玲. 浅议互联网新职位——首席隐私官 [J]. 农业图书情报学刊, 2006（2）：130-131，134.

❷ PEMBERTON J M. Chief Privacy Officer：Your Next Career?[J]. The information management journal, 2012（3）：57-58.

❸ 计算机世界期刊编委 首席隐私官只是昙花一现？[N]. 计算机世界, 2006-03-20（B15）；谢仕亮. 数据开放共享 首席隐私官来护航 [N]. 深圳特区报, 2019-09-09（A02）.

❹ COUNCIL OF THE EUROPEAN UNION. General Data Protection Regulation[EB/OL].（2016-04-06）[2020-01-05]. http：// data.consilium.europa.eu/doc/document/ST-5419-2016-INIT/en/pdf.

采用的是更偏重查全率的检索词，再根据招聘信息进行筛选，具体见下文的隐私保护官的岗位类型分析。

（3）隐私保护官岗位类型分析

2018年2月至3月本课题组多次分别使用检索词"GDPR""data protection""Privacy officer"和"data privacy"在领英平台职位查询系统中查询相关职位（全职或兼职）的招聘公告，命中记录约有1600条。在"工作职能"栏目的聚类信息中列有销售、金融、医疗服务人员、信息技术、业务开发、法律、管理、人力资源、策划/规划、质检、顾问、分析师、客户服务等多种职能类型。2021年2月本课题组再次使用领英平台进行查询和快速扫读，发现隐私保护官头衔没有什么变化。如此广泛的职能类型，反映出目前隐私保护官相关职位的设置五花八门，也反映出组织机构会要求其他职位人员承担隐私保护的责任的现状。领英平台将所有职位划分为高管人员、中高级、初级、助理和总监/主管，各级别中常出现的隐私保护官头衔名称如表3-2所示。

表3-2　领英平台隐私保护官职位头衔的名称

职位级别	职位头衔名称
高管人员	首席数据保护官，首席隐私官，数据隐私伙伴/数据保护官，合作伙伴网络安全与隐私，数据隐私官与首席合规官，数据隐私官，CIO，首席信息安全官，GDPR架构师等
中高级	数据隐私项目经理，隐私合规官，隐私项目经理，数据保护官，首席隐私官，隐私经理，安全合规与数据隐私主任，安全与隐私高级经理，合规经理，信息治理与安全主管，GDPR数据保护与合规官，全球数据安全官等
初级	数据安全官，隐私和安全顾问，安全和隐私专家，隐私管理专家，隐私专家，隐私分析师，隐私主任，隐私管理官，GDPR数据隐私官等
助理	隐私顾问，隐私主任，隐私与合规官，GDPR信息经理，数据保护与隐私管理，数据隐私分析员，GDPR顾问，隐私和数据保护顾问等
总监/主管	隐私总监，法律隐私顾问，客户数据总监，GDPR合规官，法律隐私顾问等

注：本表结果是本课题组于2018年2月至4月查询的，2021年2月重新查询领英平台，隐私保护官头衔没有什么改变，同时因时间关系，故没再重新统计。

根据领英平台的招聘公告，隐私保护官职位类型主要有以下三个特点：

第一，职位包含监管顾问类和业务类。监管顾问类包括法律顾问和合规总监职位类型。在表 3-2 中职位级别为中高级、初级和助理的三行所列的都是业务类职位。另外，5 个职位级别中都有包含"GDPR"的职位名称，凸显出 GDPR 的影响力度。

第二，隐私保护官职位头衔名称中有的同时出现"数据"（data）与"隐私"（privacy）。如德国 Citco 集团招聘的"GDPR–Data Privacy Officer"、美国 Ipreo 集团招聘的"Data Privacy and Security Specialist"。这种现象显示出在隐私保护官称呼方面各国还没有统一规范的职业名称。

第三，隐私保护官与合规官或信息安全官的关系非常密切。合规官起源于金融行业，后在多个行业得以发展，其职责是监督和管理组织内部合规问题的机构官员。[1]隐私保护官的一个重要职责就是防范所在组织机构违反相关法律法规和行业规范，承担着组织机构合规管理中隐私保护方面的责任。信息安全官所承担的保护信息内容安全的范畴包括个人数据，隐私保护官工作的宗旨是防范隐私泄露，这种保护离不开信息技术与信息安全管理。

如上所述，隐私保护官的职位类型很多，不同类型职位的隐私保护官职责也不尽相同，限于篇幅，以下将隐私保护官作为一个整体，来讨论这个整体角色在信息服务组织中的职责以及相应的能力素质要求。

（4）我国隐私保护官发展现状及岗位类型

我国近年来越来越重视对个人信息的保护，在此背景下，我国也开始有企业设置隐私保护官职位。

2018 年 2 月至 4 月，通过领英平台仅查询到我国 1 家机构（即华为）的招聘信息包括隐私保护官（隐私工程技术专家）；同时利用百度搜索，分别检索到 360 奇虎和芝麻信用分别于 2012 年、2016 年设立 CPO 职位，2018 年东航、高新科技集团等分别设立 DPO 职位、GDPR 审计专家职位等，一共仅查询到 5 家机构。

---

[1] 蔡宁伟. 银行首席合规官设立的中外比较——基于重要性、必要性与可行性的分析 [J]. 西南金融，2017(11):59–64.

2021年1月25日，本课题组再次登录领英平台，分别使用"隐私""Privacy officer""个人数据保护""data protection"等词语检索我国各类组织招聘的信息，分别得到1067、19、150和1012条记录，这些记录有一定重复。通过职位名称对这些记录进行分析，发现职位更多的是有关经理、安全技术人员、合规法务以及法律顾问。抽查这些岗位职责和任务要求，都有隐私保护方面的内容。在职位名称中直接包含"隐私""Privacy"或"个人信息"的有十多份，分别来自深圳TCL、华为、爱奇艺、完美世界、字节跳动、翰特尔管理咨询、vivo、水滴互助、快手、深圳晨北科技、中国信息通信研究院、神州数码信息服务、SPACE、UCloud、外资sino等。另外，腾讯、思科、美团等互联网企业也采用数据（安全）合规的提法。目前还没有一个有效的途径可以检索到我国信息服务有关领域设置有隐私保护官的机构数量，但利用领英平台检索到的招聘信息，相比2018年检索到的数量已大幅增长。

检索结果给出的职位中，类型有多种，主要包括：

◎ 技术类：隐私保护研发、隐私保护工程师、数据安全技术等；
◎ 管理类：隐私保护专家，隐私保护标准专家，平台经理（隐私保护方面的），合规总监/法务合规，法务经理，风控经理，数据安全经理等；
◎ 法律顾问类。

总体上与领英平台上国外的类型一致。只是有些法务合规职位上特地标注"海外业务"。在职位数量上还是以技术类的偏多。有的企业，特别是计算机和互联网企业同时设置多个相关岗位，如字节跳动分别设有高级数据和隐私标准专家、广告隐私产品经理、数据隐私保护专家；华为校园招聘分别有数据安全与隐私保护技术研究员、网络安全与隐私保护高级工程师、隐私保护工程师等。

（5）信息服务组织设置隐私保护官角色的社会需求

在我国，尚无强制性要求信息服务组织必须设置隐私保护官岗位或角色。即使涉及对外服务，需要遵守GDPR的，也是当信息服务组织属于GDPR所规定的组织形式才必须设置隐私保护官。GDPR并没有强制规定任何组织都必须设置 DPO，仅规定三种情形下必须设置 DPO，即要求处理个人数据的行政机关或公共团体（法院执法除外）、核心业务是处理大规模个人数据并对个人数据主体进行监控的组织或核心业务是处理大规模特殊类型数据（个人敏感数据或与刑事定罪犯罪有关的数据）的组织必须设置 DPO。❶ 显然，一般的信息服务组织并不属于 GPRR 必须设置 DPO 的范畴。这对信息服务组织来讲是比较灵活的。

2019 年 3 月全国两会期间，张兆安代表提交建议，其中一项就提到应建立隐私保护官制度，建议研究推行该制度的可行性，认为该制度不仅要起到内部监管作用，同时还应接受相应行政机关的监督。❷ 在这之前也有学者提出类似观点，如詹新惠提出隐私官这个职位的设置是对用户的一种交代❸，周庆山提出我国大的机构也应该建立类似首席隐私官的个人信息或者数据信息安全主管制度。❹ 隐私保护官机制是保证组织内部各种隐私保护规范制度的落地实施。

从本节前面总结的我国隐私保护官招聘信息来看，越来越多的组织尤其和计算机、互联网、信息技术与服务有关的组织开始配备隐私保护官，尽管其管理权力大小不同。因此，一个信息组织是否设置隐私保护官，与信息组织本身的管理理念有很大关系。

（6）信息服务活动存在的隐私安全风险以及隐私保护专业性带来的需要

本书第 1 章探讨了信息服务活动存在的隐私安全风险，这些隐私安全风险不仅需要依赖法律法规、行政命令、行业自律以及隐私政策等措施进行防范管理，还需要相应的岗位或角色将各层面的管理措施落实到位，即需要各种类型的隐私保护官。

信息服务活动存在的隐私安全风险，需要有相应的角色承担专有的任务来

---

❶ COUNCIL OF THE EUROPEAN UNION.GDPR Art. 37 Designation of the data protection officer[EB/OL].[2020-11-20].https://gdpr-info.eu/art-37-gdpr/.

❷ 澎湃新闻官方账号.张兆安代表：建议制定个人信息保护法，设立信息保护官制度 [EB/OL].（2019-03-13）[2020-01-05]. https://baijiahao.baidu.com/s?id=1627874355088965188&wfr=spider&for=pc.

❸ 詹新惠.首席隐私官[J].青年记者，2011（7）：85.

❹ 周庆山.完善我国个人信息保护管理制度的思考[J].社会治理，2018（1）：34-41.

进行隐私安全风险控制与管理。如第 1.3 小节所述，很多信息服务活动都会收集用户个人信息。对信息服务组织来讲，就必然存在制定或选择一个隐私安全风险最小、风险管理成本最低的方案的任务，而承担该任务的人则需要具有隐私保护知识和能力。如，需要有专人来制定和操作一卡通（校园卡）中个人信息的收集范围和收集方式；需要有专人负责审核各种信息服务设施或软件是否存在违规收集和使用个人信息的漏洞；需要有专人针对数据库服务、虚拟参考信息服务、电子书服务、移动图书馆等各种网络信息服务中个人信息收集利用行为存在的法律问题和泄露风险进行分析并给出对策；等等。这些工作在与信息技术融合发展的信息服务中有很多，而且很多是属于重复性的，即很多信息服务活动都会涉及个人信息的收集、存储、整合、挖掘、传输、分享、删除等问题和对策，将这些问题集中起来由专门的角色或者岗位来负责，既便于专业化、无漏洞、无推诿、低成本地解决问题，同时也便于让更少的员工接触到用户个人信息，少一个员工知道就减少一分"内鬼"泄露的风险。

虽然需要信息服务组织所有员工都有隐私安全风险分析及隐私保护的思想，并尽可能在自己的本职工作中落实，但隐私保护工作整体具有一定难度，有专业性，也需要有风险管理能力。如，在确定收集用户个人信息的范围和方式时，必须具备相关的法律知识；在制定用户隐私保护规划时，要具有隐私泄露风险知识和制定控制风险方案的能力；在采购数据库系统、借阅系统、选座系统等其他信息设施时，要了解这些设施收集和利用用户个人信息的特点，掌握与供应商谈判的主动性；等等。这些工作很多都不是一般员工可以胜任的，需要具有专门的知识和能力的人去做。

综合而言，层出不穷的隐私侵权风险和现象的存在，就要求越是利用先进信息技术及设备的信息服务活动，越需要有专人负责审核隐私安全风险并拟定预防措施。目前中国电子技术标准化研究院已经开始举办"数据保护官"研修班以培养专门人才。❶

---

❶ 工业和信息化部电子工业标准化研究院. 2019 年 9—11 月北京个人信息保护专业人员（PIPP）培养工程"数据保护官"研修班通知 [EB/OL].（2019-08-06）[2020-01-01]. http://www.cesi.cn/201908/5445.html.

3.2.2 案例分析及隐私保护官组织体系职责内容框架构建

GDPR 第 39 条规定了 DPO 的最基本任务,重点是对数据控制者及处理者执行 GDPR 要求的通知、监督和培训工作。❶ 领英平台上各类个人数据保护官招聘公告列出的职责差异不小,但共同的关键职责之一都是要求能够具体实施隐私法律风险管理。

2014 年有学者通过电子邮件收集了 71 个韩国公司 CPO 的问卷,通过 SPSS 软件进行数据分析后,认为对韩国组织隐私绩效方面 CPO 的外交角色和技术知识背景有显著的正向影响,而信息角色、战略角色及法律和商务知识背景没有显著影响❷,不过该作者也表示这个调查样本小,结果未必准确。对 DPO 职责的研究目前主要是根据欧盟不同阶段出台的指令和法规从合规视角进行的,如霍利(L'Hoiry)等学者通过调查 35 个欧洲各领域网站,指出目前网站多没能给出数据主体访问其个人数据的有效接口,并从 DPO 职责视角提出改进网站数据主体访问接口建议。❸

本章节将根据我国相关法律法规和标准规范,以及 GDPR 的规定,借鉴相关职业规范和现有信息服务组织的隐私政策要求,同时参考信息用户的意见,以风险管理理论为基础来构建隐私保护官的职责内容。

这些职责内容实际上也是信息服务组织隐私安全管理内容,通过隐私保护官行使其职责来体现和完成。这里讲的隐私保护官,是一个包含各种类型隐私保护官的角色,并不限于 GDPR 所指的 DPO,因而可能是独立的职位,也可能是兼职,也可能是一个组织部门,这里是按照一个整体来讨论。

---

❶ COUNCIL OF THE EUROPEAN UNION.GDPR Art. Tasks of the data protection officer [EB/OL]. [2020-01-20]. https://gdpr-info.eu/art-39-gdpr/.

❷ WEE J,MA S,KIM S. The Impact of Chief Privacy Officers' Background Knowledge and Role on Organizational Privacy Performance [EB/OL].(2014-02-04)[2020-01-05]. http://iieng. org/images/proceedings_pdf/9571E0214076. pdf.

❸ L'HOIRY X D,NORRIS C. The honest data protection officer's guide to enable citizens to exercise their subject access rights: lessons from a ten-country European study [J]. International data privacy law,2015,5(3):190-204.

（1）基于领英平台招聘信息的隐私保护官职责内容案例分析

本课题组于 2021 年 2 月 1 日在领英平台查询 "privacy officer"，从查询结果中选择了来自 3 个国家的 5 个信息技术或健康信息领域组织的首席隐私官（Chief Privacy Officer）岗位招聘信息，并对其进行了分析，以了解各国比较一致的隐私保护官职责要求。首席隐私官岗位的职责，在隐私保护方面更全面，更有代表性。这 5 个案例分别是：

- ◎ A：加拿大安大略省卫生局（Ontario Health）的首席隐私官的招聘信息[1]
- ◎ B：西班牙猎头公司 Page Executive 的首席隐私官的招聘信息[2]
- ◎ C：美国 rewardStyle（一个博主联盟平台）的首席隐私官的招聘信息[3]
- ◎ D：美国 UnitedHealth Group（联合健康集团）Optum 实验室的首席隐私官的招聘信息[4]
- ◎ E：美国黑鹰网络控股公司（Blackhawk Network）的首席隐私官的招聘信息[5]

---

[1] Linkedin.Ontario Health Chief Privacy Officer[EB/OL].[2021-02-01]. https://www.linkedin.com/jobs/search?keywords=chief%2Bprivacy%2Bofficer&location=%E5%85%A8%E7%90%83%E8%8C%83%E5%9B%B4&geoId=92000000&trk=organization_guest_jobs-search-bar_search-submit&currentJobId=2386790097&position=2&pageNum=0.

[2] Linkedin.Page ExecutiveChief Privacy Officerr[EB/OL].[2021-02-01]. https://www.linkedin.com/jobs/search?keywords=chief%2Bprivacy%2Bofficer&location=%E5%85%A8%E7%90%83%E8%8C%83%E5%9B%B4&geoId=92000000&trk=organization_guest_jobs-search-bar_search-submit&currentJobId=2363844755&position=1&pageNum=0.

[3] Linkedin.rewardStyle Chief Privacy Officer[EB/OL].[2021-02-01]. https://www.linkedin.com/jobs/search?keywords=chief%2Bprivacy%2Bofficer&location=%E5%85%A8%E7%90%83%E8%8C%83%E5%9B%B4&geoId=92000000&trk=organization_guest_jobs-search-bar_search-submit&currentJobId=2362597546&position=4&pageNum=0.

[4] Linkedin.UnitedHealth Group Optum Chief Privacy Officer[EB/OL].[2021-02-01]. https://www.linkedin.com/jobs/search?keywords=chief%2Bprivacy%2Bofficer&location=%E5%85%A8%E7%90%83%E8%8C%83%E5%9B%B4&geoId=92000000&trk=organization_guest_jobs-search-bar_search-submit&currentJobId=2360793360&position=6&pageNum=0.

[5] Linkedin.Blackhawk Network Chief Privacy Officer[EB/OL].[2021-02-01]. https://www.linkedin.com/jobs/search?keywords=chief%2Bprivacy%2Bofficer&location=%E5%85%A8%E7%90%83%E8%8C%83%E5%9B%B4&geoId=92000000&trk=organization_guest_jobs-search-bar_search-submit&currentJobId=2360793360&position=6&pageNum=0.

将这些招聘信息中的内容整合，主要包括以下职责要求，其中的 A~E 分别代表上面各条招聘信息，每条职责内容后面标注的 A~E 表示其所代表的招聘信息包含此内容。

- 隐私保护战略制定（ABCDE）——这个战略制定要与组织的发展战略一致（A）；
- 负责向高层汇报交流（BCD），与组织各部门进行合作（BE）；
- 制定组织内部隐私保护政策、工具、流程（ABCDE）；
- 为组织内部隐私保护提供指导、建议、支持（ABCDE），以及进行监督（ADE），确保组织的标准和业务方面的隐私合规性（A）；
- 针对与员工、合作伙伴的有关隐私方面的协议沟通或审核，保证合规性（AE）；
- 完成、审查和批准隐私影响评估（AE），并进行持续的合规监控活动（E）；
- 提供隐私意识和知识提高的培训（ACDE）；
- 用户投诉管理（ADE）；
- 与外部如当地政府、监管部门的合作（ABDE）；
- 法律跟踪，识别风险（BCDE）等。

分析上述信息，可以看出，各招聘信息对首席隐私官的职责要求差别较大，其中仅有 3 项内容是各机构的共同要求，没有一个机构所列要求是包括 5 个机构所列出的全部职责要求的。相对来讲，加拿大安大略省卫生局的要求比较全面。这一现象显示，目前隐私保护官责任内容体系还未形成一个比较完备的标准模板。

（2）隐私保护官职责内容框架构建

从上面的案例可以看出，目前有关隐私保护官职责内容还没有统一的规定，各组织制定的职责内容差异很大，不过也有共同之处，如制定隐私保护战略规划、制定具体的政策和程序、对业务活动提供隐私保护建议或支持等。本书将根据相关法律法规与行政规范、现实中信息服务活动存在的隐私安全风险及侵权案例（主要是第 1.1~1.2 小节内容）、用户的期望（主要是第 2.1 小节内容），以及行业自律（主要是第 3.1 小节内容），同时借鉴已有的一些职业分类法，综合本小节的职责内容描述案例等抽取隐私保护官职责内容，并根据风险管理理论将这些职责内容进行整合。

各国通常都会对比较成熟的职业进行分类，规定其最基本的职责、知识、技能和能力要求。目前我国的职业分类大典、国际劳工组织制定的《国际标准职业分类》(International Standard Classification of Occupations，ISCO)❶、美国国家职业分类系统（O*NET）的在线系统（https://www.onetonline.org/）❷等标准，都还未设置与隐私保护官对应的职业，但列有相关职业，如 ISCO 系统包括合规官、CIO、安全专家等相关职业，然而提供的职业规范内容很少。在 O*NET 系统查到的相关职业主要有合规官、风险管理员、信息安全分析师等，并提供有这些职业的规范，内容比较全面，可对研究隐私保护官提供参考。

GDPR 第 39 条规定了 5 项 DPO 要承担的基本任务，包括协助和监督数据控制者与处理者遵守 GDPR 规定和欧盟其他成员国相关规定、协助和监督数据保护影响评估、协助监管机构工作并充当监管机构联络点等。❸

根据 GDPR 对 DPO 的规定及领英平台上隐私保护官招聘公告，可以看出，隐私保护官的本质是进行隐私法律风险管理、预防组织机构出现违反相关法律法规的行为。因此本书依据风险管理理论❹和方法总结隐私保护官的工作职责框架，如图 3-1 所示。

---

❶ International Labour Organization. International Standard Classification of Occupations[EB/OL]. (2010-06-09) [2021-01-26]. http://www.ilo.org/public/english/bureau/stat/isco/.

❷ National Center for O*NET Development.O*NET OnLine[S/OL].[2021-01-26]. https://www.onetonline.org/.

❸ COUNCIL OF THE EUROPEAN UNION. General Data Protection Regulation[EB/OL]. (2016-04-06) [2020-01-05]. http://data.consilium.europa.eu/doc/document/ST-5419-2016-INIT/en/pdf.

❹ "风险管理"是指在成本约束条件下将风险发生概率和风险发生后果降到最低程度,包括风险的识别、分析、评估和应对计划,后者又包括风险管理目标确定、风险管理方案策划与实施。该思想和方法自古有之,但美国所罗门·许布纳博士于 1930 年首次将其称之为"风险管理",目前该理论和方法被广泛应用。参见孙立新.风险管理[M].北京：经济管理出版社，2014：23.

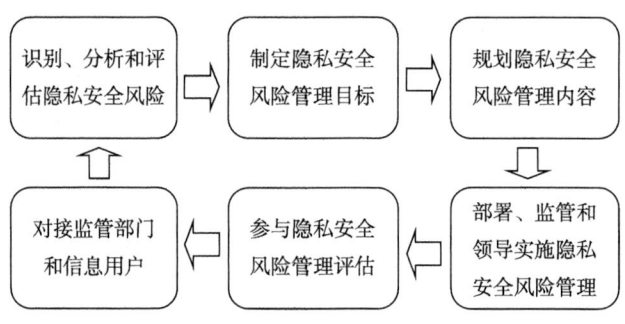

图 3-1 隐私保护官工作职责内容框架

3.2.3 隐私保护官组织职责内容分析

（1）识别、分析和评估隐私安全风险的职责内容

是否需要制定隐私保护战略规划、执行政策及开展相应活动，首先要确定本组织的业务活动是否涉及隐私安全风险。

在隐私保护方面，一个组织机构面临的风险主要包括法律风险和运营风险。法律风险是指组织机构因违反相关法律法规及行业规范而受到法律法规或行业的制裁；运营风险是指由于组织机构没能有效防止用户或职员个人数据泄露而陷入困境，如商家信誉下降、客户流失等。本书着重讨论法律风险背景下的隐私保护官职责。

第一，确定识别和分析隐私安全风险的依据。分析依据主要包括相关的法律法规和行政规范，以及一些带有惩罚措施的行业自律，不同的信息服务领域涉及的具体依据不同。如图书馆信息服务与企业性的信息咨询服务所依据的一些行政规范和行业自律就有很大区别，服务于儿童与成人的信息服务所依据的法律法规也有区别，服务于本国用户与服务于国外用户所依据的法律法规也有不同等。隐私保护官需要对此进行分类和明确。开展这项工作时需要注意相关法律法规的更新。这些年我国及国外有关隐私保护的法律法规发生了很大变化，判断是否存在隐私安全风险，首先要看现行有效的法律法规的规定，同时也要关注即将生效的法律法规，提前准备。如 GDPR 是 2016 年发布的，给各组织预留两年的准备时间，2018年才生效；2020年10月，《中华人民共和国个人信息保护法（草案）》发布，2021年8月20日正式公布，2021年11月1日才生效等。

第二，识别和分析隐私安全风险的类型、发生的概率和后果、发生的阶段和引发因素。隐私安全风险产生，有人为因素、流程因素、技术或设备因素、个人信息本身因素等：①第1.2小节的案例中，内部人员犯案不少，隐私保护官要根据信息服务活动内容和流程，了解有哪些工作人员会接触到用户个人信息，分析由哪些具有责任心的人员来承担个人信息收集与保护工作等。②对于工作流程和工作权限问题，隐私安全保护官要找到信息服务工作中哪些环节可能存在风险。如第1.3小节介绍的图书阅读推广活动、数据库使用方式等都可能存在隐私安全风险。这也要求隐私保护官对业务活动有较多了解，积极与业务人员进行沟通，核对用户信息收集使用的情况。③注意各种信息技术和信息设备的安全性。与信息技术结合的信息服务活动，其隐私安全风险如第1.3小节所分析的，很多信息服务活动（如一卡通、移动图书馆、座位管理系统等）都存在隐私安全风险。应该在开展采购使用信息服务设备和技术前做到：分析是否存在收集用户个人信息的情况，收集方式是否存在违规现象，如RFID的无接触收集一卡通信息，数据库采集用户查询行为信息等；收集的信息是否存在非法存储和使用现象，如收集的用户信息是存在本地还是商家服务器、在境内还是境外，校园一卡通上的信息和图书馆信息查阅与借阅信息等，是否可以汇总到大学信息网络中心进行数据挖掘，存在哪些隐私安全风险、影响程度如何等。④敏感个人信息存在的隐私安全风险更大，隐私保护官需要承担确定敏感个人信息类型、收集范围和必要性的责任。尽可能减少敏感个人信息的收集、存储和使用，并尽可能少存储、短时间存储敏感个人信息。除了身份信息比较敏感外，在信息服务活动中，信息用户的查阅内容也具有一定敏感性，尤其是有关医疗健康方面的查阅内容。

第三，评估隐私安全风险影响程度，即开展隐私影响评估。这里涉及两个方面：①评估整个组织所面临的用户隐私安全风险的影响程度，这个影响程度直接决定组织机构隐私安全管理的战略规划和具体实施方案的重要性和规模。②评估具体业务活动所面临的用户隐私安全风险影响程度，并按照优先处理顺序进行排序。当信息服务组织面临多项隐私安全风险时，需要对这些风险进行隐私影响评估。用户隐私安全风险影响程度的评估，也被称为隐私影响评估（Privacy Impact Assessment，PIA），出现于20世纪90年代，GDPR将其称为"数据保护影响评估"，并专门有一条（即"第35条 数据保护影响评估"）说明该评估工作内容。目前许多国家及ISO都已出台隐私安全风险评估标准或规范，如国际标准《信息技术安全技术 隐私影响评估指南》（ISO/IEC 29134—2017），美国《隐私影响评估模板》（2017年）等，我国也出台有《信息安全技术 个人信息安全影响评估指南》（GB/T 39335—2020）（2021年6月1日开始实施）。当信息服务组织开展某项信息服务活动，或者在采用某种信息服务技术或设备前，需要隐私保护官初步了解和估计可能存在的隐私安全风险。如果风险比较多或后果比较严重，则需要开展比较规范的隐私安全风险影响评估，根据评估结果采取相应的风险管理措施。本书第1章识别的各种隐私安全风险均需被认真对待，采取对应的隐私安全风险影响评估。

显然，要完成上述职责，各级隐私保护官必须通过与组织机构其他岗位人员（如合规官、信息安全官、CIO、业务部门、信息技术员等）的密切合作。

（2）制定隐私安全风险管理目标

风险管理目标包括回避、转移和应对三大类型。隐私保护官在制定本组织用户隐私安全管理战略规划和具体政策时，需要决定哪些风险是需要回避的，哪些是需要通过合作关系转移的，哪些是需要自留来应对解决的。

回避风险，是指组织机构通过放弃采集个人信息，将可能产生的隐私安全风险回避掉。例如，第1.3小节分析的信息服务活动中存在的隐私安全风险。当采取回避风险管理目标时，阅读推广活动中不进行读者评比和宣传；选座系统在完成选座及使用功能后删除用户个人信息；检索系统不采集或不存储用户检索行为信息；各业务系统中的个人信息不进行汇总挖掘；等等。显然，这种方式在规避隐私安全风险的同时，也失去了利用个人信息进行宣传阅读、分析选座特点、分析检索用户特点等活动的机会。对一个信息服务组织，是否要采取回避策略，还需要看收集和利用用户个人信息的必要性，以及隐私安全风险发生的概率和后果严重性。如一个公益性图书馆，无论是高校的，还是公共的或各专业性的，因为其管理组织有政府性质，用户对这些组织的信任度比较高，从现有司法部门公开的案例及新闻报道的隐私侵权案例来看，虽然有发生在图书馆领域的案例，但很少，即隐私安全风险概率比较低；但图书馆收集大量的用户个人信息，本身就存在隐私安全风险，用户个人信息是否对图书馆的服务有更好的改进作用等问题，这些都要隐私保护官根据本组织的发展需要来做决定。

转移风险，是指通过合作将隐私安全风险转移给第三方，或者通过开脱责任合同将隐私安全风险转移给用户。如苹果公司 2018 年 1 月向其用户发邮件表示已将中国数据中心客户个人数据存储在云上贵州数据中心（GCBD）。苹果公司的这种做法，虽说是为了遵守我国《网络安全法》的要求，但同时也将个人数据存储安全风险部分转移给了云上贵州数据中心。本课题组咨询了部分高校图书馆馆长，有的馆长介绍他们在引进一些信息服务系统（如选座系统、门禁系统、数据库平台）时，用户个人信息都是由这些系统提供商来掌管的。这种方式，其实也是一种转移风险的方式，转移给信息服务商，但利用用户个人信息的利益也同时转移给了信息服务商。

应对风险，是指将隐私安全风险自留，并通过采取措施针对引发隐私安全风险发生的因素进行控制和疏导。由于风险管理目标的确定实际上对应着组织机构的整体目标，所以应由组织机构最高决策者决定，隐私保护官主要是提供参谋与法律咨询。如果隐私保护官是首席隐私官，其本身就是组织机构决策者之一，则直接承担制定这些风险管理目标的职责。

（3）规划隐私安全风险管理内容

隐私安全风险管理内容从个人信息处理活动视角来讲，需要对个人信息处理活动的各方面进行用户隐私安全管理规划。

从管理内容上来讲，个人信息的处理活动包括收集、传播、存储、加工、使用、更改、删除、分享、管控等。隐私保护官对这些处理活动进行隐私安全风险管理规划，要依据相应的法律法规。如果信息服务活动和对象仅限于国内，遵守我国相关法律法规即可；如果涉及跨境信息服务，则还需要遵守对方国家的隐私保护法律法规，涉及欧洲国家时，还需要遵守GDPR。信息服务组织内的员工并不一定很熟悉各种法律法规，隐私保护官就需要对涉及个人信息处理活动的各个项目进行规划，具体包括5个方面：

①收集方面，审核组织的特定业务活动是否会收集或者需要收集用户个人信息，如果会收集或需要收集，则需要确定个人信息的类型和敏感个人信息的范畴，规划个人信息收集的范围（哪些是必收集，哪些是可让用户选择提供的）、方式（用户填表提供、网络自动采集或分享合作机构的等），以及谁来收集（确定具体收集的人员及其保密职责）等。

②传播方面，审核组织的特定业务活动是否会传播或需要传播用户个人信息。如果该业务活动会传播或需要传播用户个人信息，则用户隐私安全管理规定需要确定哪些个人信息可以发布、在什么场景下可以发布、采取什么方式发布、发布多长时间等，什么情况下需要对个人信息进行脱敏传播等。如在阅读推广活动中，有时候举办方需要发布一些阅读排行榜以作鼓励，涉及用户个人姓名、单位、借书数量等，举办方需要征求用户意见，获得用户同意后才可发布。对比较敏感的个人信息且不是很必要发布的，尽可能不发布，有些信息如查阅关键词、阅读内容等，如果发布也可能会引起用户的不适感，发布前需要征求用户同意等。

③存储方面，审核组织的特定业务活动是否会存储或需要存储用户个人信息，如果会存储或需要存储，则隐私保护官需要确定存储方式、地点、时长。《网络安全法》规定运营商存储上网日志的时间不得少于6个月，各领域也有不同规定。另外，我国对跨境数据流的存储也有专门规定。特定信息服务组织需要存储用户个人信息的时长，在遵守法律法规的规定外，还要根据自己组织的规划和需要来确定。如根据本课题组的咨询，很多高校图书馆是由学校数字校园或智慧校园管理中心批量提供学生名单到图书馆信息系统中，待学生

毕业后，图书馆便将学生作为读者的所有借阅信息导入管理系统，设置访问权限，仅有极少部分管理系统人员有访问权限。长期存储和集中存储都有利于开展数据挖掘，但信息泄露风险也较大，需要慎重选择。

④加工和使用方面，在数字校园或智慧校园背景下，高校很多业务数据，包括图书馆、信息所的用户个人信息和用户使用信息服务的数据，都有可能被汇总到学校数字校园或智慧校园管理中心（通常是学校的信息网络中心），是否汇总成大数据以及是否进行大数据挖掘，也需要隐私保护官进行组织评估并决定。其他领域信息服务，很多采用云计算技术，集中汇集各信息服务机构的用户个人信息，同样也需要隐私保护官进行评估决定是否进行数据挖掘。

⑤其他方面，如用户更改、合作方分享、问题处理等，都需要进行明确规定。

隐私安全风险管理形式主要包括：制定战略规划、建设管理制度、发布隐私政策、监督合作机构、审核和支持业务活动，开展隐私影响评估、进行用户投诉管理、开展用户隐私保护官培训、跟踪相应法律法规标准的变化等。本书主要分析说明政策方面。上述管理内容首先要以政策形式表现出来，这里的政策包括面向用户的隐私政策和面向本机构及合作机构员工遵守的隐私安全风险管理政策。

①面向用户的隐私政策，语言表述应是用户明白易懂、符合用户隐私认知的，内容更要符合相关法律法规（隐私政策部分见本书第4章内容）。

②面向内部的管理政策，则需要注意，目前很多个人信息泄露是从内部发生的，需要通过制定政策改进内部用户隐私安全管理的权限和程序。如当很多信息服务活动和平台都需要收集用户个人信息时，应该安排专人负责收集，尽可能减少接触到用户个人信息的人员。要确保合作机构的用户隐私安全管理政策符合本机构的要求，这点随着合作项目、外包业务越来越多而日益重要。如第1.3.4小节中提到的，有些图书馆将用户个人信息采集和存储的工作直接让信息服务系统商家操作和管理，那么，图书馆就需要审核这些信息服务系统商的用户隐私安全管理政策是否与本组织的政策有冲突，如有冲突需要向这些商家提出修改要求。

（4）部署、监管和领导实施隐私安全风险管理

执行政策需要有规范的流程来落实和推进。隐私安全风险管理实施方案通常包括以下四个方面。

第一，统一思想，即建设组织机构用户隐私安全管理的风气和文化。如到信息服务组织参观时，经常会有人对信息服务场景进行拍照，在用户隐私安全管理氛围强的机构就有工作人员前来阻止，并告知拍照者要尊重读者肖像权和隐私权。目前有研究提出在人工智能时代保护读者隐私的重点是规范义务人（信息服务机构工作人员）的行为。❶统一思想的一个重要措施就是对组织员工进行用户隐私安全管理培训，增强保护用户隐私的意识、知识和能力。

第二，分解管理活动，即明确员工与岗位职责的匹配。这里需要隐私保护官与各业务部门进行沟通，对所有与用户个人信息有接触的人员制定用户隐私安全管理制度，使其承担相应责任。如对采购数据库的工作人员，要明确其与数据库商沟通的职责中包括确定数据库商的隐私政策符合本组织的要求；对开展阅读推广活动的工作人员，要明确其收集读者个人信息的范围和方式，明确其对读者个人信息保密的规定等。这部分内容也是隐私保护官对组织业务活动的支持，主要体现在提供用户隐私安全管理建议。

第三，组织准备，即构建用户隐私安全管理组织体系，包括人员和部门。对于收集、处理用户个人信息比较多的信息服务组织，可以构建一个比较完整的用户隐私安全管理组织体系，如第 3.2.1 小节分析的各种隐私保护官岗位类型，对于一个用户隐私安全管理工作任务不多的组织，很多岗位类型可以合并。通常应该有一个类似首席隐私官这样的职位；另外，很多组织需要用户隐私保护合规法律顾问这一角色；对于涉及信息系统技术方面的问题，还需要信息技术人员本身具备隐私保护技术。

第四，实施手段，即促进和监督用户隐私保护的实施。在促进方面可以通过对员工进行用户隐私安全管理意识和能力的培训，以及日常咨询服务实施；在监督方面可以通过阶段性检查、受理隐私泄露案件投诉等方式实施。

---

❶ 朱友好.人工智能时代读者个人信息保护模式的选择[J].图书馆学研究，2020（22）：53-58.

(5)参与隐私安全风险管理评估及对接监管部门和用户

通常,规模大的信息服务企业每年都会开展合规管理工作,进行合规评估。隐私安全风险管理是合规管理的一部分,或者与其密切相关的活动,需要参与单位的合规评估。在这种情况下,隐私保护官需要配合合规官,提交有关法律方面的隐私安全风险识别和评估报告及对应的风险管理方案,如果已有隐私安全风险事故发生,则需提交事故报告和善后处理报告。如果隐私保护官是评估人,还需要对本机构业务活动进行隐私法律合规审计,监督新技术和大数据使用的合规性。根据第 3.2.1 小节研究可知,目前有些机构是将隐私保护官作为合规官的一种,或者合规官本身承担隐私保护官的职责。

阿瓦祖(Awazu)等学者指出,隐私保护官是组织机构开展用户隐私安全管理活动对外的接触点。❶①与监管部门的对接,需要清晰、正确地理解监管部门的要求,同时需要准确、及时地向监管部门汇报本组织机构相应的措施及存在的问题。②与用户对接,包括受理用户有关隐私泄露的投诉,记录、跟踪、调查和阻止泄露继续发生,以及处理善后工作。如香港大学网站隐私政策写明个人资料保护官负责接收用户各种查询和修改个人信息的工作,负责接收用户对隐私保护的意见,承担用户与图书馆之间的沟通桥梁。❷与用户对接,应将联系方式清楚地显示在网站或软件上。2015 年霍利(L'hoiry)调研欧洲研究人员通过访问欧洲网站寻找个人数据控制者联系方式,平均要花费 4.5 分钟,通过互联网方式查询到数据控制者联系方式的成功率仅为 70%❸,整体效率较低,反映出目前对接用户方面各组织机构做得还很不到位。根据本课题组的调查结果(见第 4 章内容),凡是给出隐私政策的,基本都能做到将联系方式清楚地显示在网站上,一般放在隐私政策内容的最下面。只是目前信息服务组织发布

---

❶ AWAZU Y,DESOUZA K C. The knowledge chiefs:CKOs,CLOs and CPOs[J]. European management journal,2004,22(3):339-344.

❷ 香港大学图书馆. Privacy Policy Statement[EB/OL].[2019-01-01].https://lib.hku.hk/general/privacy.html.

❸ L'HOIRY X D,NORRIS C. The honest data protection officer's guide to enable citizens to exercise their subject access rights:lessons from a ten-country European study[J]. International data privacy law,2015,5(3):190-204.

隐私政策的行为还未普遍。为了减少人为因素产生的隐私安全风险，隐私政策中提供的联系方式最好是具体某个人的工作邮箱，而非信息组织单位的公用邮箱。

3.2.4　隐私保护官能力素质及知识与技能要求

信息服务机构建立隐私保护组织体系，制定隐私安全风险管理职责内容，需要配备合格的隐私保护官人才。本课题组以人力资源领域常用的 KSAO 模型为基础，分析隐私保护官的能力素质要求。这里，K 代表知识（knowledge）、S 代表技能（skill）、A 代表能力（ability）、O 代表其他要素（others），主要是指人的态度和个性。❶ 目前，领英平台招聘公告和美国 O*NET 系统的职业规范内容基本应用 KSAO 模型。

（1）能力与其他特质要求

对于成熟的职业，各国的职业分类系统中都会明确其关键能力要求。目前，O*NET 系统包含的相关职业有合规官、风险管理员、信息安全分析师、安全管理经理等。该系统提供了各个职业的能力、职业兴趣、工作价值和工作风格，后三项对应着 KSAO 模型中的 O（其他要素）。上述相关职业共同的能力主要包括问题敏感性、推理能力（演绎和归纳）、表达能力、理解能力、细节观察能力、分类灵活性和信息排序能力等。其他特质要求主要有注重细节、批判性思维、注重完整性和可靠性、独立性、主动性、合作性、抗压性、坚韧性等。

本书重点讨论专职的信息服务行业隐私保护官的管理职能，因此对第 3.2.1 小节提到的 1000 余条记录，进一步限定职位名称中包含"privacy"，或者"data"，或者"GDPR"，共得到 35 份有效统计。其中，高管、中高级、初级、助理、总监/主管各级别的招聘公告份数分别为 9、12、6、7 和 1。这些招聘公告对能力和特质的要求多种多样，语言表述各异。本课题组通过概念抽取，首

---

❶ 宋景琪. 以胜任力为基础的人力资源管理研究 [J]. 中国管理信息化，2015，18（12）：95.

先归纳出 86 种能力和其他特质概念，进一步进行概念提炼和归纳，得出 20 种能力（见图 3-2）。

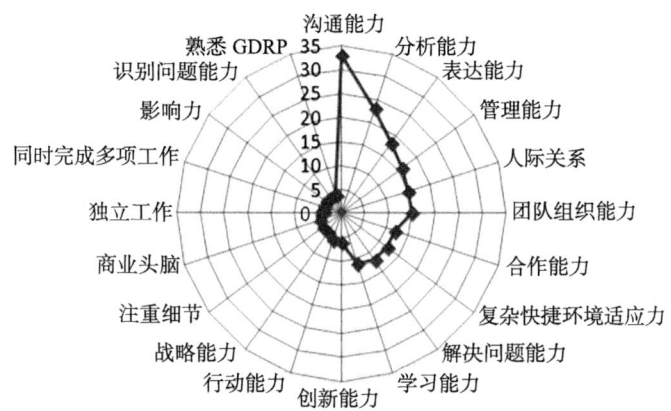

图 3-2　领英平台隐私保护官招聘信息所要求的能力类型及其出现频次

总体特点是：①对"沟通能力"都特别重视；②对高管层次和总监/主管层次还强调管理能力；③对中高级层次和助理层次还强调分析能力；④对初级层次比较看重表达能力。

本课题组将这些能力与 O*NET 中的能力和其他素质要求进行对比，发现两者都非常重视与人交流的能力和分析问题的能力。相对来讲，领英平台的招聘信息中更注重沟通能力，而对问题敏感性基本没有提及。从隐私安全风险管理视角来看，问题敏感性、解决问题的能力是非常重要的。另外，也有 4 份招聘信息比较注重隐私保护官的商业意识。

借鉴上述归纳的能力类型，并综合考虑第 3.2 小节内容，利用杨和查普曼的能力模型，即基本能力方面、认知理解能力方面、个人技能方面、人际能力方面、工作事务方面和其他方面❶，归纳分析国外隐私保护官的能力要求。其中，将"个人技能方面"放在前面进行总结，这里主要是按照其他 5 类进行划分：

---

❶ YOUNG J，CHAPMAN E. Generic competency frameworks：A brief historical overview[J]. Education Research and perspectives，2010，37（1）：1-24；杜瑞军，周廷勇，周作宇. 大学生能力模型建构：概念、坐标与原则 [J]. 教育研究，2017，38（6）：44-57.

①基本能力方面，主要包括表达能力（口头和书面）、应用技术能力等。

②认知理解能力方面，主要包括问题敏感性、推理分析能力、评估能力、信息管理能力、排序风险要素能力、解决问题能力、学习能力等。

③人际能力方面，主要包括沟通能力、协作合作能力、人际交往能力、关系管理能力等。

④工作事务方面，主要包括影响力、领导能力、培训能力等。这些能力有助于个人数据保护官提高其工作效率和质量，前两项能力更是高层位置的个人数据保护官所应具备的。培训能力是个人数据保护官实现其"使能者"角色的关键能力。

⑤其他方面，如个人特质，主要包括抗压能力、适应复杂和快节奏工作能力、时间管理、善于观察细节、独立性和正直感等。个人数据保护官的职责在性质上属于管控，经常会受到来自监管要求与业务发展两方面的压力。环境复杂，隐私法律风险存在于很多工作细节中。因此，不仅要具有解决问题的能力，还必须要能够承受住这些压力，对复杂和快节奏环境有很强的适应能力。

（2）知识与技能的要求

隐私保护官应具备的知识和技能，应当是以完成该职位职责为目标。根据第3.2小节内容，可以总结出隐私保护官应具备以下关键知识和技能：

①相关法律法规知识和行业规范知识。从风险管理角度，隐私保护官的核心职能是化解隐私法律风险，因此，法律知识和行业规范知识是其必备的专业知识。本课题组从领英平台收集到的首席隐私官招聘信息，绝大多数要求其拥有法律博士学位，足见法律知识是该职业最基础的知识要求。隐私保护官类型较多，多数类型并不需要专门具有法律学位，但掌握相关法律法规内容是必要的。

②外语知识。在互联网环境下，个人信息的主体用户很有可能遍及全球，需要隐私保护官处理不同国家客户或用户的隐私法律风险投诉，外语知识不可或缺，尤其是英语的听、说、读、写能力应当达到一定水平。

③信息技术知识和信息工具使用技能。目前，对个人信息的采集、存储和

处理更多是依赖信息技术和工具，掌握这些技术和工具的使用方法，隐私保护官能更敏锐地识别和分析隐私法律风险。

④管理知识及其他相关知识与技能。隐私保护官属于管理类职业，应当掌握基本的管理知识。另外，隐私保护官需要与业务部门沟通，合作开展用户隐私安全管理，应当掌握基本的行业知识，如信息服务行业的个人数据官应了解信息服务的业务知识，金融行业的隐私保护官应了解财务金融业务知识等。

上述这些知识内容，是将隐私保护官作为一个整体来规划的。隐私保护官有很多类型，在一个信息服务组织承担不同的任务，需要根据其承担的任务来确定其所需的技术与技能。例如，承担法律方面的隐私保护官，则要保证具备上述第①和第②方面的知识与技能；承担技术分析方面的隐私保护官，则主要需要具备上述第③方面的知识与技能，对其他方面要大概了解等。

3.2.5 隐私保护官职业认证和培训活动的发展

目前，出现了一些与用户隐私安全管理职业有关的专业性证书，用以衡量一个人是否具备隐私保护官的资质。如国际隐私专业协会（IAPP）的信息隐私专业认证（CIPP）、信息隐私经理认证（CIPM）和信息隐私技术专家认证（CIPT），国际信息系统审计协会（ISACA）的个人数据保护方案师认证（CDPSE），美国医疗行业认证和发布的保健隐私和安全认证（CHPS）和医疗信息与隐私安全员认证（HCISPP）等。

我国组织机构在规划隐私保护官的类型、职位、职责和能力素质要求方面，也在不断尝试和发展。

2018年5月在北京召开"第二届中国数据安全治理高峰论坛"。与会者表示希望新成立的"中国网络安全与信息化产业联盟数据安全治理委员会"开展（个人数据）安全人才能力认证工作。这种认证工作有利于培养权威性的隐私保护官人才。2019年中国信息安全测评中心获得开展"信息安全人员培训与资质认证"（CISP）的资格，在该认证体系下，推出项目注册信息安全专业人员—个人信息保护项目（CISP-PIP），该项目是对个人信息保护专业人员的能力认定。❶ 从2019年起，中国信息安全测评中心的个人信息保护专业人员考试中心开展CISP-PIP注册考试培训和考试，其内容主要包括国内外相关法律法规、相关标准规范与政策、数据安全防护体系建设与风险持续治理、案例分析（包括安全实践、合规关注点、隐私条款设计、风险应急处置等）、最佳实践（包括隐私保护实践、物联网隐私数据合规），经过培训和考试通过者，可以获得《数据保护官》证书。❷

另外，国外市场已开始出现提供DPO方案的咨询服务，如欧洲意见与销售研究学会提供的"ESOMAR加服务"包含这项内容。❸我国也可以开展类似咨询服务，从专业视角帮助各类组织机构设计自己的隐私保护官职责与任职要求。

从国内外学者相关研究和目前领英平台招聘公告现状来看，越来越多的组织机构认识到隐私保护官在防范隐私安全风险方面的作用，但参差不齐的招聘公告内容显示，仍有部分组织机构对隐私安全风险管控关注不够，过于强调对外沟通职责，实际是强调公关作用，这种现象值得深思。我国企业在设置隐私保护官时，对其职责的规划要注意加强隐私安全风险防范和管控的要求，这种要求是组织机构积极实施用户隐私安全管理措施的重要推动力。总而言之，作为一个新兴职业，隐私保护官在组织机构中充当什么样的角色、承担什么样的职责，以及需要什么样的知识结构和能力素质，都还需要通过实践和研究不断进行规划和完善，同时也非常需要国内外业界的经验交流和相互切磋。

本课题组采访过几位高校图书馆馆长，他们无一例外地表示，对读者的个人信息有专人（通常都是图书馆信息技术部的工作人员）负责，一般工作人员

---

❶ 左晓栋. 顺势而为，发展个人信息保护专业人员（CISP-PIP）资质测评体系[J]. 中国信息安全，2020（4）：39-40.

❷ 工业和信息化部电子工业标准化研究院培训中心.2019年9月—11月北京个人信息保护专业人员（PIPP）培养工程"数据保护官"研修班通知[EB/OL].（2019-08-07）[2020-10-12].http://www.cesi.cn/201908/5445.html.

❸ SMOUTER, KIM. Designating a data protection officer[J]. Research world, 2017（63）：38.

没有权限看到，学生毕业后的借阅信息会进入专门的管理系统，但没有专门针对用户隐私安全管理出台正式的管理制度，有些读者信息是存储在各种信息技术产品供应商那里。另外，根据调查统计，图书馆读者也表示"个人信息保护官对用户隐私保护顾虑有缓解作用，同时，用户对个人信息保护官的信任会促进其向图书馆提供必要的个人信息"❶。今后的发展应该将用户隐私安全管理工作形成正式的管理制度，以隐私保护官机制实现对信息用户隐私的保护。

3.3 小结

概括来讲，本章分别从信息服务行业层面和信息服务组织层面，分析了我国现有隐私保护措施及其不足，并对这些不足从管理维度提出了改进建议。

从信息服务行业层面研究个人信息保护管理措施，主要是研究隐私保护行业自律。行业自律是对法律法规滞后的一种弥补，也是一种辅助措施。通过文献收集和分析可知，目前相关的行业自律主要包括互联网行业规范、图书馆行业自律、图书馆对数据库商的行业自律要求等。各国隐私保护行业自律发展并不顺利，还需要加大这些方面的探索和应用。

从信息服务组织层面研究个人信息保护措施，本章主要讨论了隐私保护组织管理措施，具体从隐私保护官机制来研究信息服务组织内部用户隐私安全管理内容。目前我国设置有隐私保护官岗位的信息服务组织机构很少，但无论组织内部或是信息技术中心或是业务办公室人员，几乎都有不同程度承担用户隐私安全管理职责，在本书中也是将他们按照隐私保护官进行讨论，也即讨论的隐私保护官职责内容和能力要求，是对信息服务组织开展用户隐私安全管理的要求，是对从事用户隐私安全管理工作的各类人员提出的职责要求和能力要求。

---

❶ 窦珊珊. 图书馆个人信息保护专员职责研究 [D]. 保定：河北大学，2020：33.

第 4 章　面向用户的信息服务组织自律措施：隐私政策

隐私政策（privacy policy），也称隐私声明（privacy statement），是组织机构（或平台）与用户之间关于如何处理和保护用户隐私的声明性文件。

目前对隐私政策的研究，涉及隐私政策对网络服务用户的影响、隐私政策的原则与内容，以及隐私政策应用中的特点或问题等。如吴匡文（Wu）、格拉赫（Gerlach）等分别发现隐私政策对用户信任服务平台及提供个人信息意愿都有正向作用[1]；贝尔达德（Beldad）和罗德里-普里戈（Rodríguez-Priego）等发现年纪偏大的用户更有可能查阅隐私权声明[2]；周拴龙、顾理平等分别对特定信息服务网站隐私政策进行调查，发现普遍存在公开性较差、全面性不够、关键问题

---

[1] WU K W, HUANG S Y, YEN D C, et al. The effect of online privacy policy on consumer privacy concern and trust [J]. Computers in human behavior, 2012, 28（3）: 889-897; GERLACH J, WIDJAJA T, BUXMANN P. Handle with care: how online social network providers' privacy policies impact users' information sharing behavior [J]. The journal of strategic information systems, 2015, 24（1）: 33-43.

[2] BELDAD A, JONG R D, STEEHOUDER R. Reading the least read? indicators of users' intention to consult privacy statements on municipal websites [J]. Government information quarterly, 2010, 27（3）: 238-244; RODRÍGUEZ-PRIEGO N, VAN BAVEL R, MONTELEONE S. The disconnection between privacy notices and information disclosure: an online experiment [J]. Economia politica, 2016, 33（3）: 433-461.

模糊、制约功能弱等问题。❶ 总体来讲，隐私政策已有多方面的研究，但对信息服务组织隐私政策发布整体状况、合规性现状等调查不足，分析还不够深入。

4.1 隐私政策作用分析

隐私政策是通过网络平台发布的。网络运营者通过隐私政策告知用户其个人信息可能被搜集和使用的情况，以及自身使用个人信息时的免责条款，告知网络用户在使用该网络服务时的信息安全问题，以便与用户在隐私保护方面达成共识。❷

4.1.1 隐私政策的法律效力分析

隐私政策的法律效力，具体指隐私政策中的承诺和规定是否有合同效力。以下分别归纳学者观点、隐私政策指导性文件（标准）、实际隐私政策声明和司法案例的认定情况。

（1）法学学者的一些观点

目前我国法学学者对隐私政策法律效力有不同看法，较多倾向其具有合同性质。如王叶刚认为，"经用户同意的隐私政策将在用户与网络服务提供者之间成立合同关系，而未经用户同意的隐私政策属于纯粹的企业自律规则，无法在网络服务提供者与用户之间成立合同关系"❸；李延舜认为，隐私政策既具有合同属性，也具有社会属性，且隐私政策的合同属性应该让位于社会属性，同时，隐私政策亦是问责和执法机制的依据❹；高秦伟分析了近几年隐私政策合同说

---

❶ 周拴龙，王卫红. 中美电商网站隐私政策比较研究：以阿里巴巴和 Amazon 为例 [J]. 现代情报，2017，37（1）：137-141；顾理平，俞立根. 手机应用模糊地带的公民隐私信息保护：基于五大互联网企业手机端的隐私政策分析 [J]. 当代传播，2019（2）：77-80.

❷ 李延舜. 大数据时代信息隐私的保护问题研究 [J]. 河南社会科学，2017，25（4）：67-73，124.

❸ 王叶刚. 论网络隐私政策的效力——以个人信息保护为中心 [J]. 比较法研究，2020（1）：120-134.

❹ 李延舜. 我国移动应用软件隐私政策的合规审查及完善——基于49例隐私政策的文本考察 [J]. 法商研究，2019，36（5）：26-39.

和规制说的观点，认为隐私政策兼具合同与规则工具特性❶；王心阳认为"目前拥有大数据的无论是私主体还是公主体，都是通过合同（隐私政策）将这一不应当具有垄断权的信息给予高于法定权利的保护力度"❷，这里直接将隐私政策定位于"合同"。

（2）隐私政策指导性文件（标准）中的主要观点

在我国2020年修订的《个人信息安全规范》（2020版）中，"5.6 征得授权同意的例外"的g项"根据个人信息主体要求签订或履行合同所必需的"条款下，有个注解："个人信息保护政策的主要功能为公开个人信息控制者收集、使用个人信息范围和规则，不应将其视为合同。"这里的个人信息保护政策，也即本书所指的隐私政策。这个注解，直接认定个人信息保护政策不具有合同性。

（3）现实司法案例中的观点

根据文献介绍，目前法院相关裁定对隐私政策法律效力有不同观点。如高秦伟撰文介绍，2016年的一起案件，二审法院将原告与被告（小米平台）之间的用户协议和企业隐私政策均视为合同；2005年美国一家法院对原告起诉美国航空公司违反企业隐私政策系违反合同的主张予以认可；2004年的一起案子，美国一家法院认为企业隐私政策作为宽泛的声明并不构成合同条款。❸美国学者沃尔什（Walsh）等人撰文介绍："遵从行业自律而发布的企业隐私政策，并没有对企业违反（隐私）政策的责任进行定论，在相关起诉案例中，有法院认为企业隐私政策对企业不产生任何肯定的法律义务，不存在违约行为。"❹

（4）部分网站隐私政策的相关声明

考察我国高校图书馆数字资源采购联盟（Digital Resource Acquisition Alliance of Chinese Academic Libraries，DRAA）所引进的上百种数据库的隐私政策，2020年年底仅有两个数据库平台的隐私政策对其法律效力进行了说明，且否定

---

❶ 高秦伟. 个人信息保护中的企业隐私政策及政府规制[J]. 法商研究，2019，36（2）：16–27.

❷ 王心阳. 论个人信息权的法律属性及立法保护思考[J]. 科技与法律，2016（6）：1120–1133.

❸ 高秦伟. 个人信息保护中的企业隐私政策及政府规制[J]. 法商研究，2019，36（2）：16–27.

❹ WALSH D, PARISI J M, PASSERINI K. Privacy as a right or as a commodity in the online world: the limits of regulatory reform and self-regulation[J]. Electronic commerce research，2017，17（2）：185–203.

其隐私政策具有合同属性。这两个平台分别是英国化学学会数据库平台（以下简称"RSC平台"）和Springshare出版集团的数据库平台（以下简称"Springshare平台"）。RSC平台隐私政策明确写道"本声明不是合同，也不产生任何法律权利或义务"❶；Springshare平台隐私政策明确写道"在法律允许的范围内，Springshare不对与本隐私政策有关的任何直接、间接、特殊、附带、后果性或惩罚性损害承担责任"❷，此声明直接否认隐私政策对Springshare平台具有法律约束。其他平台的隐私政策对此都没有说明，隐私政策是否有合同效应，存在很大模糊性。

（5）总结：不同隐私政策，其"合同"属性不同

根据前面分析可以看出，法学学者多认可隐私政策具有"合同"属性；实践者也即隐私政策颁布主体，不认可隐私政策具有"合同"属性；由众多实践者参与的隐私政策指导性文件，也多偏向隐私政策不具有"合同"属性的观点。从利益角度来分析，平台隐私政策颁布主体并不想给自己施加约束；各法院做法还很不一致。总体来看，目前国内外都还没有对隐私政策"合同"属性予以确认。

目前有关保护用户隐私的内容，有的仅放置在没有设置"同意"勾选选项的隐私政策中，有的则放置在设置"同意"勾选选项的用户注册协议中，主要是对前者的合同属性有争议，后者因有用户签约属性，具有很强的合同属性。

4.1.2 发展隐私政策的意义

信息用户使用互联网信息服务平台，用户个人身份信息和行为信息必然会在平台上留存，无论是法律要求（如《网络安全法》对网络日志保留半年的要求），还是利益驱动，很多平台会收集和利用这些个人信息。但这些平台处

---

❶ Royal Society of Chemistry. Privacy statement [EB/OL]. （2020-01-02）[2020-04-03]. https://www.rsc.org/help-legal/legal/privacy/.

❷ Springshare.Springshare privacy policy [EB/OL]. （2018-10-28）[2020-04-03]. https://springshare.com/privacy.html.

理个人信息的类型和方法并不透明。面对层出不穷的隐私泄露案件,用户产生不安情绪不难理解。已有研究指出,"网站平台隐私政策可以缓解这些问题,如果它们明确无误地传达数据收集、使用或共享的时间、方式和目的"❶,"对于依赖数据货币化的公司来说,隐私政策是一个微妙的管理概念"❷,"隐私政策的披露同访问量存在显著正相关的关系"❸,"隐私政策的内容与信任有着显著关系"❹等。归纳起来,隐私政策的作用主要体现在以下两个方面。

第一,对收集个人信息的信息服务平台有制约作用。信息服务平台隐私政策声明具有承诺性质,为了不违背这个承诺,平台运营者必然给自己施加压力,整改用户个人信息收集和利用策略,加强用户隐私安全保护,培养员工用户隐私安全管理意识和能力。

第二,提高用户对信息服务平台隐私安全管理的信任。在个人信息处理方面,用户与信息服务者之间存在信息不对称现象。信息服务平台收集哪些用户个人信息,如何收集、如何加工利用等,若无隐私政策,则用户对此一无所知,更谈不上信任。隐私政策将用户关心的这些事项公开告知,可向用户传递平台能够安全保护用户隐私的信号。

概括而言,隐私政策对信息服务平台具有一定约束作用,同时也具有一定宣传和营销作用。从这两方面来看,目前隐私政策在实际应用中还存在不少问题,如发布数量少,措辞有虚化和不实营销现象等。❺

---

❶ POLLACH I. A typology of communicative strategies in online privacy policies: Ethics, power and informed consent[J]. Journal of business ethics, 2005, 62(3): 221-235.

❷ GERLACH J, WIDJAJA T, BUXMANN P. Handle with care: how online social network providers' privacy policies impact users' information sharing behavior[J]. The journal of strategic information systems, 2015, 24(1): 33-43.

❸ 冯洋. 从隐私政策披露看网站个人信息保护——以访问量前500的中文网站为样本[J]. 当代法学, 2019, 33(6): 64-74.

❹ ANTHONYSAMY P, GREENWOOD P, RASHID A. Social Networking Privacy: Understanding the Disconnect from Policy to Controls[J]. Computer, 2013, 46(6): 60-67.

❺ MULDER T, TUDORICA M. Privacy policies, cross-border health data and the GDPR[J]. Information & communications technology law, 2019, 28(3): 261-274; 蔡星月. 数据主体的"弱同意"及其规范结构[J]. 比较法研究, 2019(4): 71-86.

4.2 信息服务平台隐私政策合规分析框架的构建

隐私政策合规分析，是分析和判断隐私政策内容和形式是否符合相应法律法规和行政监管的要求，发现其中存在的问题，防止隐私政策流于形式，更防止隐私政策成为平台侵犯用户隐私权益的手段。本节主要依据我国现行法律法规研究信息服务平台隐私政策合规分析的内容结构，对开展国外信息服务的平台，增加考察是否符合 GDPR 要求的内容。

根据我国国家标准《合规管理体系　指南》（GB/T 35770—2017）❶ 的定义，合规是指履行组织机构全部的、有义务遵守的以及组织选择遵守的、明示的、通常隐含的，或有义务履行的需求或期望。其中，①组织机构有义务遵守的被称为"合规要求"，组织机构自己选择遵守的被称为"合规承诺"；②明示的内容具体包括诸如法律法规、政策、行业规则、内部准则等文件化信息中明示的要求，隐含的、不言而喻的内容主要包括社会惯例和道德行为等要求，对隐含的内容、法律实践常以"公序良俗"作为重要判断依据。

本书仅分析信息服务组织所发布的隐私政策内容与形式的合规性，故仅考察其隐私政策本身是否符合其有义务遵守的合规要求。

现有文献给出了隐私政策多种分析维度，在内容上有重复或交叉。如王小夏提出的隐私条款内容、展示方式和征得用户同意方式，其中展示方式和征得用户同意方式在姜盼盼提出的隐私政策可读性和可见性上有体现；贝尔达德（Beldad）提出的"隐私政策与法规的一致性"对应王小夏提出的隐私政策条款，贝尔达德提出的隐私政策可用性和可查找性对应姜盼盼提出的"隐私政策可读性和可见性"等。❷ 概括而言，对隐私政策内容的分析，主要是分析其可读性

---

❶ 已由 2022 年 10 月 12 日发布的《合规管理体系　要求及使用指南》（GB/T 35770—2022）代替。

❷ 互联网天地编辑部. 2018 中国互联网大会个人信息保护论坛 [J]. 互联网天地，2018（7）：84-87；姜盼盼. 图书馆隐私政策合规性的依据与标准 [J]. 图书馆建设，2019（4）：79-86；BELDAD A D, MD JONG, STEEHOUDER M F. When the bureaucrat promises to safeguard your online privacy: Dissecting the contents of privacy statements on Dutch municipal websites[J]. Government information quarterly, 2019, 26（4）: 559-566.

及与法律法规的契合度；对隐私政策形式的分析，主要是分析其运用的便利性或可用性。另外，不少人认为"用户同意"是决定隐私政策内容法律效力的关键，因此本书将"用户同意"元素单独列出来分析。

最后形成的隐私政策合规性分析内容主要有以下四个方面：

◎ 隐私政策条款内容：内容主题类型，内容与规则的契合度等；
◎ 隐私政策展示方式：媒介的可见性，位置，名称等；
◎ 收集和使用个人信息的同意选项设置：是否有，同意方式等；
◎ 个人敏感信息和未成年人个人信息的隐私政策特殊规定。

以下按照这四个方面分别进行阐述。

4.2.1 隐私政策条款内容合规分析

我国学者李延舜、杨中行和蔡洪侠等，认为隐私政策内容包括：隐私政策发布主体对个人信息的收集、使用、保存、共享、保护等方面的权利与责任，个人信息主体对被收集的个人信息访问、更正和注销等方面的权利，以及信息安全、联系方式、免责声明、未成年人隐私保护规定等。❶我国《个人信息安全规范》（2020版）内容项包括前述文献提出的所有隐私政策内容。因此，本书针对我国信息服务组织隐私政策进行合规分析时，主要参考《个人信息安全规范》（2020版）给出的内容项。《个人信息安全规范》（2020版）是对我国个人信息保护相关法律法规落地实施的一个规范，其发布时间早于《个人信息保护法》和《民法典》，因此需要进行对照补充。另外，考察现有一些信息服务机构隐私政策发现，有些提到"免责声明""本机构权利"等。本书认为，隐私政策提到的收集、使用等行为，本身就代表隐私政策发布主体的权利，同时，"免责声明"也是需要根据法律法规来定的，因此本章在分析时没有加入这两项内容。

---

❶ 李延舜. 我国移动应用软件隐私政策的合规审查及完善——基于49例隐私政策的文本考察[J]. 法商研究，2019, 36（5）：26-39；杨中行. 我国政务App隐私保护政策研究——基于全国省级政务服务客户端隐私声明的调查[J]. 新闻研究导刊，2020, 11（2）：225-227, 229；蔡洪侠. 从企业角度简述个人信息数据合规[J]. 法制博览，2019（12）：200, 203.

我国现有文献研究了部分国外信息服务组织隐私政策，发现其包含的内容与我国《个人信息安全规范》（2020 版）规定基本一致，只是个别项目有出入，如英国大学图书馆隐私政策包含有"数据可携权"❶，美国信息标准组织（National Information Standards Organization，NISO）的隐私原则（privacy principles）有"网站分析""支持匿名使用""持续改进及问责"和"隐私政策与实践告知"等项目❷，这些项目与我国《个人信息安全规范》（2020 版）不是完全对应。这种情况说明，进行合规分析时，要考虑信息服务平台服务对象的国别属性，当服务对象是国外用户时，需要考虑用户所在国家的法律法规和相关规则。

根据《个人信息安全规范》（2020 版）及本书对个人信息处理活动阶段的划分，隐私条款内容合规分析框架如表 4-1 所示。这里增加"惩罚措施"，正如郭（Kuo）所指出的，"惩罚确定性、检测确定性和主观规范能够显著降低（组织机构成员——作者当时指的是医院的护士）违反既定隐私政策的意愿"❸。

在个人信息收集类型及加工处理方面，主要考察个人敏感信息处理是否合规。信息服务平台可以记录大量个人查询行为信息，包括查询的内容，很多人并不希望别人知道自己查看过什么内容（即存在阅读隐私），如病人或家属不希望无关人员知道自己查询了什么信息。因此，信息服务平台应当注意，在通过数据挖掘分析用户个人信息行为特点的类型中，个人查询内容也属于个人敏感信息。

衡量隐私政策条款内容是否合规，主要是看：①有没有法律法规规定的条款内容；②表达是否清楚；③表述的内容是否合规。表 4-1 各项内容其合规要求对应我国相关法律法规和政策（见第 1 章的介绍）❹；如果涉及国际信息服务，则遵守 GDPR 要求。

---

❶ 宛玲，霍艳花，马守军. 英国大学图书馆网站个人信息保护政策文本分析及启示 [J]. 图书情报工作，2016，60（12）：62-68.

❷ 冯昌扬. 政府开放数据门户网站隐私政策比较研究 [J]. 数字图书馆论坛，2016（7）：52-56.

❸ KUO K M，TALLEY P C，HUNG M C，et al. A Deterrence Approach to Regulate Nurses' Compliance with Electronic Medical Records Privacy Policy[J]. Journal of medical systems，2017，41（12）：198.

❹ 2020 年设计表 4-1 框架及 4.2.2-4.2.5 章节内容分析要求时，我国《个人信息保护法》还未出台，主要依据当时我国相关法律法规和《个人信息安全规范》（2020 版）及 GDPR。目前按照《个人信息保护法》检查表 4-1 和 4.2.2-4.2.5 章节内容分析要求，结果显示不违背我国《个人信息保护法》。

表 4-1 信息服务平台隐私政策条款内容合规分析框架

一级内容项	二级内容项	合规考察点
保护个人信息的原则	个人信息保护原则	分别从合法、正当、必要和诚信等方面进行考察
个人信息收集、使用、加工、存储和数据质量维护（以隐私政策发布主体内部行为为主）	个人信息收集	分别从收集目的、收集方式、收集内容等方面进行考察；特别要考察是否明示信息收集活动时需要遵循的原则
	个人信息使用	分别从使用主体、使用目的、使用方式、使用内容等方面进行考察
	个人信息加工	分别从加工主体、加工内容、加工方式、加工地点等方面进行考察；特别要考察对自动化决策项目的描述内容
	个人信息数据质量	分别从防止毁损、补救措施、数据完整性和准确性、数据更正和补充、告知用户等方面进行考察
	个人信息存储	分别从存储主体、存储目的、存储地点、存储时长和存储方式等方面进行考察；特别要考察是否说明确保个人信息保存的安全性
个人信息的传播、共享、转让和委托处理（关系到第三方的行为）	个人信息传播（公开披露）	分别从个人信息保密保证、个人信息脱敏说明、公开披露的前提条件等方面进行考察
	个人信息共享	分别从共享主体、共享目的、共享内容和共享方式方面进行考察；特别要考察是否存在法律法规禁止的分享内容
	个人信息转让	分别从转让原因、转让目的、转让主体、转让安全性等方面进行考察
	个人信息委托处理	分别从委托处理原因和目的、被委托主体、委托处理内容和方式等方面进行考察
用户的权利	用户的权利	分别从：(a) 收集前的收集利用知情权，(b) 收集时同意与拒绝权，(c) 收集后的查阅权、复制权（索取个人信息副本权）、更正和补充权、撤回授权同意、注销账户权、获得解释权、删除权（被遗忘权）*、限制处理权*、约束自动化决策权*、数据可携权*、申诉等个人信息权利方面进行考察；(d) 另外还考察是否描述有用户请求网络服务者制止侵权继续的权利（请求制止权）
特殊事项	Cookies 技术说明	分别从是否使用 Cookies 技术、是否提供禁用 Cookies 的操作说明、是否说明禁用 Cookies 产生的后果等方面进行考察
管控事项	隐私政策修订	分别从更新内容、更新时间、更新通知等方面进行考察；特别考察隐私政策是否根据最新法律法规进行更新
	安全事件告知和处置	分别从通知用户隐私安全事件是否及时、信息组织机构联系方式、用户补救措施等方面进行考察
		分别从控制者向监管机构告知泄露情况是否及时、告知的具体内容、告知的时间和延迟理由等方面进行考察
	安全管理要求和惩罚措施	分别从安全管理要求、对自己违规行为及处罚的说明、对其他组织或个人侵犯本组织所收集个人信息的管控说明、管控失职的处罚等方面进行考察

表 4-1 中，用户权利项目中带 * 的权利项，是根据 2021 年年底出台的《个人信息保护法》新增加的，在《个人信息安全规范》（2020 版）中没有或者含义差别较大。如 2020 年 5 月出台的《民法典》规定了个人信息主体的"删除权"，其第 1037 条规定"自然人发现信息处理者违反法律、行政法规的规定或者双方的约定处理其个人信息的，有权请求信息处理者及时删除"。《个人信息安全规范》（2020 版）的规定遵守了《民法典》的要求。而 2021 年年底出台的《个人信息保护法》减弱了此"删除权"的前提限制条件，其第 47 条规定"有下列情形之一的，个人信息处理者应当主动删除个人信息；个人信息处理者未删除的，个人有权请求删除"，规定了 5 种情形，其中后两种情况同《民法典》的要求，前 3 种情况是新增的，包括"（一）处理目的已实现、无法实现或者为实现处理目的不再必要；（二）个人信息处理者停止提供产品或者服务，或者保存期限已届满；（三）个人撤回同意"。

另外，GDPR 也规定了表 4-1 中用户的各项权利，但有的在含义上有一定差别。如数据可携权（Right to data portability），GDPR 第 20 条规定该权利包含 3 项权利内容，即"首先，有权从数据控制者处获得结构化、通用化和可机读形式呈现的个人数据；其次，有权将该数据转移给其他数据控制者而不受原数据控制者的阻碍；最后，有权在技术允许情况下要求该数据控制者直接将上述数据转移给另一个数据控制者"❶。我国《个人信息保护法》第 45 条规定"个人请求将个人信息转移至其指定的个人信息处理者，符合国家网信部门规定条件的，个人信息处理者应当提供转移的途径"。这个规定对应"数据可携权"，但对其权利描述还不具体，且有前提条件。因此，涉及跨境信息服务的隐私政策，也需要注意符合 GDPR 的规定。

---

❶ COUNCIL OF THE EUROPEAN UNION. GDPR Art. 20 Right to data portability[EB/OL].[2020-11-20]. https://gdpr-info.eu/art-20-gdpr/；中文翻译引用自：高富平，施佳倩，王文祥. 欧盟《统一数据保护条例》评析 [M]// 高富平. 个人数据保护和利用国际规则：源流与趋势. 北京：法律出版社，2016：117-143.

4.2.2 隐私政策展示方式合规分析

2020年6月在中国裁判文书网（http://wenshu.court.gov.cn）检索"隐私政策"，再从检索结果页面左边关键词聚类栏中找到"协议无效（20）"链接，点击查阅这20份文书内容，发现全部都是判决用户服务协议和隐私政策中提到的管辖协议内容无效，理由都是管辖协议内容展示方式没有起到提醒用户注意条款内容的作用。

我国多项法律规定，运营者应明示收集、使用个人信息的目的、方式和范围。例如，《网络安全法》规定"第四十一条　网络运营者收集、使用个人信息，应当遵循合法、正当、必要的原则，公开收集、使用规则，明示收集、使用信息的目的、方式和范围，并经被收集者同意"；《个人信息保护法》规定"第七条　处理个人信息应当遵循公开、透明原则，公开个人信息处理规则，明示处理的目的、方式和范围"。"明示"的作用，是方便个人信息主体获取隐私政策中有关收集使用个人信息的目的、方式和范围，从内容上讲，就是要实现个人信息主体的"知情权"。"展示方式"的"知情"标准，并不像隐私条款内容合规分析那么清楚，带有一定主观性，因此本书借用一些理论来确定"知情"的衡量标准。

（1）展示方式合规性分析理论支持

合规要求中的"明示"是对隐私政策展示的一项规范要求。明示，包括两种含义，一是要让用户容易看到，一是要让用户容易理解，即要求隐私政策的展示方式应利于用户可见和可读。

①信号传递理论（Signalling Theory）的运用。信号传递理论起源于经济学，20世纪70年代由美国经济学家斯宾塞（Spence）提出，用来解释组织如何通过信号传递来解决信息不对称问题。该理论认为，信号从内容角度可分为质量信号和意图信号，以传递组织内部的能力特征和组织行为或行为意图。❶

---

❶ 夏清华，何丹. 政府研发补贴促进企业创新了吗：信号理论视角的解释 [J]. 科技进步与对策，2020，37（1）：92-101.

信号传递理论，可以解释和衡量隐私政策向用户传递其内部隐私保护的程度及收集和使用用户个人信息的方式。目前不少隐私政策在语言表达上冗长晦涩，在展示方式上隐秘不显著，没有向用户有效传递出信息服务组织如何保护隐私的信号。而衡量展示方式的合规性，其一就是要衡量展示方式是否能进行有效的信号传递。

②可用性原则（Usability）的运用。根据ISO标准《具有可视化显示终端的办公室工作中人体工程学》第11部分"关于可用性的指导"的规定，可用性是指特定用户对所用产品在某一特定使用范畴内有效、高效和满意地实现预期目标的程度；其衡量指标包括有效性、效率和满意度。❶这里实际涉及容错度。信息服务平台属于互联网产品，隐私政策作为信息服务平台运营支撑内容，是互联网产品中的一部分，因此，可以运用产品可用性原则，具体是可运用网站可用性原则。具有"可用性之王"称号的尼尔森（Jakob Nielsen）博士提出，网站可用性是由可学习性、可记忆性、使用时的效率、使用时的可靠程度（出错率）和用户的满意程度五个因素决定的。❷运用可用性理论分析隐私政策展示方式合规性，其内容主要包括：

◎ 用"有效性"衡量展示方式的可见性，如是否能找到隐私政策；

◎ 用"效率"衡量展示方式可见性和可读性方面的时间效率，如是否能快速、省力地找到隐私政策，以及快速阅读完和理解隐私政策内容，在网站设计领域普遍认可用户浏览网站不会阅读而会扫视、网站用户是没有耐心的，在这种用户行为特征下，就要衡量隐私政策的展示是否便于用户的扫视；

◎ 用"满意度"衡量用户对展示方式可读性的主观满意程度，如所提供的展示方式和展示媒介，包括标题位置和名称，是否让用户在查找和使用过程中没有感到不适，是否容易出错，或者是否便于容纳用户的点击出错或后退需求等。

---

❶ ISO.具有可视化显示终端的办公室工作中人体工程学第11部分：关于可用性的指导：ISO 9241-11[S/OL].[2020-07-11].https://www.doc88.com/p-0062375085464.html.

❷ 周晓英，宛玲.信息资源管理[M].北京：首都经济贸易大学出版社，2012：133-134.

③信息构建（Information Architecture，IA）理论的运用。"信息构建"最早是由美国建筑学家 Riehard Saul Wurlnan 于 1976 年在建筑设计方面提出的。应用到网络平台，其构建元素主要包括网站的信息组织、导航系统、标签系统、索引和检索系统。❶引用信息构建理论评价隐私政策，主要是评价其导航系统和标签系统，其中导航系统的设计应该便于用户发现和进入隐私政策页面，标签系统的设计应该便于用户发现和理解隐私政策内容，便于用户的扫视，提高使用效率。

（2）展示方式合规性分析框架

现有文献中，姜盼盼提出图书馆网站隐私政策可见性和可读性的分析包括隐私政策版本形式（完整版、精简版、外文版）、有无摘要、专业术语概念界定、用词缓和性等❷；孟霞认为移动终端 App 隐私政策分析项目涉及政策的独立性、提示时机、名称、切屏次数、历史版本展示、要点摘录、术语解释等。❸根据本章所述理论及已有文献的研究，同时参考《个人信息安全规范》（2020版）表 C.1 续，这里分别对隐私政策的版本形式、媒介类型、位置、导航、链接、标签、文本等进行可用性分析，分析内容详见表 4-2，分析中进一步引用信号传递理论和信息构建理论。

表 4-2 信息服务平台隐私政策展示方式合规分析框架

一级内容项	二级内容项	二级内容项的解释
版本形式和媒介	隐私政策	有/无
	隐私政策独立性	独立，包含在综合性政策，包含在其他政策
	多种版本	完整版，较完整版，要点摘录，概括型，术语解释
	多种媒介：语种	中文版，加外文版文本
	多种媒体	文本，视频，音频，其他
	字体	字形，字号，字颜色（是否有标题，是否突出）

---

❶ 周晓英. 信息构建（IA）——情报学研究的新热点 [J]. 情报资料工作，2020（5）：6-8.

❷ 姜盼盼. 图书馆隐私政策合规性的依据与标准 [J]. 图书馆建设，2019（4）：79-86.

❸ 孟霞，岳鹏宇. 移动终端 App 隐私政策内容分析 [J]. 山西师大学报（社会科学版），2018，45（6）：47-54.

续表

一级内容项	二级内容项	二级内容项的解释
位置与超链接	位置（包括展示时机）	显著性：页面位置；网页访问深度
		阻挡性：下一步操作的阻止；默认选项
	链接	有效链接，超链接显示但无效，超链接有效但无有效内容，无超链接
信息构建（导航、标签和检索系统）	导航系统	有/无，可用性（导航系统类型、文内导航、导航深度等）
	标签系统（标题系统）	有/无，可用性（标签颗粒度、标签命名、标签版面形式等）
	检索系统	有/无，可用性（位置，性能等）
内容变更通知	变更通知	有/无，可用性（通知内容，通知方式等）

根据信息构建理论，隐私政策位置与其超链接属于信息构建四大要素中的信息组织要素。互联网平台导航系统、标签系统和检索系统是影响平台可用性的四大要素中的三大要素。

（3）版本形式和媒介形式合规分析内容

第一，评估隐私政策版本形式及其呈现形式（是否独立的视角）。根据信号传递理论，隐私政策版本尤其是独立隐私政策版本，是网络信息服务者向用户传达其保护用户隐私的信号，即使用户不阅读隐私政策，也能削弱其对信息服务者可能会泄露用户隐私的担心。本课题组曾在多个研究生班级询问学生对隐私政策的看法，学生们基本表示没有看过，但认为应该有隐私政策。这种"有"实际上就是一种信号传递。隐私政策呈现形式不同，会有不同的信号传递效果，从目前收集的网站隐私政策来看，隐私政策有三种呈现形式：独立政策、包含在综合性政策的非独立政策、包含在其他政策的非独立政策。这三种形式的隐私保护信号传递效果依次降低。从可用性角度来讲，如可记忆性、使用时的可靠程度等，三种呈现形式的效果也是依次降低。

第二，评估版本种类及数量。有研究表明，简短的隐私政策可读性强，但这种可读性与合规性呈负相关，因为简短的文本往往缺乏详细的信息。[1] 从内

---

[1] GINOSAR A, ARIEL Y. An analytical framework for online privacy research：What is missing?[J]. Information & management, 2017, 54（7）：948-957.

容详细程度进行划分,隐私政策版本类型有完整的隐私政策版本、可快速掌握内容的精简版本和要点摘录(摘要)版本三种类型,进一步还看是否对重点术语有解释或定义。完整独立的隐私政策向用户传达个人信息收集、使用和处理方面的信息及保护用户隐私的承诺,根据信号传递理论和可用性原则,是最有利于削弱信息不对称现象的。然而,仅有完整版本还不够,现实中用户查阅网络信息,常是扫视而非阅读❶,面对长篇大论、晦涩难懂的完整隐私政策,很少有用户能够耐心读完,甚至不去阅读❷,即便阅读,因为内容太多、语言晦涩,也不便于用户掌握。所以,还应该根据网站可用性理论,提供更有利于扫视的替代版本,即精简版、要点摘录及术语解释等,帮助用户记忆、理解和减少使用出错率等。现有研究中已有研究发现内容翔实具体、篇幅适中、表述亲切浅显的隐私政策的用户阅读率更高。❸

第三,评估媒介形式的易用性。内容主要包括三个方面:①评估语种。需要评估其内容是否以用户母语为主,以及跨境信息服务的平台是否还有其他语种版本。②评估媒体。评估其内容是否有文字文本形式,以及在此基础上是否还有其他辅助的绘图文本形式、视频形式或音频形式等。虽然有学者提出酒店网站视频形式的隐私声明更有助于提高用户的信任❹,但从效率角度来看,文本形式最节省时间和流量,且又以文本形式传递信号更多、更准和更快,所以应当以文本形式隐私政策为主。但视频等其他媒介形式具有生动形象的特点,也能够增强记忆,因此可以作为辅助形式。特别是音频形式,有助于视力较差用户的使用。另外,也有文章认为,隐私政策图标比隐私政策文本更能吸引眼

---

❶ 留卧龙. 如何提升网站可用性 [EB/OL].(2019-03-03)[2020-07-20]. https://www. jianshu. com/p/679b515f7f8d.

❷ MULDER T, TUDORICA M. Privacy policies, cross-border health data and the GDPR[J]. Information & communications technology law, 2019, 28 (3): 261-274.

❸ 朱侯,张明鑫,路永和. 社交媒体用户隐私政策阅读意愿实证研究 [J]. 情报学报, 2018, 37 (4): 362-371.

❹ LEE H A, AU N, LAW R. Presentation formats of policy statements on hotel websites and privacy concerns: a multimedia learning theory perspective[J]. Journal of hospitality & tourism research, 2013, 37 (4): 470-489.

球。❶ 但隐私图标主要起到隐私标签的作用，无法代替隐私政策文本。③评估不同展示时机的媒介适用性。主要是评估展示关键内容或在关键时间点展示时，是否采用了诸如弹窗或上下部展示条等有助于提醒用户注意的媒介方式，具体可以引用《个人信息安全规范》(2020版)附录C中的样式。❷

第四，评估字体的显著性。主要评估字体的字形、字号和颜色是否具有提醒作用，需要和周围字体、色彩进行对比评估。具体需要考察字体是否过小过密，字形、字号和颜色是否模糊不清，与周围字体相比是否具有凸显效果等。

另外，有学者研究隐私政策文本的可读性，例如，在实验中以完形填空的形式来测试受试者对网站隐私政策内容的理解程度，测试结果显示现有的隐私政策很难理解。❸ 这种研究更多偏向于语言学视角，本书研究范畴未包括这一部分内容，但这种研究结果能够作为要求信息服务组织提供简洁版本隐私政策的一个依据。

（4）隐私政策位置的合规性评估

隐私政策位置合规性评估主要包括以下两个方面。

第一，位置显著性，是指隐私政策及同意选项空间位置是否显著，是否真正起到信号传递作用以保证隐私政策的可用性。具体可考察：①各种类型隐私政策在网页中的位置。根据网站可用性中的效率、用户满意度和可记忆性因素，隐私政策内容不宜放在耗费力气才能找到的地方，如不得不下拉网页滚动条较长距离、非常规导航区等位置。②网页访问深度（即需要链接多次才能到达隐私政策内容）。网页访问深度大，会减弱用户访问效率和满意度，不利于用户对

---

❶ SHENG X, FELIX R, SARAVADE S, et al. Sight unseen: The role of online security indicators in visual attention to online privacy information[J]. Journal of business research, 2020, 111: 218-240.

❷ 见2020版《个人信息安全规范》附录c.3a：a在基本业务功能开启前（如个人信息主体初始安装、首次使用、注册账号等），应通过交互界面或设计（如弹窗、文字说明、填写框、提示条、提示音等形式），向个人信息主体告知基本业务功能所必要收集的个人信息类型，以及个人信息主体拒绝提供或拒绝同意收集将造成的影响。

❸ SINGH R I, SUMEETH M, MILLER J. A user-centric evaluation of the readability of privacy policies in popular web sites[J]. Information systems frontiers, 2011, 13(4): 501-514.

隐私政策位置的记忆。目前 App 软件这方面的问题较多，我国专门出台《App 违法违规认定方法》，明确规定"进入 App 主界面后，需多于 4 次点击等操作才能访问到"的隐私政策，属于"未公开收集使用规则"。各类网站功能不同，内容很多，不可能都将网站页面最突出位置给隐私政策，这时候要注意将精简版本放置在更明显处，不应频繁弹出全文版本干扰用户等。

第二，位置阻挡性，是指空间位置是否具有阻挡下一步操作的功能，以尽可能保证用户客观上能看到、主观上不忽略隐私政策或授权同意选项。具体包括正负效应两方面：①正面效应是指隐私政策的位置应该具有进入下一步的阻挡性，以保证用户阅读完隐私政策或进行授权同意。例如，国家知识产权局专利检索平台首页，有简短隐私政策内容和授权同意选项，不点击这个选项则无法进入检索页面。另外，银行理财页面的显示方式也可以借鉴，即对理财产品的介绍有最少展示时间，不到时间，点击按钮是灰色无效的。②负面效应是指隐私政策的展现位置有可能造成干扰，从而降低了用户的使用满意度和效率。因此要区分用户首次进入网站和多次进入网站的不同，不能用隐私政策位置的阻挡性来频繁阻挡用户。对于阻挡性的评估，也需要考察授权同意或询问隐私政策是否阅读的选项按钮是不是默认勾选，默认勾选虽然可以提高用户使用网站的效率，但会严重削弱隐私政策位置的阻挡性。

（5）隐私政策超链接的合规评估

隐私政策内容依赖链接指引给用户。早期网络平台常出现超链接无效或错误现象。在不断强调用户体验、网络可用性氛围下，这种现象越来越少，但针对隐私政策这种属于管控而非直接带来经济效益的内容，还是会出现超链接无效或错误现象，影响用户对隐私政策的阅读和理解。目前对超链接提出具体要求的有《个人信息安全规范》（2020 版）的表 C.1 说明的第 14 条 "应明示个人信息保护政策的链接，以便个人信息主体查阅"。

根据超链接本身的特性及网站维护者和系统的问题，互联网超链接一般会出现的状况如图 4-1 所示。

第4章 面向用户的信息服务组织自律措施：隐私政策

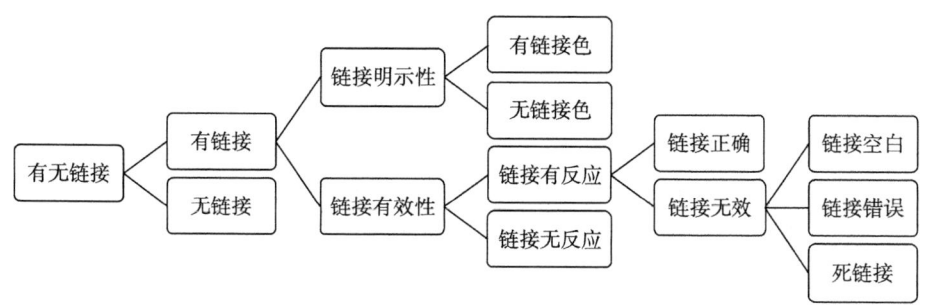

图 4-1 隐私政策超链接效用类型图

图 4-1 形成的分析要素包括无链接、有链接色、无链接色、无反应、链接正确、链接空白、链接错误和死链接等。①无连接，是指有隐私政策内容但在主页或开始收集利用个人信息的页面没有对隐私政策内容进行超链接设置，该部分合规性分析将放在后续的小节"（6）隐私政策导航系统的合规评估"。本小节主要分析已有链接本身存在的问题。②有链接色，是指隐私政策标签的颜色能够揭示出是否有超链接。很显然，采用超链接常规颜色符合用户的使用习惯，避免多余点击，提高使用效率和用户体验。③无链接色，正好与有链接色相反，是指隐私政策标签没有显示出是否有超链接。这种方式容易让用户误解仅有标签还无政策文本，平台有故意引导用户忽略隐私政策内容的嫌疑。④链接正确，是指隐私政策标签的超链接可以正确链接到隐私政策内容。⑤链接空白，是指隐私政策标签的超链接链接到空白页面。这种情况目前较多，有些则直接在页面显示"建设中……"，未来很有可能会有隐私政策内容。但这种形式误导用户进行多余点击。⑥链接错误，是指隐私政策标签的超链接链接到其他页面内容，属于超链接指向错误。这种现象不多，主要是由网页编辑人员疏忽造成。⑦死链接，是指隐私政策标签的超链接出现类似"404 出错了！"反应，主要是由于服务器网址发生变化。死链接反映出平台之前可能有隐私政策，而目前网址发生了变化。⑧链接无反应，是指平台没有对隐私政策标签进行超链接设置，用户可以不用点击进去。

对用户来讲，链接错误、死链接、链接空白及链接无反应都是链接无效的表现，但引发的用户满意度并不一定相同。图 4-1 中的各要素是组合发生作用的，如果用 –2~2 之间的分值进行打分，结果如下：

◎ 最有效的：有链接色 * 链接正确。（2 分）
◎ 最糟糕的：有链接色 *（链接空白 + 链接错误 + 死链接），这种形式特别容易误导用户对隐私政策标签进行点击，其结果是不仅做了无效功，还得再次点击出来。效率低，且影响用户满意度。（–2 分）
◎ 属于链接设置技术性正确的：无链接色 * 链接无反应。（1 分）
◎ 属于链接设置不太正确的：无链接色 * 链接正确。（0 分）
◎ 属于链接设置技术性错误的：无链接色 *（链接空白 + 链接错误 + 死链接）。（–1 分）

（6）隐私政策导航系统的合规评估

导航系统的设计应该便于用户发现和进入隐私政策页面。网络平台导航系统包括全局导航、局部导航、辅助导航、网站地图、文内导航、下拉导航等。根据各种导航的自身作用，隐私政策导航系统评估内容主要包括以下三个方面。

第一，隐私政策标签是否处于导航系统及处于哪类导航系统。出现在导航系统比没有出现在导航系统中强。全局导航和网站地图的信号传递功能和易用性要强于其他类型导航。

第二，对隐私政策中个人敏感信息、儿童个人信息、个人信息共享等关键内容是否提供文内导航。文内导航有两种含义，一种是对隐私政策要点或难点进行超链接导航，一种是在网站相关地方建立隐私政策内容内置链接，方便用户可以根据自己的兴趣进行深读，快速查阅相关隐私政策内容。《个人信息安全规范》（2020 版）表 D.1 个人信息保护政策（即本书所指的隐私政策）模板中，对"共享"的规则提供了比较具体的文内导航模板。

第三，是否有网站地图，并在网站地图中提供隐私政策超链接。网站地图往往是用户不清楚如何在互联网平台找到所需信息时需要借助的一种辅助措施，虽然检索系统也可以起到这种辅助作用，但对打字不方便或确定检索词困难的用户来讲，网站地图是重要的补救工具。

导航系统与位置、链接有着密切的关系。位置越深，全局导航系统存在的必要性越强，同时局部导航系统的作用也会增强。导航系统以链接为基础，链接的质量直接左右导航系统的质量，导航系统功能的实现离不开链接的有效性。

（7）隐私政策标签（标题命名）的合规评估

隐私政策标签系统包括隐私政策各种版本的名称，如全文版本的名称、简略版的名称、Cookies 的名称等，也包括隐私政策正文内各项权利、义务与责任的标题。

隐私政策及其文本内容标签的设计应该便于用户发现、理解和区别各项隐私政策内容，同时还要照顾到标签大小长度在页面的适配性：标签占有的宽度和长度如果过大，会影响其他内容显示；如果过小，标签提醒用户查阅隐私政策的功能就会减弱。

对标签可用性的分析，可以归纳为衡量其是否规范、是否一致两大方面。规范，强调标签名称既符合人们的使用习惯（便于理解），又具有揭示性、指代性、区别性及对用户的吸引性，对于 App 来讲还应包括衡量标签名称长度和宽度的适配性，要有概括性。一致，强调在同一个平台针对同一事物，尽量采用相同的名称或符号，避免给用户使用造成混乱或降低理解效率。

具体来讲，标签合规评估内容主要包括以下三个方面。

第一，标签颗粒度或称标签覆盖范围是否合规。主要考虑隐私政策整体及隐私政策文本中关键内容点是否有标签。在用户扫视习惯下，对关乎用户隐私保护重要点设置标签才能起到有效的提示作用，也才能助力"明示"功效。隐私政策内容关键点主要包括：个人信息收集和使用的目的、方式和范围；个人信息共享、传递；个人敏感信息，儿童个人信息等。

第二，标签命名语法语义是否合规。主要考虑标签名称是否对所指代内容具有正确揭示性、可记忆性以及引人注目性。揭示性，强调标签名称能够帮助用户理解标签所指代内容，用户不容易使用错误。可记忆性，强调标签名称能够帮助用户理解和记住政策关键点，这点不仅涉及用户用语习惯，也涉及标签系统中标签语法一致性。引人注目性，强调标签名称抓眼球功效，奇特、符合目标用户用语、容易击中用户关注点（如用户担忧点、用户期待点）的名称更容易吸引用户目光。用户担忧个人信息被共享、传递和个性化分析，这些点都可以作为隐私政策文本中的小标题。

第三，标签版面形式是否合规。主要考虑标签表现形式包括标签字体（字形、字号、颜色）和长短等是否具有和指代内容相符的表现显示程度。如对用户来讲非常重要的内容，其标签应该是凸显的，吸引用户对重要内容的关注。

（8）平台检索系统的合规评估

检索系统是信息构建理论四大要素之一。用户在所调查的网络平台上寻找隐私政策时，如果在主页上未见到隐私政策标签，常会利用平台检索系统进行查询。但有的网络平台没有检索系统，找出平台隐私政策内容需要花费很多时间和精力，隐私政策可用性降低。检索系统合规评估内容主要包括：第一，是否有检索系统；第二，检索系统功效如何。检索系统功效评估维度有两个：一是检索系统本身所处位置是否具有显示性，二是检索系统是否方便用户检索出隐私政策。

（9）隐私政策内容变更通知的合规评估

法律要求变化、信息技术更新、信息服务业务调整等都会引发隐私政策内容的变更。很多用户，特别是信息服务平台的老用户，习惯遵循以往平台的各种规范，包括隐私政策。因此，遵守个人信息处理需"明示"的法律法规要求，平台隐私政策内容变更应该及时有效通知用户。这部分评估内容主要包括：第一，是否有隐私政策更新日期；第二，通知方式是否具有明示和提醒作用。

4.2.3 隐私政策用户同意设置合规性分析

我国近几年出台的有关隐私保护方面的法律法规，几乎都规定收集和使用个人信息前需获得个人信息主体的"同意"。例如，前述提到的2016年发布的《网络安全法》第35条规定；2020年发布的《民法典》，其第1035条规定"处理个人信息的，应当遵循合法、正当、必要原则，不得过度处理，并符合下列条件：（一）征得该自然人或者其监护人同意，但是法律、行政法规另有规定的除外"；2021年发布的《个人信息保护法》，其第13条规定"依照本法其他有关规定，处理个人信息应当取得个人同意，但是有前款第二项至第七项规定情形的，不需取得个人同意"。在国际上，欧盟 GDPR 专门有一章即第 3 章，描述个人数据主体授权或禁止收集和使用个人数据的权利，专门有一节即 GDPR 第 2 章第 7 节，规定数据主体"同意"的条件。

（1）同意设置的理论基础与实践基础

首先了解一下合规要求规定的"同意"含义及类型。

我国现有法律法规没有对"同意"进行含义界定，国家标准《个人信息安全规范》（2020 版）对授权同意和明示同意进行了含义说明，其中：

◎ 授权同意（consent）是指个人信息主体对其个人信息进行特定处理作出明确授权的行为；

◎ 明示同意（express consent）强调的是给予个人信息主体以表达同意时的主动声明，在平台隐私政策方面，个人信息主体通过主动勾选、主动点击"同意""注册""发送""拨打"，主动填写或提供等肯定性动作，对个人信息处理者的个人信息特定处理行为请求做出明确授权的行为。

这里的授权同意等同法律文本一般提到的"同意"，包括明示同意和默认同意两种试行，后者包括通过消极的不作为而作出的授权（如平台上信息采集区域内的个人信息主体在被告知信息收集行为后没有离开该网页区域）。

GDPR 指出，数据主体的"同意"（consent）系指数据主体的任何自由给予、具体、知情和明确的意愿表示，通过声明或明确的肯定行动（GDPR Art. 4 Definitions）。❶ 这里，沉默、默认勾选的选项或不作为，都不视为有效的同意。❷ GDPR 有时候使用"同意"（consent），有时候使用"明确同意"（explicit consent），但仅给出了前者的定义。

---

❶ COUNCIL OF THE EUROPEAN UNION.GDPR. Art.4 GDPR Definitions[EB/OL]. [2020-10-11]. https://gdpr-info.eu/art-4-gdpr/.

❷ 李世刚，包丁裕睿，王峥. GDPR:欧盟一般数据保护条例——文本和实用工具 [M]. 北京:人民出版社，2018：46.

目前法学理论领域对"同意"原则的应用还有不少争议，如有人戏称，当代人说得最多违心话之一便是"我同意隐私政策"，并指出"用户平日里随手一点的'同意'已经形成一个巨大的数据集群"❶；"用户同意"规则由"需要收集、使用用户个人信息时经用户同意"的触发性规则变成"只要取得了用户同意就可以收集、使用用户个人信息"的免责性规则，由"安全阀"变成"保护伞"❷；"同意"过频而导致数据主体的信息麻木与同意疲劳，甚至出现"恶意界面"对数据主体的选择进行操控，同意成为不真实、不自由的瑕疵意思表示。❸法学学者高富平对"知情同意"要素作为个人信息处理唯一合法性基础进行了质疑。❹可以看出，个人信息收集和使用的"同意"规则在现实应用中具有正、反两方面的作用，一方面它具有约束乱采集和使用个人信息行为的功能，另一方面它容易成为某些个人信息处理者的法律"避风港"。合规分析的目的就是强化前者、弱化后者。因此，在设计分析框架时，需要考虑到"同意"的正、反两方面的作用。

我国《App违法违规认定方法》列出9条被认定为"未经用户同意收集使用个人信息"的行为。❺针对网站平台，目前还没有类似规定，本书主要依据《民法典》《个人信息保护法》，同时参考国家标准《个人信息安全规范》（2020版）和2019年公安部网络安全保卫局等三所机构联合发布的《互联网个人信息安全保护指南》❻中相应的具体规定。

对"同意"设置合规性分析，主要是考察同意设置的内容和形式是否合规、同意设置的例外、取消同意的设置等。

---

❶ YANGJINZHU.9成以上App需同意隐私政策隐私无处可藏[EB/OL].（2018-08-09）[2020-12-01]. http：//www.chinairn.com/news/20180809/143908473.shtml.

❷ 方禹.个人信息保护中的"用户同意"规则：问题与解决[J].网络信息法学研究，2018（1）：161-181，312-313.

❸ 蔡星月.数据主体的"弱同意"及其规范结构[J].比较法研究，2019（4）：71-86.

❹ 高富平.个人信息使用的合法性基础——数据上利益分析视角[J].比较法研究，2019（2）：72-85.

❺ 国家互联网信息办公室.关于印发《App违法违规收集使用个人信息行为认定方法》的通知[EB/OL].（2019-12-30）[2020-02-01].http：//www.cac.gov.cn/2019-12/27/c_1578986455686625.htm.

❻ 公安部网络安全保卫局，北京网络行业协会，公安部第三研究所.互联网个人信息安全保护指南[EB/OL].（2019-04-19）[2020-02-01].https://www.secrss.com/articles/10063.

（2）同意设置合规性分析内容框架

根据目前国内外法律法规和行业标准，对同意设置合规性的考察内容包括同意设置的内容和形式是否符合要求和限制，涉及同意设置的针对对象、设置场景、位置、语言表述、出现频度和显示形式等，见表4-3。

表4-3 信息服务平台隐私政策"同意"设置合规分析内容框架

一级内容项	二级内容项	合规考察点
同意选项设置场景	规定内容前的同意设置	设置情况：该设置而无设置；不该设置而设置；是否设置在"收集"前
		同意类型：明示同意还是非明示的同意
	前导语描述内容	是否含有不公平、违规内容
		有没有强迫或诱导的成分
		是否清楚易懂（知情）
	同意设置更新后	是否有重新请求同意的设置
	同意选项设置频度	是否出现过低低频度询问"是否同意"现象（如一揽子授权）
		是否出现过高频度询问"是否同意"现象
同意选项设置展示	同意选项展示的位置	是否与内容切合；是否易被发现
	同意选项展示的语言	语种类型和数量如何
		语言表述是否简单清晰
		语言字体是否清晰易被发现（字体或符号是否能清楚展示平台的要求等）
特殊规定（见第4.2.4小节）		是否有针对个人敏感信息的特殊保护要求
		是否有针对未成年人个人信息的特殊保护要求
同意的例外		是否给出，以及是否合法
其他	撤销同意	选项设置是否提供及是否方便
	拒绝同意	选项设置是否提供及是否方便
	更改同意	选项设置是否提供及是否方便
	同意选项设置违规的处罚	是否有对应的处罚 处罚力度是否有威慑力

(3) 同意选项设置场景方面的合规评估

具体内容见表4-4。

第一，规定内容前同意设置的评估。①考察在法律法规规定的地方是否设置有同意选项且同意选项的类型是否合规。若无设置，则容易出现信息服务者未经用户同意私自收集和利用用户个人信息的违规行为。②考察是否在不应该设置同意选项的地方进行了设置。用户使用信息服务产品或参与信息服务活动，其个人身份信息、个人行为信息、个人查阅内容等都容易被信息服务系统获取，如果广泛部署"同意"选项，在不该设置的地方进行设置，容易诱使用户"同意"，涉嫌利用用户隐私保护能力不足或者行为懒惰，将隐私安全风险转嫁给用户，过量收集，或者让用户同意将收集来的个人信息用于非本次服务的目的。

第二，前导语描述内容评估和同意设置更新评估。①前导语描述内容。主要考察同意选项前导语描述是否含有不公平、违规内容，是否有欺诈、强迫或诱导成分，以及前导语描述是否清楚易懂，同意声明是否有不公平条款等。②隐私政策更新后是否重新开启同意设置。更新隐私政策，如果超出原有个人信息收集和使用目的，超出原有个人信息收集数量或类型范围，则应重新启动同意选项。

第三，同意选项设置频度评估，涉及频度过低和频度过高两个方面。频度过低，如一揽子授权，用户容易忽视请求同意的具体内容，也会造成用户一旦不同意某项要求则所有功能都不能使用的问题。用户在使用信息服务系统前，很难了解该系统是否包含所需内容，若一开始就要求用户必须注册填写个人信息才可进入，事实上形成强迫用户提供个人信息行为。频度过高，频繁请求授权，用户容易疲乏或烦躁，非自愿地进行同意授权。具体评估内容包括：

◎ 在用户明确表示不同意后，是否出现频繁征求用户同意的询问［参考2019《App违法违规认定方法》参考《个人信息安全规范》（2020版）5.3d］；

◎ 扩展业务功能时，不应反复征求用户的同意。在48h内向用户征求同意的次数不应超过一次［参考《个人信息安全规范》（2020版）附录C.4b］；

◎ 一个"同意"请求，应涵盖相同的一个或一类目的进行的全部处理活动［参考 GDPR RECITALS32（4）(5）❶］；
◎ 多项业务功能来收集、使用个人信息时，每项业务开启前都应该设置同意选项［参考《个人信息安全规范》（2020版）5.4a 注1］；
◎ 当个人数据处理具有数个目的时，应该为每个目的设置"同意"选项［参考 GDPR RECITALS 32（4）(5）]。

表4-4 信息服务平台隐私政策"同意"选项设置场景合规分析内容

合规分析内容项	前导语或相关约束	事先设置同意选项	同意类型
信息服务平台收集前	信息服务平台应明示收集和使用个人信息的目的、方式和范围	是	授权同意
	应说明数据控制者身份以及数据处理的目的	是	明确同意
信息服务平台收集前的收集功能明示	信息产品和服务具有收集用户信息功能的，其提供者应当向用户明示	是	授权同意
基本业务功能收集前应告知	基本业务功能所必要收集的个人信息类型	是	明示同意
	用户拒绝提供或拒绝同意收集将造成的影响		
扩展业务功能收集前应告知	逐一告知所提供扩展业务功能及所必要收集的个人信息	是	明示同意
	允许用户对扩展业务功能逐项选择同意		
移动平台收集前应声明	声明需要开启收集地理位置、读取通信录、使用摄像头、启用录音等功能前	是	授权同意
向个人电话或邮箱发送商业信息前	商业性电子信息发送给用户电话和个人电子邮箱前应征得用户同意	是	授权同意
向他人提供个人信息前	不得非法出售或者非法向他人提供	是	授权同意
为公共利益、科学或历史研究目的或统计目的而进行的进一步处理前	不应被视为不兼容初始目的（目的限制），但要遵循"数据最小化""存储限制""假名化""完整性和保密性"等原则	否	不再专门征求
	属于与收集目的具有合理关联范围之内。但对外提供学术研究或描述的结果时，需对结果中所包含的个人信息进行去标识化处理	否	不再专门征求

---

❶ COUNCIL OF THE EUROPEAN UNION. GDPRRECITALS 32Conditions for Consent*[EB/OL].[2020-11-20].https://gdpr-info.eu/recitals/no-32/.

续表

合规分析内容项	前导语或相关约束	事先设置同意选项	同意类型
使用：超出收集前说明的使用范围	因业务需要，确需的	是：再次征求	明示同意
共享、转让个人信息	之前需告知这些行为的目的、个人信息类型、接收的第三方类型，以及各自的安全和法律责任	是	授权同意
	告知可能产生的后果		
公开披露个人信息	经法律授权或具备合理事由确需公开披露时，向用户告知公开披露个人信息的目的、类型	是	明示同意
委托第三方处理	—	是	授权同意
变更使用目的	当因收购、兼并、重组、破产等原因变更个人信息持有者时	是	明示同意
处理其保存的个人信息	应当依照法律、行政法规的规定及与用户的约定	是	授权同意
处理活动超出已获得的授权同意范围的	间接获取个人信息时：应在获取个人信息后的合理期限内或处理个人信息前	是	明示同意
超出收集时所声称的目的	因业务需要，确需超出收集个人信息时所声称的目的，具有直接或合理关联的范围使用个人信息的	是	明示同意
自动化处理	由控制者所遵守的法律授权，并制定适当措施以保障数据主体的权利、自由和合法利益	是	明确同意
超出服务所必需个人信息范围或法律法规明令禁止、超出提供服务之外的目的	不应该出现同意选项	否	—
不得以仅改善服务质量、提升使用体验、研发新产品、增强安全性等为由收集	不应该出现同意选项	否	—
通过捆绑产品或服务各项业务功能等方式强迫收集个人信息	不应该出现同意选项	否	—

（4）同意选项设置展示方式的合规评估

①同意选项位置的合规评估。①主要考察其所处位置与所问内容是否切合，以及是否容易被用户感知到。目前，《个人信息安全规范》（2020版）对前

者有明确说明，与前面讨论的同意选项频度评估有重合，对后者未给出明确规定。相关法律法规目前的规定主要有：

- ◎ 明示收集、使用信息的目的、方式和范围，并经被收集者同意［依据《个人信息保护法》等我国法律法规，GDPR］；
- ◎ 同意声明是否清晰且以方便形式提供［依据GDPR RECITALS42（3）❶］；
- ◎ 对"同意"的请求是否与其他事项明确区分［依据GDPR Art7：2❷］；
- ◎ 对"同意"的请求方式是否明晰且方便获取［依据GDPR Art7：2］。

根据对现有部分信息服务网站的考察，Cookies应用的同意选项常被单独设置，对应上述第2条。②同意选项也有可能被放置在网站较深页面或者网页不显眼位置，这种现象不符合"同意请求方式应是明晰的"要求。因此这部分内容也属于评估内容。由于同意选项是和政策内容在一起，因此，第4.2.3小节对应的内容也可以在这里运用。

②同意选项语言表述形式的合规评估。这里讨论的语言表述是针对同意声明。第4.2.3小节讨论隐私政策展示方式的合规性，其中包括语言部分。同意声明是隐私政策的一部分，但这部分具有合同和协议性质。同意声明语言表述形式的评估涉及同意声明内容的语言表示和同意选项的语言表述两个方面。目前国内外法律法规和政策标准主要是对同意声明的语言表示有要求，主要为：

- ◎ 明示的要求［依据《个人信息保护法》等我国法律法规，GDPR］；
- ◎ 同意声明应当用清晰且简明的语言呈现［依据GDPR Art7：2］；
- ◎ 面向基本业务功能的具体明示方式：交互界面或设计（如弹窗、文字说明、填写框、提示条、提示音等形式）［参考《个人信息安全规范》（2020版）附录c.3a］。

---

❶ COUNCIL OF THE EUROPEAN UNION. GDPR RECITALS 42Burden of Proof and Requirements for Consent*[EB/OL].[2020-11-20].https://gdpr-info.eu/recitals/no-42/.

❷ COUNCIL OF THE EUROPEAN UNION. GDPR ART7 Conditions for consent[EB/OL].[2020-11-20]. https://gdpr-info.eu/art-7-gdpr/.

针对同意选项本身的语言表示，可以从可用性角度进行评估，类似标签评估。

（5）其他设置的合规评估

其他设置中，"同意的例外"属于条款内容部分，以下主要考察分析同意选项是否有再次访问、更改或拒绝同意的选项设置，更改或拒绝同意选项设置是否如同做出"同意"一样方便和容易。相关的规定主要有：

- ◎ 交互界面或设计应方便用户的再次访问及更改其同意的范围［参考《个人信息安全规范》（2020版）附录C.3c附录C.4d］；
- ◎ 是否数据主体有权随时可以进行撤销"同意"，在做出同意之前，应告知用户有撤销"同意"的权利［依据《个人信息保护法》第15条，GDPR Art7：4A，GDPR Art13：2.（C）B］；
- ◎ 撤销"同意"应和做出"同意"一样容易［依据《个人信息保护法》第15条和GDPR Art7：4，参考《个人信息安全规范》（2020版）5.3c］。

有关违反"同意"设置的处罚，GDPR第8章第83条5-a规定了比较高的经济处罚。我国2021年出台的《个人信息保护法》在第七章"法律责任"中列出了各种情景下的处罚规定。

4.2.4 个人敏感信息和未成年人个人信息保护内容的特殊规定

各国法律法规和政策标准多对个人敏感信息和儿童个人信息的收集和处理有更严格的约束，且很多国家为此出台专门的法律法规，突出其重要性。

（1）儿童个人信息保护的专门规定

对于儿童，不同国家有着不同的年龄规定。我国规定儿童是指未满14周岁的未成年人（《儿童个人信息网络保护规定》第2条）；欧盟规定儿童指未满

---

❶ COUNCIL OF THE EUROPEAN UNION. GDPR ART7 Conditions for consent[EB/OL].[2020-11-20]. https://gdpr-info.eu/art-7-gdpr/.

❷ COUNCIL OF THE EUROPEAN UNION. GDPR ART13Information to be provided where personal data are collected from the data subject[EB/OL].[2020-11-20].https://gdpr-info.eu/art-13-gdpr/.

16周岁，欧盟成员国规定了更低的年龄，但不得低于13周岁（GDPR第8章）。因此涉及各国儿童个人信息时，首先需要核查该国家所定的儿童的年龄标准。

根据我国《儿童个人信息网络保护规定》，针对儿童个人信息的隐私政策应强调以下几点。

第一，设置专门的儿童个人信息保护规则和用户协议。这个可以采取制定一个独立政策，也可以在整个政策中单独设立一个章节。这部分内容要与其他内容区分明显。

第二，"同意"必须是监护人的明示同意。这里强调了两点，一是同意的主体是"监护人"，二是同意的表示是"明示"的。

第三，特别强调网络运营者处理儿童个人信息前的告知形式，应是"以显著、清晰的方式"。

第四，告知内容，除了应告知第4.2.2小节列出的内容外，还应告知儿童个人信息存储的地点、期限和到期后的处理方式，拒绝提供儿童个人信息的后果，更正和删除儿童个人信息的途径及方法等。

第五，针对修改之前同意内容的描述，应当设置重新填选的"同意"选项和"拒绝"选项。

需要注意，《个人信息安全规范》（2020版）的个人信息保护政策模板，将有权行使"同意"他人收集和处理儿童个人信息的人设定为父母或监护人，这种提法有失严谨，因为虽然通常情况下父母是监护人，但也有特殊情况，如父母犯法被收监、父母智力不正常、父母丧失监护权等，这个时候父母不应具有"同意"权。

（2）个人敏感信息保护的特殊规定

法律法规对侵权者的处罚力度，是根据侵害程度及受害人的损失来衡量的。个人敏感信息的泄露或出错更容易伤害个人信息主体。考察现有合规要求，对个人敏感信息的收集和使用设置的特殊规定主要包括以下六个方面。

第一，特别强调"同意"前的完全知情、"同意"意向的自主，以及"同意"表达方式的"明确"性。强调同意是"单独同意""书面同意"[依据《个人信息保护法》第29—30条，参考《个人信息安全规范》（2020版）5.4b］。

第二，收集使用个人生物识别信息前，还要告知具体的个人生物识别信息的存储时间等规则［参考《个人信息安全规范》（2020版）5.4c］。

第三，在转让或共享方面，针对个人敏感信息（如健康信息服务系统中个人健康情况），个人信息控制者告知的内容还需要增加个人敏感信息类型、数据接收方的身份及其数据安全能力；如果这些个人敏感信息包括个人生物识别信息（如信息服务系统签到打卡收集的指纹信息），还需要论证转让或共享是不是业务必需的；在转让或共享前，告知用户除了上述内容外，还应包括转让或共享个人生物识别信息的目的［参考《个人信息安全规范》（2020版）5.5和《互联网个人信息安全保护指南》（2019）6.5］。

第四，在收集和使用范围方面，针对个人生物识别信息，应仅收集和使用摘要信息，避免收集其原始信息［参考《互联网个人信息安全保护指南》（2019）6.1e］。

第五，在信息处理方面，我国规定，对我国公民的种族、民族、政治观点、宗教信仰等敏感数据，不应进行大规模收集或处理［参考《互联网个人信息安全保护指南》（2019）6.1d］。GDPR规定，在欧盟成员国没有特殊规定前，除有个人数据主体已经明确同意针对特定目录处理个人敏感信息外，禁止处理和公开GDPR规定的个人敏感信息（GDPR ART9.1❶）。

第六，在公开披露方面，一般原则是不可公开。在满足法律授权或具备合理事由情况下需要公开披露的，也需要满足特殊的告知和限制条件，不得公开披露个人生理信息，也不得公开披露我国公民一些个人敏感信息数据分析结果［参考《互联网个人信息安全保护指南》（2019）6.7c、6.7f、6.7g］。

上述合规要求中，《互联网个人信息安全保护指南》（2019）是由我国公安部为了侦办有关侵犯个人信息犯罪案件及开展安全监督管理工作，牵头主导且由两家公安部机构和北京网络行业协会联合制定和发布的，相比较《个人信息安全规范》（2020版）而言，更具有强制性和可操作性。

---

❶ COUNCIL OF THE EUROPEAN UNION. GDPR ART9Processing of special categories of personal data[EB/OL].[2020-11-20].https://gdpr-info.eu/art-1-gdpr/.

4.3 我国信息服务平台隐私政策发布现状的调查与分析

隐私政策是组织机构自律的一种形式,近 20 年不断有文章分析互联网隐私政策发布情况。有关信息服务平台的情况,主要集中在部分图书馆网站和档案馆网站,调查范围非常有限;也有少量考察电子资源供应商的网站。本书希望对我国公益性和商业性信息服务平台隐私政策发布情况进行较全面的调查和分析。

4.3.1 调查对象的选择及调查实施过程说明

本书将传统文献服务机构(图书馆、档案馆、信息中心/科学技术情报研究所)、数据库商(包括数字出版商和数字中介商)、互联网信息搜索公司等的信息服务平台作为研究对象。信息服务平台包括网站形式和手机 App 形式,其中手机 App 形式又包括公众号、微博、手机图书馆、微信等。由于时间和精力有限,且我国很多机构(包括政府)专门对 App 隐私政策发布情况进行过合规考察,因此本书主要考察网站形式的信息服务平台。另外,此次统计未包括我国港澳台地区的信息服务平台。

(1)公益性信息服务组织主导的信息服务平台的选择

对信息服务平台进行初步浏览时,注意到以下几点。

第一,主要以 ICP 备案号确定网站隐私政策的适用范围,如绝大多数高校图书馆网站使用其所在高校网站 ICP 备案号,因此也遵守其学校网站的隐私政策,即高校网站隐私政策被统计为高校图书馆平台隐私政策。

第二,我国图书情报系统包括高校图书馆、公共图书馆、专业图书馆和科学技术情报研究所(信息研究所、信息中心等)。其中一些图书馆,如中国科学院文献情报中心、上海图书馆、中国科学技术信息研究所等是图书馆和情报机构的合体,特别是科学系统信息研究所(或称情报研究所)也多称为图书馆,如中国农业科学院农业信息研究所也是该学院的图书馆。在这次分类考察中,本课题组将国家级专业图书馆（如中国科学院文献情报中心）放在科学技术情报类系统，将虽然是图书馆与情报中心合体但总体属于公共图书馆性质的图书馆（如上海图书馆）放在图书馆类。

第三，很多组织不仅有其独立网站，还会开发一些特色信息服务平台，如中国社会科学院图书馆开发有"国家哲学社会科学学术期刊数据库"，各高校开发机构知识库或学位论文库等，这些平台也被统计进信息服务组织平台。

第四，档案馆有综合性的和专门性的，也有公开和保密的。从服务广泛性角度，本书侧重考察各级综合性档案馆及其信息服务平台。在调查中发现，不少地市级档案馆取消了自己独立的网站，合并到本地政府网站中，本书着重考察独立网站隐私政策。

第五，情报或信息中心主要分为两大类：科学技术情报研究所和经济信息中心。国家级科学技术情报（信息）研究所也被称为国家级图书馆；省级科学技术情报研究所（有的名称改为科学技术信息研究所）归属地方科技厅，主要服务于科学技术人员。经济信息中心，目前主要服务于政府部门，很多经济信息中心网站从属于其上级政府机构网站，即工业和信息化厅网站。这两类是比较特殊的信息服务机构，也是本书的研究对象。另外，根据本课题组的调查，科技情报服务平台和经济信息中心平台两者地区级的都没有独立网站，仅在其所属上级政府机构网站发布有关信息，且内容不多，故未被纳入本调查范围。

因此本书将公益性信息服务平台调查对象确定为：

◎ 公共图书馆平台，包括国家图书馆，省级、副省级和地区级图书馆研发的信息服务平台。

◎ 高校图书馆平台，包括公办本科院校及其图书馆研发的信息服务平台。

◎ 综合档案馆平台，包括国家档案馆、其他中央档案馆，以及省级、副省级和地区级档案馆研发的信息服务平台。

◎ 科学情报服务平台，包括科学技术情报系统及其研发的信息服务平台。其中，国家级的主要包括国务院部、委（局、办）、中央直属单位所属科研系统的图书信息机构，也属于专门图书馆类型，如中国科学技术情报研究所、中国标准馆、国家知识产权局专利馆、中国科学院文献情报中心等；省级的主要包括各省科学技术情报研究所（信息研究所或信息资源中心）。同时，本书将该系统主导的特色信息服务平台也归入此类，如科技部主导的"国家科技资源共享服务平台"。

◎ 经济信息中心平台，主要包括国家信息中心和各省工业和信息化厅（或者下属的经济信息中心）研发的信息服务平台。

网站调查时间段是 2020 年 3 月至 7 月，调查结果统计分析时间段在 2020 年年底前。这个时期，我国《个人信息保护法》还未出台，但其内容基本上已经可以通过我国当时的各种法律法规及欧盟 GDPR 来反映。

（2）企业性组织主导的信息服务平台的选择

从直接服务大众个体用户的视角来看，企业性组织主要包括数据库商（包括数字出版商和数字中介商）、互联网信息搜索公司等。

数据库商主导的数据库平台，有我国企业生产发布的，也有引进国外的，有中文语种的，也有外文语种的。①我国数据库商主导的数据库平台。将国家图书馆、首都图书馆、中国社会科学院图书馆、北京大学图书馆、中国人民大学图书馆、清华大学图书馆及 DRAA 网站上的资源作为考察数据库的来源。因为比较重要的数据库都会被这些图书馆采购。②互联网信息搜索引擎。主要通过百度搜索，搜索面向大众的 PC 端搜索引擎，包括通用型的也包括垂直型的，包括独立搜索引擎也包括元搜索。商业性互联网信息搜索引擎，是检索系统在互联网的应用。③作为借鉴和比较，本书也考察了我国引进的国外数据库，界定考察范围为在 DRAA 上发布的。这个平台发布的数据库覆盖我国目前引进的绝大多数数据库（主要是学术型），高校甚至一些科研机构和公共图书馆也加入这个联盟来引进国外学术数据库。

由于考察的隐私政策是平台产物，很多数据库采用相同的平台，因此本课题组最后是按照平台统计分析数据。

4.3.2 信息服务平台隐私政策发布现状的调查与总体分析

（1）信息服务平台总体情况介绍

除调查期间（2020年3月—7月）网站打不开的平台以外，调查对象包括第4.3.1节所定调查范围内的信息服务平台1635个，其中，公共图书馆平台324个，综合档案馆平台232个，科技情报服务平台103个，经济信息中心平台32个，高校图书馆平台783个，商业性数据库平台151个，互联网搜索引擎10个。

有些组织机构发布多个信息服务平台，这些平台若有独立ICP备案或ICP许可证，则按不同平台计数，否则不独立计数。根据本课题调查，调查期间仅科技情报服务平台和商业性数据库平台有同一机构发布的具有不同ICP备案号或不同ICP许可证的情况。

高校图书馆分教育部所属、省属和地市所属。

综合档案馆、经济信息中心、情报类机构，大多直属于本地政府机构，如综合档案馆归属于本地市政府或党委；省级经济信息中心归属于本省工业和信息化厅；省级情报类机构归属于本省科技厅等。在网站调查中发现，省级的档案馆机构都有其独立网站，地级市档案馆机构网站有相当多是融合到本地政府网站中；省级经济信息中心，其网站基本都是省工业和信息化厅网站的子站，地市级没有经济信息中心，通常在地市级工业和信息化局中有面向内部的信息综合处；省级的科学技术情报研究所基本都是独立网站，地市级科学技术情报研究所网站都是融合在本地市科技厅网站中。因此，本次考察以省级各类信息服务机构和产品网站为主，再加上地市级有独立网站的平台，如某些地市级综合档案馆网站。

我国商业性数据库平台，有些是由国外集团的中国子公司运作的，执行的是国外集团总部的政策，本书的调查统计未包括这类平台。本书着重分析我国商业性数据库平台隐私政策发布现状。

商业性互联网信息搜索引擎是检索系统在互联网的应用。通过百度搜索引擎，检索到通用搜索引擎主要有百度、360搜索、搜狗搜索、中国搜索、中搜第三代等，专门性搜索引擎（也称为"垂直搜索引擎"）主要有央视搜索、有道搜索（网易），元搜索主要有秘迹搜索、联合搜索等。目前很多内容平台，如视频平台、音乐平台等都有自己的平台搜索引擎，其搜索范围仅限该平台内容，与提供中介信息服务的一般搜索引擎不同，故本书研究未包括这类平台搜索工具。综合性搜索引擎如百度、搜狗、360搜索等，包括多种子搜索平台，如视频搜索、音乐搜索等，本书没有分开统计。

（2）隐私政策的类型

调查中发现：①隐私政策基本都是以文字文本形式呈现。②各种类型信息服务平台中，互联网搜索引擎仅有一个小搜索引擎无隐私政策，其他都有独立且比较全面的隐私政策内容，其他类型信息服务平台隐私政策无论在数量上还是内容丰富程度上，都无法与互联网搜索引擎平台隐私政策相比，故后面统计分析时将互联网搜索引擎单独拿出来分析。③有些信息服务平台仅要求用户注册个人信息的说明，或者要求用户保管好个人账户和密码的说明，没有任何平台保护隐私的内容，这些说明不能算作隐私政策。

根据本书最后的调查结果，目前信息服务平台隐私政策的文本形式主要分为：

- 独立正式的隐私政策类型（简称"独立完整型隐私政策"）；
- 嵌在其他政策中专门的隐私保护内容章节（简称"嵌入专门型隐私政策"）；
- 嵌在其他政策中的一两句隐私保护声明（简称"嵌入概括型隐私政策"）；
- 嵌在注册协议中专门的隐私保护内容章节（简称"注册专门型隐私政策"）；
- 嵌在注册协议中的一两句隐私保护声明（简称"注册概括型隐私政策"）；
- 仅有隐私政策标签（简称"单有标签型隐私政策"）。

独立完整型隐私政策，是隐私政策的主要类型，通常出现在主页导航栏，标签名称主要有"隐私声明""隐私政策"和"隐私保护声明"，内容是有关平台处理用户个人信息及保护用户个人隐私的声明。相对其他类型隐私政策，独立完整型隐私政策内容比较完整，但也有个别内容很少，这里不再细分，后面具体分析时再讨论。

嵌入专门型隐私政策，是指信息服务平台发布的某个综合性政策如法律声明、用户须知等有专门的隐私保护章节或段落，字数在百字以上。

注册专门型隐私政策，是指信息服务平台有会员注册协议，在此协议中包含有专门的隐私保护章节或段落，字数在百字以上。严格来讲，注册协议中的隐私保护内容，具有合同性质和强制执行性，但其规定仅面向注册会员。收集会员的个人信息远多于非会员。

嵌入概括型隐私政策或注册概括型隐私政策，分别是嵌入专门型隐私政策和注册专门型隐私政策的简略版，统称为"概括型隐私政策"，包含隐私政策内容很少，有的甚至仅有一句声明。嵌入专门型政策和嵌入概括型政策也统称为"嵌入型政策"，注册专门型政策和注册概括型政策也统称为"注册型政策"。

单有标签型隐私政策，是指平台主页导航栏中出现"隐私政策""隐私声明"一类隐私保护政策标签，但没有对应的隐私政策内容，标签无超链接或有超链接但无隐私政策内容。这种现象表明，平台已有制定和发布隐私政策的想法和思考，但还未付诸实现。有的平台既有独立完整型隐私政策也有注册型隐私政策。有的平台同时有隐私政策的完整版和简略版，利于用户使用，统计时按照一份独立完整型隐私政策计算。

另外，商业性搜索引擎平台一般都另有专门的 Cookies 政策，其他类型信息服务平台多是在隐私政策中包含 Cookies 政策。本书未对 Cookies 政策进行单独统计，而将其作为隐私政策的一部分。

（3）各类型隐私政策的规模与分析

各类型隐私政策（不包括互联网搜索引擎平台的隐私政策）的数量分布如表 4-5 和表 4-6 所示。

表 4-5 和表 4-6 的统计数据，按照独立完整型＞嵌入专门型＞注册专门型＞嵌入概括型＞注册概括型＞单有标签型顺序，若有前面的类型，就不再统计后面的类型，每个平台仅统计一种类型。

第4章 面向用户的信息服务组织自律措施：隐私政策

表 4-5 各类型信息服务平台隐私政策分布规模

政策类型	公共图书馆	高校图书馆	科技情报服务	经济信息中心	综合档案馆	商业数据库	各类政策合计	各类政策占比/%
独立完整型	4	20	4	5	11	13	57	40.43
嵌入专门型	0	0	2	1	3	3	9	6.38
嵌入概括型	4	11	1	0	1	3	20	14.18
注册专门型	2	0	10	0	3	5	20	14.18
注册概括型	1	0	3	1	2	12	19	13.48
单有标签型	1	6	0	0	8	1	16	11.35
合计	12	37	20	7	28	37	141	100.00

表 4-6 各类型信息服务平台隐私政策类型分布比例

单位：%

政策类型	公共图书馆（324个）	高校图书馆（783个）	科技情报服务（103个）	经济信息中心（32个）	综合档案馆（232个）	商业数据库（151个）	平台总数（1625个）
独立完整型	1.2	2.6	3.9	15.6	4.7	8.6	3.5
嵌入专门型	0.0	0.0	1.9	3.1	1.3	2.0	0.6
嵌入概括型	1.2	1.4	1.0	0.0	0.4	2.0	1.2
注册专门型	0.6	0.0	9.7	0.0	1.3	3.3	1.2
注册概括型	0.3	0.0	2.9	3.1	0.9	7.9	1.2
单有标签型	0.3	0.8	0.0	0.0	3.4	0.7	1.0
各平台政策比例	3.7	4.7	19.4	21.9	12.1	24.5	8.7

表 4-5 和表 4-6 数据显示：各类信息服务平台发布隐私政策都非常少，占比很低。数量上，独立完整型隐私政策数量更多一些，其次是注册型隐私政策。这两类都是比较正式的隐私政策，在数量上超过其他类型，这是比较好的一种现象。嵌入型和单有标签型隐私政策的数量和比例都很低，它们的作用远不如独立型隐私政策和注册型隐私政策。单有标签型隐私政策，从另一个角度讲，给用户带来一种期望，即不久未来平台将会发布独立完整型隐私政策。

另外，调查发现，有 11 个平台同时发布有独立完整型隐私政策和注册型隐私政策，主要集中在商业性数据库平台，图书馆、档案馆和经济信息中心也分别有1个平台发布这种政策组合。从可用性和信号传递角度来讲，这种组合最利于用户使用，传递信息服务组织保护隐私的信号最强，但遗憾的是这种组合型隐私政策数量很低。

（4）各类隐私政策在各类信息服务平台的分布特点

表4-7和表4-8数据显示：①数量上，高校图书馆平台除了没有注册型两类隐私政策外，其他类型隐私政策的数量都排在第一位或第二位，尤其是独立完整型隐私政策类型居多，但由于高校图书馆平台基数太大，在比例上高校图书馆平台属于垫底，所以在这一方面，高校图书馆的发展任重道远。②比例上，商业性数据库平台隐私政策发布比例最高，为23.2%；其次是经济信息中心平台和科技情报服务平台，这两类平台基数都比较小。③发布"注册专门型"隐私政策的平台中，科技情报服务平台比较突出，国家级别情报研究机构及科技部主导的国家科技资源共享服务平台，多采用注册专门型隐私政策。分析这种现象背后的原因，科技情报服务机构及其信息服务产品主要服务于科研人员，需要掌握科研人员的机构归属和使用信息特点，因此需要用户注册个人信息，在注册协议中嵌入隐私保护内容，一是可保证注册协议内容完整，二是可加强隐私政策执行力度。

表4-7和表4-8数据显示：

◎ 在独立完整型隐私政策发布数量和比例方面，经济信息中心平台比较突出；

◎ 在注册型隐私政策发布数量和比例方面，科技情报服务平台和公共图书馆平台比较突出；

◎ 在单有标签型隐私政策发布数量和比例方面，综合档案馆平台很突出；

◎ 嵌入型隐私政策方面，各类平台都比较少，相对来讲图书馆平台的数据高些；

◎ 公共图书馆平台发布的隐私政策，无论哪种类型都很少。

表 4-7　各种隐私政策在省级以上公益性组织平台的分布数量

单位：个

政策类型	公共图书馆	科技情报服务	经济信息中心	综合档案馆	平台合计
独立完整型	2	4	5	3	14
嵌入专门型	0	2	1	0	3
嵌入概括型	2	1	0	0	3
注册专门型	2	10	0	0	12
注册概括型	1	3	1	1	6
单有标签型	1	0	0	2	3
政策数合计	8	20	7	6	41

表 4-8　各种隐私政策在省级以上公益性组织平台发布数百分比分布

单位：%

政策类型	公共图书馆（共32个）	科技情报服务（共103个）	经济信息中心（共32个）	综合档案馆（共34个）	平台合计（201个）
独立完整型	6.3	3.9	15.6	8.8	7.0
嵌入专门型	0.0	1.9	3.1	0.0	1.5
嵌入概括型	6.3	1.0	0.0	0.0	1.5
注册专门型	6.3	9.7	0.0	0.0	6.0
注册概括型	3.1	2.9	3.1	2.9	3.0
单有标签型	3.1	0.0	0.0	5.9	1.5
政策数合计	25.0	19.4	21.9	17.6	20.4

（5）各类型隐私政策发布平台所属地理区域的分布特点

这里仅讨论公益性组织信息服务平台，因为我国商业性数据库平台主要集中在一些发达地区和城市，其所属地理区域之间没有很大差别。

国家级信息服务机构及其信息服务平台主要集中在北京等大城市，所以在比较地理分布特点时未包括北京和上海，仅比较省市级及以下信息服务机构及其产品平台的地理分布特点。

调查统计发现，在地理分布上出现了几个发布隐私政策比较集中的地区或省份，比较突出的是贵州省和江西省。

贵州省在隐私政策发布方面明显已走在前列。①贵州省公办本科院校有20所，其中，有13所发布有独立完整型隐私政策，有3所发布有单有标签型隐私政策并将标签放置在学校网站主页底部全局导航处，有1所在其他政策中提到一些隐私保护内容，属于嵌入概括型隐私政策。②贵州省的公共图书馆、综合档案馆和科技情报机构，虽不如高校发布隐私政策普遍，但也分别发布有一定数量的隐私政策。③分析贵州省的发展背景，大数据发展或许是其重要原因。贵州省是我国首个国家级大数据综合试验区❶，专门成立有大数据发展管理局，如苹果公司亚洲数据中心、阿里巴巴数据中心、华为数据中心、iCloud数据中心、腾讯云数据中心等。这些大数据中心存储的数据相当多是个人数据，因此保护个人数据的担子和责任心更重，对隐私泄露危害性更敏感。在此大背景下能够理解作为培养人才的大学比较注重提升大学生隐私保护的素养。

江西省也是发布隐私政策比较多的一个省份。无论是省图书馆、省档案馆、省情报研究所，还是省工业和信息化厅（经济信息中心所在的上级平台），其信息服务平台都有正式的隐私政策，但主要集中在省级平台。其高校网站及图书馆网站都还未有隐私政策。这种现象反映出江西省政府很重视保护公民隐私，重视政府平台或政府管理的机构平台。

4.3.3　图书馆信息服务平台隐私政策发布的现状和特点

（1）公共图书馆隐私政策发布现状

本书所统计的省级及以上公共图书馆共32所，其中有2所（浙江省图书馆和江西省图书馆）发布了独立完整型隐私政策；另有3所（国家图书馆、广东中山图书馆和广西壮族自治区图书馆）发布的是注册型隐私政策；有2所（云南图书馆和西藏自治区图书馆）分别在其"网站声明"或"关于我们——《公共图书馆服务规范》"中有一句隐私保护的内容，属于嵌入型隐私政策；有1所（山西图

---

❶ 王丽，杨洪涛.中国首个国家级大数据综合试验区正式获批开建[EB/OL].（2016-03-01）[2021-04-01]..https://m.huanqiu.com/article/9CaKrnJUdQM.

书馆）发布的是单有标签型隐私政策，在其主页导航栏中仅有"隐私声明"标签。

副省级和地区级的公共图书馆共有 398 所，有且能打开其网站的是 292 所。其中，仅有 2 所（天津武清区图书馆和贵州贵阳市图书馆）发布了完整独立型隐私政策；有 4 所（江苏淮安市图书馆、深圳市图书馆、甘肃兰州市图书馆、山东济南市第二图书馆）发布的是嵌入型隐私政策，分别在其他政策中如版权声明、法律声明、网站声明等提到一些隐私保护内容。

概括来讲，所查阅的 324 所公共图书馆中仅有 4 所在其网站上发布了有正式独立的隐私政策，比例很低，相对来讲集中在省级馆以上图书馆。在地区分布上没有出现集中现象，比较分散，但很明显东北和西北各省公共图书馆几乎没有发布任何类型隐私政策。发布网站隐私政策内容的公共图书馆清单见本书附录二。

（2）高校图书馆隐私政策调查结果统计

本课题组于 2020 年 5 月 1 日—30 日对第 4.3.1 小节所确定范围的所有公办本科院校及其图书馆进行网站调查。如第 4.3.1 小节所述，这里将学校网站隐私政策也作为其图书馆隐私政策进行统计。调查结果显示，调查范围内的全部公办高校有 836 所左右，其中有 53 所或是学校网站或是其图书馆网站打不开，因此有效统计对象为 783 所。

发布网站隐私政策内容的高校图书馆见本书附录三。具体为：① 20 所有独立正式的隐私政策，比例仅为 2.6%，比例很低；②有 11 所在发布其他政策中嵌入一条或很少隐私保护内容（嵌入概括型隐私政策）；③有 6 所仅在主页全局导航栏中放置有隐私政策的标签（单有标签型隐私政策），表明保护读者隐私的态度，或许不久的将来会发布正式的隐私政策。在地区分布上，除了贵州发布的比较多外，其他省市没有出现集中现象，比较分散。

（3）图书馆隐私政策发展特点总结

图书馆网站隐私政策，近几年在数量上有增长，但增长速度缓慢，而且还出现隐私政策被取消的现象。2004 年据学者初景利调查，我国 78% 的图书馆都没有隐私保护制度，甚至分别有 73.8% 和 76.3% 的读者不在意公开个人的部分信息或认为这不是"侵权行为"。❶ 2010年张丽等指出，我国仅有中国科学院国家科学图书馆、惠州学院图书馆和中国青年政治学院图书馆的网站上有完整隐私政策，其他图书馆如镇江图书馆、繁昌图书馆在图书馆服务声明中包含类似的用户隐私制度条款。❷ 2011年付立红调查我国高校和公共及科研院所图书馆网站158所，其中仅7所发布了隐私政策，分别是中国科学院国家科学图书馆、中国青年政治学院图书馆、武汉生物工程学院图书馆、中国科学院国家科学数字图书馆化学学科信息门户和盐城师范学院图书馆。❸ 2011年易斌调查我国211高校图书馆、公共图书馆和科研院所图书馆共151所（109所高校图书馆、32所公共图书馆、10所科研系统图书馆），有隐私声明的图书馆为21所，占全部所调查图书馆的13.9%，比例很低。其中，发布独立隐私声明或较为具体的隐私条款仅有8所，分别为北京师范大学和中央民族大学各自的图书馆，国家图书馆，浙江、江西、宁夏回族自治区、天津市各自的省级图书馆，以及中国科学院国家科学图书馆；其他13所基本上是在读者注册协议中简单提到保护读者隐私的内容。❹ 2017年韩娟娟指出，985高校中仅有中央民族大学图书馆网站上有隐私政策。❺ 2019年陆康等经过网络调查得出，浙江、江西、福建、山西和云南的各省图书馆在其主页上发布有隐私政策，国家图书馆、首都图书馆和广东图书馆在其他规章制度如安全须知、办卡协议中涉及部分隐私保护内容；42所双一流高校的图书馆网站都未有隐私保护条款，其中中国人民大学和中央民族大学的学校主页上有隐私保护条款。❻ 另外，有研究显示，我国港澳台地区图书馆发布隐私政策比例较高，如港澳台地区高校图书馆发布隐私政策在

---

❶ 初景利.图书馆数字参考咨询服务研究[M].北京：北京图书馆出版社，2004.

❷ 张丽，刘璇，李华伟.亚洲国家和地区图书馆个人信息保护政策研究[J].情报资料工作，2010（6）：21-24.

❸ 付立宏，李灵慧.中美两国图书馆网站隐私政策比较研究[J].图书馆学研究，2011（13）：17-21，8.

❹ 易斌.读者隐私保护政策研究[J].情报理论与实践，2011，34（8）：7-10.

❺ 韩娟娟.高校图书馆读者个人信息保护调查与分析[J].图书馆杂志，2017，36（12）：96-102.

❻ 陆康，刘慧，潘小宇，等.我国图书馆网站用户隐私保护条款研究[J].数字图书馆论坛，2019（9）：61-67.

2011年时就达到43%❶，2016年香港地区高校图书馆发布隐私政策的比例达到52.6%❷，2018年台湾地区高校图书馆发布隐私政策的比例达到58.9%。❸

本书将本课题调查结果和以上文献介绍的调查结果进行比较，发现存在以下几种情况。

第一，有些图书馆网站的隐私政策，在这次调查中没能找到，如福建省图书馆、中国青年政治学院图书馆等。反复查阅并用关键词在网站搜索引擎中进行搜索都没能找到，因此可以排除检索不到位现象。此情况说明有些图书馆并未确认好他们之前发布的隐私政策，有撤销的现象。

第二，有的调查者将大学主页上的隐私政策算为其大学图书馆隐私政策，有的则没有，因此出现不同的调查结果。例如，中国人民大学一直都是在其校主页导航栏中有链接"隐私政策"而其图书馆主页上则没有，2011年付立宏和易斌及2019年陆康等调查时都将其算作学校图书馆隐私政策，而2019年韩娟娟的调查统计则没有记入。第4.3.1小节已经说明大学网站和其图书馆网站之间是总站与子站的关系，共用同一个ICP备案号，即大学主页隐私政策对其图书馆网站有效，因此本书是将高校网站主页隐私政策记入其图书馆隐私政策。只是从用户体验来讲，图书馆网站自己发布和仅其大学主页发布隐私政策相比，前者用户体验更好。

第三，之前的很多调查，或是限于层级比较高的机构，如211高校、985高校，省级以上公共图书馆等，或是抽样性调查。本次调查尽可能扩大调查范围。从调查结果来看，高校图书馆、公共图书馆及科技情报服务平台发布隐私政策的网站数量增加（共69个网站），但由于其基数非常大（1210个网站），比例仅为5.7%，远低于2011年付立宏统计的13.9%。这个比例也说明，虽然目前我国非211学校和地市级图书馆及省级各类科学技术情报研究所发布隐私

---

❶ 付立宏，丁娜.港澳台高校图书馆网站用户隐私政策浅探[J].图书馆学研究，2011（19）：23-27.
❷ 何宁宇.香港高校图书馆网站用户隐私政策调查研究[J].新世纪图书馆，2016（5）：18-24.
❸ 陈淑文，易斌，郭华.我国台湾地区大学图书馆隐私政策调查[J].国家图书馆学，2018，27（2）：75-82.

政策不少，但从比例上来讲，不及层级较高的机构。

第四，虽然隐私政策的发布在比例上呈现出减少现象，但这与所调查统计的范围有关。因此与之前调查范围进行同等范围考察，可以看出图书馆隐私政策还是有进展，只不过比较缓慢，如这次调查发布有隐私政策的平台中，211高校范围内增加了贵州大学图书馆；省级图书馆范围内增加了广西壮族自治区图书馆和西藏自治区图书馆等。

第五，这次调查，包含普通本科公办院校，因而，贵州省内高校图书馆发布隐私政策的数量远超其他省市的特点清晰显示出来。

第六，调查发现，有6所图书馆（主要集中在高校图书馆类型）直接将《中国图书馆员职业道德准则（试行）》置于馆内，该准则有一句"维护读者权益，保守读者秘密"，内容不多，但也可视为保护读者隐私的一句声明，属于嵌入概括型隐私政策。

4.3.4 综合性档案馆信息服务平台隐私政策发布的现状和特点

2018年孙大东等对我国70个档案网站的隐私政策进行网络调查，统计结果显示设置隐私政策的网站仅有9个，比例为12.86%[1]；2019年支凤稳等调查我国省级档案馆和省会档案馆的网站共89个，其中仅有4个网站设置有独立的隐私政策。[2]两者统计范围不同，结果有异，但都显示出我国档案信息服务平台隐私政策制定甚少。与上述文献相比，本书扩大了调查范围，同时也核对了上述文献调查结果及出现的差异。调查结果显示，孙大东和支凤稳都提到的4个网站（即天津、福建、江西三地的省级档案信息网和武汉市档案馆）具有独立正式隐私政策，孙大东提到的深圳、宁波、珠海三地的市级档案信息网也有独立正式隐私政策，但内蒙古档案信息网、贵州档案官网都仅仅有隐私保护方面政策的标签，并未查到实际内容。

---

[1] 孙大东，张欢笑.我国档案网站隐私政策调查研究[J].档案管理，2018（6）：65-68.

[2] 支凤稳，徐萧彦，姚妩媚.国内外档案网站隐私政策比较研究[J].浙江档案，2019（12）：29-31.

调查范围内的省级地方综合性档案馆有 31 所，目前天津、江西和福建的省级档案信息网共 3 所有独立完整型隐私政策，内蒙古和贵州的省级档案信息网共 2 所仅设置单有标签型隐私政策，标签设置在其主页下方导航栏中。其中，贵州档案方志网（贵州档案馆网站）的标签是"版权隐私"，点击进去发现内容仅是有关版权声明，并无隐私保护内容。另外还有 1 所（湖南省档案馆网站），仅其注册协议有隐私保护相关内容（注册型隐私政策）。具体见本书附录四。

调查范围内的副省级及地级市地方综合性档案馆，现在很多档案馆没有自己独立的网站，或是没有建设，或者并入了本地政务服务平台。为了避免混乱，本书仅考察有自己独立网站的副省级及地级市地方综合档案馆。调查期间，能够打开的地级市（包括省会城市）综合性档案馆独立网站有 198 所，其中仅 8 所有面向所有用户的正式隐私政策，具体见附录四。

另外，查阅中央级国家综合档案馆，即国家档案馆、中国第一历史档案馆和中国第二历史档案馆这 3 所的网站，都没有隐私政策。

概括来讲，目前综合性档案馆信息服务平台隐私政策发布特点主要有：①从机构级别来分，各级别档案馆信息服务平台发布隐私政策的比例都非常低。相对来讲，高级别和低级别机构制定隐私政策的比例较低，中间的省级综合性档案馆制定隐私政策的比例略高。②越来越多地市级综合档案馆网站被集成到当地政府网站，其隐私政策的比例将与政府网站隐私政策比例同步。③从地域分布来看，现有隐私政策的分布，涉及 14 个省份（广东、江西、贵州、天津、江苏、浙江、上海、福建、安徽、湖南、湖北、甘肃、四川、内蒙古），分布率为 45.2%，接近半数。具体来讲，主要集中在华东和华中，发布隐私政策的省份分布比例分别为华东 5/6、华中 3/3、华北 2/5、西南 2/5、西北 1/5、华南 1/3、东北 0/3；从地区分布来看，主要集中在广东、江西、贵州、天津、江苏、浙江。总体来讲，还是与经济发展及互联网发展水平呈正向关系。④综合档案馆平台隐私政策类型最全，最多的是独立完整型隐私政策，其次是单有标签型隐私政策（见表 4-5）。独立完整型隐私政策占比高是比较好的现象。

4.3.5 科技情报服务和经济信息中心服务平台隐私政策发布的现状和特点

公益性情报类机构信息服务网站平台,主要包括两大类,一是科学技术情报服务平台,涉及国家级专业图书馆、省级科学技术情报研究所网站;二是专题信息资源服务平台。

经济信息中心,也称"信息资源管理中心"(如北京市信息资源管理中心),本书都统称为"经济信息中心"。经济信息中心带有较为浓厚的政府机构性质。另外,目前我国经济信息中心有国家层级的(国家信息中心)和省级层面的(省经济信息中心)。省级层面经济信息中心归属本省工业和信息化厅或经济和信息化局。

发布隐私政策的科技情报服务平台和经济信息中心类服务平台清单分别见附录五和附录六。可知,上述各类型平台有隐私政策的占比分别为:国家科技资源共享服务平台是14.0%、国家级专门图书馆信息服务平台是43.9%、副省级以上科学技术情报研究所是9.4%、省级及以上信息中心是21.9%,合计占比是19.7%。比例远高于图书馆和档案馆。分析其原因,主要有:①科技情报服务平台,国家级的主要归属科技部或国务院管理,省级的归属省科技厅管理,都属于直接归属政府部门管理;另外,国家级和省级科技平台基数小。从地理分布来看,省级的只有两所有隐私政策,没有呈现出特点。②根据本书的调查统计结果可知,很多省级工业和信息化厅网站有隐私政策,同时仅有省级以上网站的基数小,经济信息中心网站发布隐私政策的占比远高于其他类型网站就不足为奇。随着国家对隐私政策的重视,更多政府网站尤其是工业和信息化厅网站会越来越重视发布隐私政策。

按组织类型来看,科技情报服务平台是以注册型为主,而经济信息中心是以独立型为主。相对来讲,科技情报服务平台的用户更多是学者个体,更注重用户个体身份的确认;经济信息中心的用户以商户为主,更需要独立完整型隐私政策来全面规定各方隐私保护权利与责任。

4.3.6 商业性信息服务平台隐私政策发布的现状和特点

（1）数据库平台隐私政策发展现状

根据第4.3.1小节确定的数据库考察范围，排除个别有权限限制打不开或需要下载客户端的，合并汇总后共计收集到152个商业性数据库平台。其中，37个平台有隐私政策内容，共包括35种政策，有3个平台是社会科学文献出版社的产品，都采用社会科学文献出版社注册用户协议，见附录七。

分析该152个商业性数据库平台，在隐私政策发布上呈现以下5个特点。

第一，152个平台中有37个平台有隐私政策，比例为24.3%，不足三分之一，仅比前面提到公益信息服务平台发布比例高一些。

第二，有的数据库平台，如雅昌艺术图书数据库平台，没有隐私政策，但其公司主页有；再如龙源期刊网，自身平台有隐私政策和注册用户协议，但从图书馆网站进入则只有用户服务条款（内容不完全相同）。该现象表明，有的数据库商行为双标，对图书馆用户提示或承诺隐私保护意识较弱。

第三，各种类型政策比例都不高，尤其是最重要的独立完整型隐私政策非常少。相对来讲，注册型隐私政策占比稍高些。用户注册时，因为都是实名制（有的是用手机号，但现在手机号也已经是实名制），所以收集的个人信息相对更多些，需要更重视用户隐私安全。

第四，从数据库平台类型来看，古籍类、图书类、少儿类平台发布隐私政策偏少，古籍类的目前如果有隐私政策内容还限于注册用户协议中的少许内容。

第五，从数据库内容来源来看，数据库内容是引进的国外的内容但平台在我国国内且是由我国国内机构（如北京中科进出口公司）负责管理的，如PROQUEST博硕士论文全文数据库，都未放置隐私政策内容。

（2）我国引进的国外商业性数据库平台隐私政策发布现状

我国引进国外商业性数据库，主要是通过集团采购方式，而目前最大的采购集团是DRAA。2020年8月考察DRAA网站（http：//www.libconsortia.edu.cn），共列有290个数据库，除去国内出版发行或管理的18个和属于客户端应用的 3 个，有效统计数据库是 269 个。这些数据库分别使用共 108 个平台，即很多数据库使用同一平台，且使用平台隐私政策，故按平台统计隐私政策。根据本课题组一一查阅，108 个平台中有 106 个平台发布隐私政策，比例高达 98.15%。考察这些平台和其中的数据库，多属于几个大型跨国出版集团，受欧盟 GDPR 影响比较大。

和 2019 年上半年考察时相比，虽说大多数平台早已有隐私政策，但也有一些平台如 iGLibrary、Swetswise、Eurekaselect 之前未有隐私政策，这次新增有隐私政策。

（3）互联网信息搜索引擎平台隐私政策发布现状

综合性搜索引擎都包含相当多垂直搜索引擎子平台，如百度、360 搜索、搜狗和中国搜索都分别包括有网页搜索、新闻搜索、图片搜索、视频搜索、百科等；前三种的子平台类型更多些，还分别包括音乐搜索、学术发现、网址导航等；而且各自还都有其特有的搜索子平台，如百度有百度知道、百度文库，360 搜索有软件搜索，搜狗有微信搜索、购物搜索，中国搜索有政务搜索等。概括来讲，综合性搜索引擎包括常规的信息搜索平台，如网页搜索、网址导航服务，还包括具有社区服务功能的内容搜索，如百科、文库等。

其他垂直搜索引擎提供的内容比较单一、明确，如有道搜索偏重词典应用，央视搜索偏重央视内容搜索等。

互联网信息搜索引擎平台隐私政策发布情况见附录八。

分析这些搜索引擎平台，在隐私政策发布方面呈现以下 4 个特点。

第一，除联合搜索这种元搜索外，其他搜索引擎都有隐私政策。其形式有 3 种：独立完整型、嵌入专门型和注册专门型。2015 年本课题组因研究需要考察过这些搜索引擎，当时很多搜索引擎不提供或提供很少隐私政策内容，现在情况大为改观，这和我国加快隐私安全立法有很大关系，也与全球加大隐私保护力度尤其是 GDPR 出台有很大关系。

第二，大型综合性搜索引擎，都有其多个垂直搜索引擎子平台，这些子平台，有的仅直接使用综合性搜索引擎总隐私政策，有的还发布自己独立隐私政策，如百度平台隐私政策明确说明"该隐私政策适用于其集团所有平台";有的平台有单独隐私政策时,单独隐私政策优先,但单独的隐私政策未包含的内容,应用总的隐私政策。❶像百度视频、百度的千千音乐等就有自己独立的隐私政策。

第三,搜索引擎发布隐私政策比例非常高,但在展示上存在一定问题。具体在第 4.4.2 小节分析。

第四,新出现一些比较小众的搜索引擎,比较突出的是一个"秘迹搜索",实际上是一个元搜索,该搜索直接在主页搜索框下标注"这是一个不追踪你的搜索引擎",在其隐私政策中也明确表明"我们不会收集用户的个人信息",标记"没有 Cookies"。❷

总体来讲,搜索引擎面向市场、面向大众,同时依赖广告商获取商业利润,因此,用户个人数据集合成为大数据,这些公司也成为大数据企业。分析用户数据,挖掘用户数据隐藏的用户特点和习惯,最容易造成隐私侵权,所以,相对来讲,这些企业更需要也更应该发布隐私政策。

4.4 我国信息服务平台隐私政策合规现状考察与分析

本节是根据第 4.2 节隐私政策合规分析内容进行分析,合规溯源为我国相关法律法规,同时参考 GDPR 主要规定及《个人信息安全规范》(2020 版)主要内容。

4.4.1 考察对象的确定

从利于广大用户角度来讲,较好方式是发布独立完整型隐私政策,如果能再配合有独立简略型隐私政策则更好。其他类型如嵌入型和标签型隐私政策提供的内容都非常有限,与第 4.2 小节提出的合规期望差距很大,或者受众不广,如注册型隐私政策。因此,本书主要分析独立完整型隐私政策,考察信息服务

---

❶ 百度. 百度隐私政策总则 [EB/OL].[2020-01-02].http://privacy.baidu.com/policy.
❷ 秘迹. 隐私政策 [EB/OL].[2020-01-02].https://mijisou.com/about#policy.

平台主要关注的问题，分析现有隐私政策容易忽略哪些关键内容等。具体所要考察的是第 4.3 小节调查出来的独立完整型隐私政策，共 63 份，其中，公共图书馆平台隐私政策 4 份，高校（或其图书馆）平台隐私政策 20 份，科技情报服务平台隐私政策 4 份，经济信息中心平台隐私政策 5 份，综合档案服务平台隐私政策 11 份，商业性数据库平台隐私政策 13 份，搜索引擎平台隐私政策 6 份。见附录二至附录八中隐私政策类型为独立完整型的政策。

4.4.2 搜索引擎隐私政策合规现状分析

搜索引擎发布的隐私政策，其完整度相当高，其他类型的远不及它，因此本书对此单独分析。

第一，综合性搜索引擎发布的隐私政策内容非常丰富，不仅有总的隐私保护声明，同时对一些比较特殊的子搜索引擎制定专门的隐私保护声明，与总政策联合使用。这些平台用户量大，收集到的用户个人信息能够形成大数据，商业价值极为可观。但其也面临很大的隐私安全风险，一旦出现用户隐私泄露事件，可能会造成较为严重的损失。因此，这类平台隐私保护措施受到政府和公众广泛关注，发布内容更为完整的隐私政策符合各方的利益。

第二，从展示角度来看，搜索引擎多在首页底部或顶部全局导航栏给出隐私政策标签和超链接，符合用户使用习惯。但有的存在页面位置不合适的问题，如需要在页面下拉很长时间才能到底部看到。

第三，发布的隐私政策过于繁复。如本课题组调查期间（即 2020 年 3 月至 7 月），百度要求"使用前必读"的隐私保护平台，包括有隐私保护白皮书、隐私政策、用户隐私管理、隐私保护知识库；其中最重要的隐私政策，又包括隐私政策总则、10 个子平台分隐私政策，仅隐私政策总则就有 16 个页面长度（17 英寸屏幕）。这无形中给用户带来阅读困难。百度使用一些图示，有助于用户的理解，但没有完全解决政策内容繁复而不利阅读的问题。

第四，强调子公司、关联公司、合作方之间的个人信息共享。如百度隐私政策表示可共享的合作伙伴包括接入的第三方服务平台或服务提供商、结合的第三方软硬件或系统服务提供商，以及将匿名信息提供给合作的广告/咨询类服务商和广告主等；360集团还有360搜索联盟，强调流量的聚合变现。综合性搜索引擎组织的子公司、关联公司和合作方很多，这类政策内容无疑给个人信息大数据分析和被广泛使用提供了合法性。而用户则比较无奈，因为现在比较适用的搜索引擎，都有这种个人信息使用目的的说明，用户只能接受。这也就不难理解，为什么人们在购物平台查看或购买商品，很快在电脑屏幕前能看到同类商品的推送弹框。

第五，对于保留用户个人信息的期限，大多没有给出明确说明。百度搜索、360搜索和搜狗搜索都表明依据法律法规规定保存，同时搜狗搜索表示对非注册用户个人信息存储期限一般为6个月。本课题组调查期间我国法律法规对保留个人信息的期限只有下限的具体规定（即网络安全法规定的保存网络日志不少于6个月）。因此，搜索引擎隐私政策的这种表述很含糊，并没有给出时间期限上限。

第六，目前出现了不收集用户个人信息的搜索引擎，如秘迹搜索。作为一种市场产品，在取消利用个人信息大数据盈利方式后，需要有其他盈利模式来支撑，目前这类搜索引擎还很少且不知名。

第七，信息用户权利方面，大多数隐私政策没有赋予用户"数据可携权""约束自动化决策权""限制处理权"，除此之外，基本都有表4-1"用户的权利"中所列各种权利，但表述上详略不一，内涵也有一定差异。

4.4.3 隐私政策条款内容合规现状分析

以下根据表4-1对排除搜索引擎后的其他6类信息服务平台隐私政策共57份中的53份进行条款内容分析（《汉达文库香港中文大学》《Wisesreach慧科》两个商业数据库采用的是香港方面的隐私政策，宁波诺丁汉大学网站采用的是英国诺丁汉大学隐私政策，宁波大学图书馆网站在作者核查时已改为学校账号登录，故上述4个平台的隐私政策内容不在本章节分析范围。）。

（1）内容项分布现状分析

①按平台类型分析。6类平台中，只有商业性数据库的隐私政策包含表4-1中全部一级内容项；其他平台隐私政策包含内容项目数依次为高校图书馆平台15项、综合档案馆平台13项、经济信息中心平台13项、公共图书馆平台12项、科技情报服务平台11项，缺项最多的是科技情报服务平台。

各类平台隐私政策缺项情况主要为：

◎ 公共图书馆平台隐私政策的缺项：个人信息数据质量、个人信息存储地点与时长、个人信息转让、个人敏感信息、未成年人个人信息，共5项；

◎ 科技情报服务平台隐私政策的缺项：个人信息数据质量、个人信息存储地点与时长、个人信息转让、个人敏感信息、隐私政策发布或修订时间、安全事件告知与处置，共6项；

◎ 综合档案馆平台隐私政策的缺项：个人信息数据质量、个人信息存储地点与时长、个人信息转让、安全事故告知与处置，共4项；

◎ 高校图书馆平台隐私政策的缺项：安全事件告知与处置，共1项。

具体缺项的情况，如图4-2所示，其特点主要有：第一，各类平台隐私政策都包含的内容项有10个，占全部17个的58.8%，比例不高。第二，"个人信息数据质量""个人信息存储地点和时长""个人信息转让""安全事件告知和处置"这四项，分别都仅被两类平台（商业性数据库平台和高校图书馆平台）隐私政策所包含。第三，这里的公益性平台隐私政策缺乏"个人信息数据质量"和"个人信息转让"这两种内容项。不难理解，公益性信息服务机构收集的个人信息，通常都和身份挂钩，很多信息服务平台有读者身份证信息，但没有商业利益驱动去做转让个人信息的项目。无论怎样，如果各类平台隐私政策能够很好地包括各项内容，隐私政策的完备性才能更好。

②按平台隐私政策内容项进行分析。平台隐私政策内容项呈现出的特点主要有：第一，没有任何一个内容项的被包含率是100%。考察各具体政策内容，有的政策强调的是免责或者描述一下用户同意原则，涉及平台主体责任的内容很少。第二，有7个内容项在超过70%的隐私政策中都有描述，基本是法律法

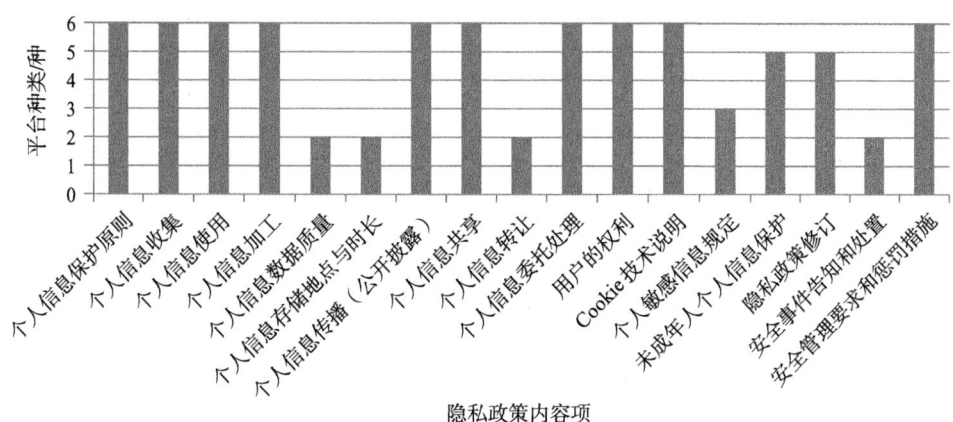

图 4-2 隐私政策各内容项分布的平台类型数量

规强调比较多的事项，特别是法律法规规定比较明确的"个人信息收集""个人信息利用"等事项。第三，图 4-2 和图 4-3 的数据清楚显示，还有很多内容项没有被更多隐私政策所包含。第四，虽然内容项"安全管理要求和惩罚措施"被包含率很高，但都仅是强调保证"安全"，没有提到平台对安全事故发生后的处罚内容，有的还表示外部（如黑客等）不可抗力造成的隐私泄露免责。相对来讲，这部分内容对用户提供的安全保证不是很到位。

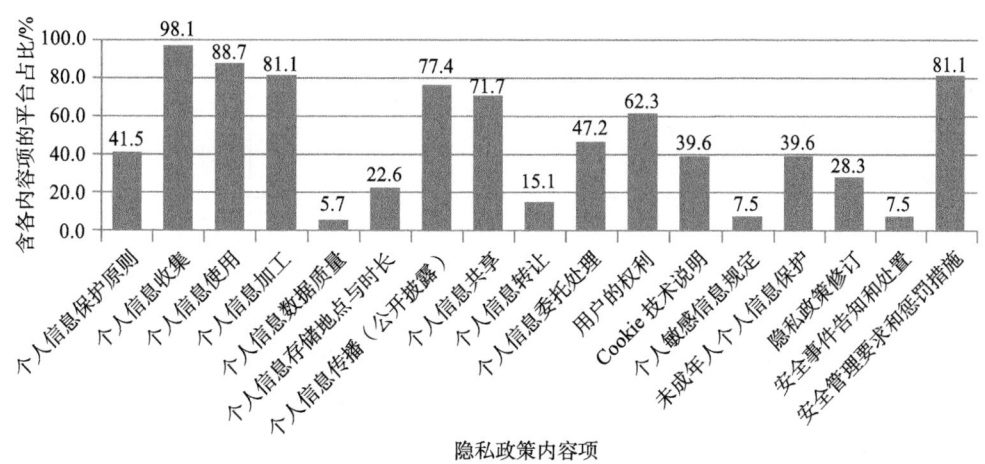

图 4-3 包含各内容项的隐私政策文本占比

③隐私政策模板运用分析。目前贵州、深圳等地许多平台隐私政策内容相近,可以说是使用了同一个政策模板,且包含图 4-3 中被 46% 以上政策所包含的内容项。这种现象表明,一是需要改进这类模板,模板的质量直接影响运用该模板的信息服务平台隐私政策的质量;二是应该积极推广这类方便适用的模板,节省信息服务平台研制隐私政策的成本,也可快速在各信息服务平台普及隐私政策,而且在隐私政策质量得到保证的情况下,便于提高各信息服务平台隐私政策质量。相对来讲,商业性数据库平台的隐私政策个性化很强,没有出现相同或相似的隐私政策。

(2)用户权利描述现状分析

所考察的 53 份独立完整型隐私政策中有 33 份包含有用户权利内容,占比约为 62.2%。这个比例虽然过半,但不高。各类平台都有的用户权利主要有如表 4-9 所示项目。

表 4-9　各类平台隐私政策包含用户权利项的分布

平台类型	查阅权	更正和补充权	删除权	终止电脑处理及利用权	注销账户权	申述权	索取个人信息副本权(复制权)	撤回同意权
公共图书馆	1	1	1	1	0	0	0	0
高校图书馆	10	9	8	9	0	0	0	0
科技情报服务	1	1	1	2	0	0	0	0
经济信息中心	4	4	4	3	0	0	0	0
综合档案馆	5	5	5	5	0	0	0	0
商业性数据库	8	7	6	0	5	5	1	1
合计	29	27	25	20	5	5	1	1

表 4-9 的数据显示出,各类平台隐私政策在描述用户权利方面有以下特点:

第一,都没有表述"数据可携权""获得解释权""请求制止权"。表 4-9 中的"终止电脑处理及利用权",与表 4-1(c)中的"限制处理权"和"约束自动化决策权"在含义上有交叉但不完全一样,前者含义广但比较模糊。

第二，提到用户权利的政策文本有33份，但没有任何一项用户权利项被这33份政策文本都提到，且表4-9后4项权利也仅被部分商业性数据库部分隐私政策所包含，特别是"撤回同意权"和"索取个人信息副本权"都仅被1份政策文本（新东方在线隐私政策）提到。前4项权利是比较通用的用户权利，后4项权利对平台要求更高一些，因此应该督促平台保障这方面的用户权利。目前仅有"新东方在线隐私政策"包括表中除"终止电脑处理及利用权"外的所有权利，其他都有很多缺项。本次调查期间，我国隐私保护法律法规都还未规定个人信息主体具有"数据可携权"和"约束自动化决策权"，但GDPR已经提出。

第三，相对来讲，商业性数据库平台隐私政策给出的用户权利更多，描述得也更详细，这与其收集和利用用户数据不无关系。单从隐私政策用户权利内容完备性来讲，显然商业性平台隐私政策更合规些。

第四，关于复制权（索取个人信息副本权），目前各信息服务平台都提供用户查阅自己注册的个人资料的功能和权限，但个人信息还包括个人在平台查询和阅览信息的行为信息。针对这部分个人信息，商业性数据库平台（如中国知网）基本通过检索结果页面向用户呈现，其他类型平台缺乏这种功能。不记录个人信息是对个人信息的最大保护，但所调查的平台目前还未出现像秘迹搜索那样明确表示不收集用户个人信息的政策。获取个人信息副本是比较复杂的事情，因为很多平台收集个人信息的渠道有多种，如用户自己注册时提供的个人信息、用户使用平台留下的行为痕迹、平台从外部公开渠道获得的个人信息、平台从第三方合作者获得的个人信息等，同时众多用户个人信息又混合在一起，稍有不慎就可能因为提供副本而泄露其他用户个人信息。因此需要平台提前进行细致分类和提供检索功能。

第五，大约61%的隐私政策明确表示用户拥有"终止电脑处理及利用"的权利。这个权利目前仅出现在公益性信息服务平台隐私政策。这种现象也反映出商业性数据库更重视分析用户。在当前大数据分析极为火爆环境下，这项用户权利对用户非常重要。目前42个公益信息服务平台政策中有近一半设置有这项用户权利，这已经比较可观。另外，北京师范大学–香港浸会大联合国际学院平台隐私政策明确表示"本校绝不会分析任何上网记录数据",保护用户隐私力度更大。

概括来讲,目前隐私政策对平台收集和存储用户个人信息时用户应拥有的相关权利描述得还很少,更多是告知用户平台会收集和利用个人信息。

(3)平台主体个人信息收集描述现状分析

这里主要针对隐私政策中有关平台收集个人信息行为的规定进行分析,对应法律法规的用户的知情权。

内容描述比较详细的隐私政策,一般都将所收集的个人信息按照收集方式分为两大类,即平台计算机程序自动搜集和分类的个人信息及用户个人注册时提供的个人资料。

①非个人化信息。很多隐私政策将平台计算机程序自动搜集和分类的个人信息描述为非个人化信息,包括 IP 地址、浏览器、ISP 域名等。这部分信息如果不与用户个人资料进行关联,并不会变为用户个人信息,但"不关联"是前提。目前各类平台隐私政策普遍都提到收集这类信息,且并没有说明用户可以拒绝。对这部分信息的收集还包括采用 Cookies 等类似技术的收集方式。目前无论是公益性信息服务平台,还是商业性数据库平台都未提供用户同意或拒绝的设置。Cookies 的使用是另一种收集非个人化信息的方式。目前有 21 份隐私政策设置有 Cookies 使用说明。内容详简不一,不过都是说明利用 Cookies 技术采集客户端本地一些用户平台使用行为信息,以快速对用户需求进行反应,也告知用户可以关闭 Cookies。人民网和数据公园数据库平台隐私政策还并列提到与 Cookies 有类似作用的网络信标(Web Beacons)的运用。

②个人资料。目前隐私政策划分出的个人资料,一种是用户在平台自己注册提供的,一种是用户在平台所属机构注册后用的账号资料。对公益性信息服务平台来讲,后一种情况比较普遍。第一,对注册用户个人资料,平台具有直接的保密责任;对使用其他场景的账号进入平台的,平台的保密责任则是不应将账号与账号注册平台的个人信息进行关联。当用户利用注册信息(包括其他场景注册的账号)使用信息服务平台的,平台可收集的个人信息要比当下信息

服务所需的必要个人信息多得多,增大了隐私安全风险。这也提醒注册平台,不应在注册时就让用户提供太多个人信息。目前提到提交性别、年龄、职业、教育程度等非必需个人信息内容的隐私政策分别约有 58.5%、41.5%、47.2%、39.6%,比例不算低,除了商业性数据库隐私政策没有提到教育程度,其他各内容项各类平台都有要求提供,这种现象对用户来讲并非好事。第二,对个人资料的收集,主要是希望不要收集太多与相应服务无关的,不过目前的隐私政策在这方面描述得很含糊,并没有明确说仅为当前的服务,甚至还直接表示为了改进服务需要收集用户个人的信息。第三,目前隐私政策中仅有 66% 份提到收集个人资料的目的、71.7% 份提到自动收集非个人化信息的目的,这个比例虽然都过半,但与收集要求内容比例低不少,既然是打算收集,就应该同时给出收集目的和收集要求。

（4）个人信息披露、利用、共享、存储等内容描述现状分析

①个人信息披露、利用与共享的关系。目前所考察的隐私政策中,描述个人信息披露、共享和利用方面存在术语含义不一致现象。同样的内容,有的使用"信息的披露"标题（如中国人民大学平台）,有的使用"共享"标题（如湖南理工学院图书馆平台）,有的则使用"使用"标题（如数据公园平台）。从合规视角看,都符合表 4-1 列出的"个人信息的使用"。这种现象的出现,一方面是由于三者在语义上有交叉,"共享"是"利用"的一种方式,"共享"词义本身具有"披露"语义；另一方面也说明隐私政策的内容描述还有待规范。

②术语的解释。目前仅有中国知网和新东方在线各自隐私政策有术语解释。中国知网平台分别对"披露"和"共享"进行了解释和定义,区分了两者含义；新东方在线平台仅解释了"共享信息"。两平台对"共享"的定义并不同,中国知网平台定义"共享"的主体是指个人信息控制者（这里即是指中国知网平台）,而新东方在线平台对"共享"的定义主体是指用户本人。由此可见,术语不规范也是隐私政策未来需要改进的一个方面。

③关于"个人信息披露"的描述。现有隐私政策在描述平台披露行为前提方面存在一定的模糊性。第一,有 27 份公益性信息服务平台隐私政策表示用

户个人信息披露前提是"政府机关依照法定程序要求"或"为了公共安全的目的"。第一个说法符合现有法律法规要求，但第二个说法是否合规有待商榷，因为这个表述很模糊，没有标明披露的准许主体或场景的必要性。这里容易引起争议的是如何判定平台所进行的"披露"是为了公共安全目的。第二，相对来讲，商业性数据库隐私政策的表述更为谨慎，如在因公共安全目的原因披露个人信息的规定中，人民网平台增加的前提是"在法律允许的范围内"；中国知网、数据公园则仅表示在法律法规和政府法定程序要求的前提下披露。第三，"披露"还包括平台组织的一些用户主动参与并上传个人信息的活动，这时平台应该负有提醒义务。目前有19个隐私政策，设立有"网上调查活动"或"公共论坛"的内容项，这些隐私政策全部出自公益性信息服务平台，表示这些活动会披露一些用户个人信息，由个人自主且谨慎决定是否参加此类活动。这种提醒很有必要。

④关于"个人信息共享"的描述。现有隐私政策在描述平台个人信息共享行为前提方面，基本符合现有法律法规，个别政策在语言表述上存在一定模糊性。第一，有38个平台隐私政策提到个人信息共享，其中27个是公益性信息服务平台隐私政策，表达内容很一致，都是表示未经用户的同意（除了法律法规规定外），不会和第三方共享所搜集的个人信息。第二，相对来讲，搜集到的共12个商业性数据库平台隐私政策，有9个提出共享个人信息的计划，主要内容是表示与授权合作伙伴共享，目的是为用户提供服务，同时表示会要求第三方遵守本平台要求的隐私保护规范。这些都是符合合规要求。个别的如库客隐私声明，在罗列会和第三方共享用户信息的场景中有一个是"（c）保护库客音乐的权利、利益"，这种提法对用户来讲就有很大不确定性。

⑤关于"个人信息使用"的描述。根据图4-3的统计，隐私政策文本中对"个人信息使用"的描述，占比为88.7%，比较高。但从具体文本来看，描述方式不太一致。有的在描述收集目的时直接说明，有的专门设置有"信息利用"标题和自然段，有的同时设置有限制利用的段落。或许是因为很多隐私政策内容都和个人信息使用有关，会在隐私政策文本多处出现相关内容。商业性数据

库平台隐私政策全部都设置有这类内容项，剩余 13% 没有设置的隐私政策都来自公益性信息服务平台，尤其是综合档案馆。对应表 4-1 "个人信息使用"的考察点，描述的内容非常不全面，尤其是缺乏对使用方式的描述。

⑥关于"个人信息存储"的描述。第一，存储时长方面。从用户角度来看，存储个人信息时间越久，用户隐私泄露风险就越大。所调查的隐私政策中，涉及存储时长的仅有 9 份，其中 8 份都是来自商业性数据库平台，或是表示不少于 6 个月（如人民网）、1 年（如新东方）或 3 年（如超星），或是表示平台有权决定存储时长（如中国知网、财新网）等。仅有北京师范大学 – 香港浸会大联合国际学院隐私政策表示"保存至达到收集资料的目的为止"。调查期间，我国法律法规对一般个人信息存储没有规定最长存储期限，仅对网络上一般个人信息存储规定了最短存储时长。❶ 2021 年出台的《个人信息保护法》第 19 条，对此方面给出了原则性规定，即"除法律、行政法规另有规定外，个人信息的保存期限应当为实现处理目的所必要的最短时间"。这个最短时间是多少，应该通过隐私政策告知用户。第二，存储地点方面，目前国家法律法规有关规定主要涉及跨境存储和第三方存储。《网络安全法》明确规定关键信息基础设施运营者运营中收集的个人信息应当在境内存储。这个规定是国家对运营者的要求，不依赖个人信息主体的主观意见。所调查的隐私政策中，涉及这方面内容的仅有 2 个商业性数据库平台的隐私政策（人民网、新东方在线），表示都在我国境内存储。第三，存储主体，主要看是否描述有第三方存储内容。所调查的隐私政策中，也仅有 2 个商业性数据库平台（财新网、艺拍指数）的隐私政策提到会由合作的第三方存储。这种方式属于合规，但隐私安全风险也较大。总体来讲，所考察的隐私政策，在"个人信息存储"方面描述的内容很少。

（5）隐私政策修订、安全事件告知和处置、安全管理要求和惩罚措施等管控事项描述现状分析

①隐私政策修订的描述。截至 2020 年 11 月，仅有 15 份文本给出现有隐私

---

❶ 见《网络安全法》第二十一条（三）："采取监测、记录网络运行状态、网络安全事件的技术措施，并按照规定留存相关的网络日志不少于六个月。"

政策的发布时间，份数很少且大多数时间是来自平台上显示的文本发布时间，不是严格意义上的隐私政策发布时间。新东方在线平台上写明隐私政策的发布时间和生效时间，中国知网平台上写明隐私政策的最近更新时间，这些形式给出的时间，是严格意义上的发布时间。另外有 8 份隐私政策文本表示用户应该经常查阅网站隐私政策以了解最新隐私政策内容。仅有 2 份（皆来自商业性数据库平台隐私政策）表示如果隐私政策发生重要变化，会以电子邮件的方式通知注册用户，其中有 1 份还表示会在醒目位置显示更新的内容。从用户体验角度看，用户不可能每次登录平台都去查阅一下隐私政策，特别是对比较完善的长篇幅隐私政策文本，查阅负担比较重。因此，应该在隐私政策文本页面呈现更新日期和更新变化内容。整体来讲，这部分做得不尽如人意。

②安全事件告知和处置内容的描述。如图 4-3 所示，仅有 7.5%（共 4 份）的隐私政策包含安全事件告知和处置的内容，比例太低。4 份中包含 1 份公共图书馆平台隐私政策和 3 份商业性数据库平台隐私政策。江西图书馆平台隐私政策表示在病毒等特殊外力侵扰下平台免责，但会尽力采取必要措施减少用户的损失。这种陈述表达了减少用户顾虑的处置责任，但没有提及告知责任。其他 3 份分别来自中国知网、社会科学文献出版社和人民网，具体内容基本都是：如果发生隐私侵权事件，将尽力补救，且通过电话、邮件、推送等方式通知用户，如果不能一一通知，也将采取合理、有效的方式发布公告。上述内容描述合规，但这样的隐私政策仅有 7.5%，比例太低。

③安全管理要求和惩罚措施内容的描述。如图 4-3 所示，有大多数隐私政策都设置有安全管理与惩罚的内容项，这些内容是对保护用户隐私的一种承诺。不过其内容主要都是安全管理上的说明，仅有 1 份即中国光学期刊网隐私政策表示，如果负有保密义务的员工或代理商泄露用户个人信息，将受到包括终止合同和刑事起诉在内的相应处罚。建议其他隐私政策对此进行借鉴。相对来讲，设置该项内容的隐私政策比较多，但相对表 4-1 所列对应合规考察点，描述的内容点非常少。

（6）个人敏感信息与儿童个人信息保护描述现状分析

①个人敏感信息。所考察的独立型隐私政策中仅有 4 份提到个人敏感

信息，主要包括注册时需要填写的手机号、电子邮箱地址、微信或QQ等第三方登录信息。这些政策都提到针对个人敏感信息将采取更严格的保护，但没有提到其他更多类型的个人敏感信息以及如何处理它们的内容。除了1份是来自综合档案馆平台，其他3份均来自商业性数据库平台。后3份还强调微信和QQ等第三方账号登录信息是个人敏感信息，慎重使用。总体来看，目前我国信息服务平台隐私政策缺乏对个人敏感信息保护内容进行专门说明，需要改进。

②儿童个人信息。所考察的独立型隐私政策中，仅有19份专门提到儿童或未成年人个人信息保护，分别来自7个高校图书馆平台（全部在贵州省）、1个科技情报服务平台、2个经济信息中心平台、5个综合档案馆平台及4个商业性数据库平台。这些平台的主要服务对象并不是青少年，反倒是目标用户包括青少年的公共图书馆平台的隐私政策还未包括这部分内容，这点需要改进。

4.4.4 隐私政策展示设置合规现状分析

以下将按照表4-2中一级内容项，对排除搜索引擎后的其他6类信息服务平台隐私政策进行统计分析（见附录二至附录七所列独立完整型隐私政策）。

（1）版本形式和媒介设置现状分析

根据表4-2，该内容项下可分6个二级考察项。

第一，根据表4-5和表4-6，1625个平台（没有包括互联网搜索引擎），仅有8.6%的平台有隐私政策或其标签，且仅有3.5%的平台有独立较完整的隐私政策，比例非常低。因此，从整体上讲，目前信息服务平台在用户个人信息收集利用及隐私保护措施展示方面做得相当不够。

第二，多种版本方面，公益性信息服务平台隐私政策字数都不太多，最多的也不过1500字，因此无须再有简略版。相对来讲，商业性数据库平台隐私政策内容比较多，达到3000多字，有几个还达到上万字。因此这些平台如果有对应的简略版较好。不过目前还没有一个平台的隐私政策同时有简略版和完整版，这是一个缺憾。

第三，多种媒介和媒体方面，目前还未出现音频视频形式，都是文字文本。有两个隐私政策仅有英文版本，其他都仅有中文版本。仅有英文版本的平台，面向的目标用户是有较好英文基础的国内外学者，不过如果同时发布中文版和英文版则更好。

第四，文本内容醒目在于有标题和标号。在标题和标号比例方面，文本内设置独立标题的政策有39份，在所考察的53份独立完整型隐私政策中占比为73.6%，比例不太高，不过如果仅考虑千字以上的33份政策，则有30份都有标题，在33份政策中占比为91%，比例还比较高。另外，所考察的独立完整型隐私政策都有标号。进一步来看，在标题醒目方面，与正文字体不同的标题有18个，其中17个是黑体、1个是紫色粗体，比较醒目。从比例上来看，18份有醒目标题，占有标题的39份政策的46.2%，不足一半，比例不高。总体来讲，在设置标号方面做得不错，但标题醒目方面做得很不够。

第五，文本正文阅读可用性方面还存在不少问题。①有11份政策文本，段落行距太宽，用户不能一目了然，增加下拉负担。②有1份政策文本是行距太窄，阅读费力。③有1份政策文本，其正文中想要强调的地方太多，都用黑体，降低了标题醒目性。④有1份政策文本其正文标题颜色和背景颜色接近，降低了标题清晰度。

第六，在术语定义和目次（文内导航）方面，仅有2个平台（中国知网和新东方在线）的隐私政策有对应内容。很明显，目前信息服务平台隐私政策在这两方面做得很不够。

（2）位置展示与超链接现状分析

根据表4-2，位置展示合规分析包括显著性和阻挡性，显著性又包括页面位置和网页访问深度。

①显著性方面。根据调查结果，各类平台隐私政策的入口位置主要包括首页顶部导航区、首页底部导航区和首页中上部左边或右边的注册区。位置都比较明显。网页访问深度方面，从到达隐私政策内容页面的点击次数来看，点击一次就可到达的有48份，点击两次可到达的为8份，点击三次可到达的有1份，

相对所考察的独立完整型隐私政策来讲，占比分别为84.2%、14.0%、1.8%。总体来讲，隐私政策文本内容的放置是比较合理的。

②阻挡性方面。调查期间仅有我国国家知识产权局的专利检索与分析平台具有这种功能，其他的都还没有。因此，用户通常不看隐私政策这种现象不足为奇。

按照图4-1所示进行统计，调查的独立完整型隐私政策的超链接都属有效链接。对其他类型隐私政策超链接进行考察，发现有2份无超链接及其提示、有1份有超链接显示但点击无反应、有5份的超链接有效但链接空白、有2份的超链接有效但链接到本页顶部、没有隐私政策内容但没有路径的现象，相对全部有隐私政策或标签的141份（见表4-5），比例不高，仅有7.1%。解决这个问题不存在技术难度，平台应努力将链接错误清零。

（3）导航系统现状分析

所考察的独立型隐私政策都有首页入口导航系统。全部综合档案馆平台（共11个，100%）、全部经济信息中心平台（共5个，100%）和部分科技情报服务平台（共4个中的3个，75%）的隐私政策入口都处于平台全局导航位置。高校图书馆平台情况比较特殊，从校级平台来讲，共18份隐私政策都是处于全局导航，但是未能导航到图书馆自己相对独立网站上。公共图书馆平台独立隐私政策共4份，有2份（即50%）处于全局导航。商业性数据库平台独立型隐私政策共11份，有8份（即72.7%）处于全局导航位置。概括来讲，综合档案馆平台、经济信息中心平台和科技情报服务平台在导航系统设置方面合规性高，信号传递功能强；高校图书馆平台有些特殊，但从图书馆平台使用来讲，导航系统的信号传递功能并不强；公共图书馆平台和商业性数据库平台的导航系统做得不是很到位。

嵌入型隐私政策共29份。目前国家知识产权局专利检索系统隐私政策是放在系统开始页面，使用前必读，具有很好的使用阻挡性，不存在导航是不是全局的问题。其余28份都是处于平台的全局导航位置，即合规性很高。对于嵌入型的隐私政策，最好网站地图导航系统能够提供隐私政策内容导航功能，目前仅有3份提供了这个功能，占比较低，但因为全局导航有提供，这个问题影响不大。

总体来讲，目前无论是独立型隐私政策还是嵌入型隐私政策所处导航系统的情况都还不错，相对来讲，公共图书馆平台还需要加大隐私政策全局导航功能开发，各类平台都应该改进网站地图，尽可能在其中放置嵌入型隐私政策的超链接。

（4）检索系统现状分析

独立型隐私政策，或是在首页或是在注册页面有标签和超链接，因此不涉及检索系统问题。

嵌入型隐私政策，如果能从平台检索系统进行检索，有助于用户查询平台是否有隐私政策。目前嵌入型隐私政策共有29份，所属平台仅有7个配有站内检索系统，其中又仅有4个检索系统可以检索出隐私政策，分别对应检索词"用户资料""读者秘密"和"隐私"[本课题组考察时轮流使用"隐私""个人信息""个人资料"（用户+读者）*（信息+资料+秘密）进行检索]。其中包含术语"用户资料""读者秘密"的两份都来自图书馆平台，用词属于图书馆行业用语。从数量来看，无论是有检索系统还是能进行有效检索的平台都非常少，这部分是以后需要改进的地方。

（5）标签系统现状分析

标签系统的评价，分别从标签颗粒度、标签命名语法语义和标签版面形式三个方面进行。前面已经分析过标签版面形式，这里不再赘述。目前标签系统主要有以下特点。

第一，独立型隐私政策文本内的标签数量不太多，颗粒度并不太完善。独立型隐私政策文本，其标签颗粒度主要体现在文本内是否在关键点（如个人信息的收集、利用、处理、共享、撤销同意、注销账户等内容点）有相应的单独标题。目前所考察的独立型隐私政策中有39份有各级标题，从关键内容项来看，各内容项有对应标题的隐私政策数量分别为：非个人化信息收集38份、个人资料收集22份、信息安全34份、披露28份、用户权利27份、限制利用原则24份、信息使用14份、信息有效性21份（实际是指第三方网站链接的本平台免责)、网上调查活动(公共论坛)18份、未成年人个人信息收集利用规定19份、Cookies 13份、存储6份、共享5份、转让4份、适用范围4份、保护通信秘密2份,其他如"术语解释""征得授权同意的例外""全球转移""经您同意的其他用途"等都是1份。现在并没有一个标准来衡量标题颗粒度,但从各关键点是否有标题来看,仅50%左右的隐私政策在收集、利用、安全、披露和用户权利这几个关键点有标题,仅信息安全和收集(非个人化信息收集或个人资料收集)两个关键点有60%以上的隐私政策设置了标题。这种状况对用户阅读隐私政策并不友好。

第二,公益性平台和商业性数据库平台的隐私政策标签颗粒度有较大差别。在隐私政策中给出"共享""分享""转让"小标题的平台都是商业性数据库,这和他们有这种商业操作有关,而图书、情报、档案等公益性信息服务领域出现这种现象的概率还很低,未包含这些内容及其标题比较正常。

第三,嵌入型或注册型隐私政策文本标签颗粒度比较低。对这类隐私政策文本,主要考察是否在政策文本中对个人信息处理及隐私保护内容设置了文内标题。考察结果为,共29份嵌入型隐私政策文本中有9份其文内隐私保护内容有对应标题,比例不高,但其中7份专门型隐私政策文本都有对应标题,也是比较好的结果;注册型隐私政策文本共39份,有16份政策文本的隐私政策内容有对应标题,不足一半,不利于用户快速找到隐私保护内容,需要改进。

第四,大部分标签语义明确。所考察的独立型隐私政策文本中,50份其入口标签都是带有"隐私"文字,表意清晰;另有3份分别采用"法律声明""网站声明""信息保护"作为入口标签文字,不如"隐私"或"个人信息"语义明确。有1份(中央民族大学首页)隐私政策文本其入口标签是图标,鼠标放上时才显示文字"法律声明",不如文字直截了当。

4.4.5 隐私政策同意设置合规现状分析

"同意"设置分析,既包括同意所对应内容是否合规的分析,也包括同意设置展示是否合规的分析。同意设置面向的对象既有整份政策内容，也有单独的 Cookies 和具体内容项。

（1）面向整份政策内容和面向单独 Cookies 的同意设置现状分析

主要考察是否有、出现方式及是否具有"阻挡性"。

目前所考察的独立型和嵌入型的隐私政策文本，着重的是告知，缺乏"同意"询问的操作。在隐私政策描述中，提到"同意"方式的主要有"新东方在线隐私政策"，表示收集个人信息前"将以应用内弹窗的方式通知到您并取得您的明示同意"。在"阻挡性"方面，仅有国家知识产权局专利检索的政策声明具有阻挡性，不通过隐私政策页面则进入不了下一页面。总体来讲，面向独立型和嵌入型隐私政策呈现出的"同意"设置还不完善。

注册型隐私政策，在注册前都有类似"我已阅读并同意《隐私政策》"这样的表达。①本课题组考察的用于 50 个数据库平台的 48 份注册型隐私政策（包括仅有注册型的 37 份，既有独立完整型又有注册型的 11 份，其中有 3 个平台使用同 1 份注册型隐私政策，见附录二至附录七），有 19 份是明确有选项框且默认无勾选。这种方式让用户多一次点击，也就是多一次思考；有 13 份是明确有选项框且默认勾选，有 16 份是没有提供选项框，有默认勾选作用。对于电脑端平台来讲，这里无论是默认勾选还是无默认勾选，都需要用户主动点击"同意"一类的按钮，因此都属于明示同意方式。②在"阻挡性"方面，注册型政策平台设置中有 8 个具有阻挡性，含有隐私政策内容的注册协议内容和"同意"在同一页面，不经过这个页面无法点击"同意"，比例较低仅约为 16.7%，但已是比较好的情况。另外，还有 2 个平台的设置是协议内容与"同意"按钮在同一页面，这种方式虽然不具有阻挡性，但减少了链接深度，提高了隐私政策可用性。

独立型、嵌入专门型和注册专门型中的 Cookies 设置，目前都没有弹出框或首页出现询问，也就是说采用 Cookies 或类似软件自动收集用户的行为信息和设备信息，并没有在操作时询问，而仅是在政策内容中说明用户可以在自己的浏览器中关闭 Cookies 设置。如果按照 GDPR Art7：3 的规定❶，这种设置很难说达标。本课题组考察的国外数据库平台及欧美国家各类图书馆平台，基本上都能看到 Cookies 的询问弹出窗口，这或许与其需要执行 GDPR 有关。在这方面我国各类平台还需要注意改进。

（2）面向具体内容项的同意设置现状分析

按照表 4-3 项目进行考察和统计。这里主要是对隐私政策文本中的相关规定进行的统计，并没有统计平台实际的同意选项设置。统计结果见表 4-10。

本课题组考察的是 53 份独立型隐私政策文本，表中呈现出的数值都不高，超过一半数量的也只有 4 个内容项，可见在同意项说明方面做得还很不够。不过，这 4 个选项是最关键的内容。

描述限制利用时，有 24 份隐私政策文本是在"限制利用原则"中给出"本网站唯在符合下列条件之一，方对收集之个人资料进行必要范围以外之利用：4.1 已取得您的书面同意"，这句话符合《个人信息安全规范》（2020 版）7.3 的规定。但对比《网络安全法》第 41 条中"网络运营者收集、使用个人信息，应当遵循合法、正当、必要的原则"，后者并没有说明用户同意就可以将用户的个人信息运用到必要之处，因此目前的"限制利用原则"的规定难以说符合《网络安全法》。

对收集使用目的的描述，目前有 21 份隐私政策文本没有包含个人信息收集使用目的的说明，这个数值有些高；有 33 份提到收集利用目的的隐私政策文本，但内容几乎都是说明改善服务，或者增加帮助用户解决技术问题的说明，如"用于图书馆服务的改善，提高图书馆服务的质量和统计用户的数量等"，这点与《个人信息安全规范》（2020 版）5.1–5.3 的规定不甚吻合，与《网络安全法》第 41 条中"网络运营者不得收集与其提供的服务无关的个人信息"的

---

❶ GDPR Art7：3（第 7 条第 3 点）规定："The data subject shall have the right to withdraw his or her consent at any time. The withdrawal of consent shall not affect the lawfulness of processing based on consent before its withdrawal. Prior to giving consent, the data subject shall be informed thereof. 4It shall be as easy to withdraw as to give consent."

规定是否吻合也有待商榷,因为"改善服务目的"并没有说明这个服务是不是用户当下诉求的服务。另外,商业性数据库隐私政策描述的收集利用目的非常多,甚至有两个还提到与广告商合作目的。

表4-10给出了"同意"设置说明的现状,针对撤回、拒绝同意的说明很少,目前描述撤回同意内容项、拒绝被收集内容项(包括填写拒绝、关闭自动收集、进行隐私安全设置等方式)分别有1份和4份隐私政策,数量非常少,且这些政策全都是来自商业性数据库平台。可以看出,目前这方面的说明还不太合规。

表4-10 描述有面向具体内容项同意设置的隐私政策数量

隐私政策内容项	同意类型	对应隐私政策份数	对应隐私政策份数占全部53份的百分比/%
个人资料被收集前的同意设置	授权同意,明确同意	30	56.6%
网络产品和服务收集前的收集功能明示	授权同意	38	71.7%
个人资料基本业务功能收集前应告知	授权同意	30	56.6%
扩展业务功能收集前应告知:其他目的	明示同意	25	47.2%
向个人电话或邮箱发送商业信息前	明示拒绝	2	3.8%
向他人提供个人信息前:分享	授权同意	29	54.7%
转让所收集的个人信息	授权同意	8	15.1%
公开披露所收集的个人信息	授权同意	8	15.1%
跨境存储	授权同意	4	7.5%
自动化处理个人信息	授权同意	20	37.7%
提出终止电脑处理	授权同意	19	35.8%
对间接获取的个人信息的处理活动超出原有授权同意范围的再次征求同意	授权同意	1	1.9%
超出收集时所声称的目的时再次征求同意	授权同意	7	13.2%
撤回同意		1	1.9%
可以拒绝被收集		2	3.8%
注销/删除账号		5	9.4%

续表

隐私政策内容项	同意类型	对应隐私政策份数	对应隐私政策份数占全部57份的百分比
关闭自动收集		1	1.9%
隐私安全设置		1	1.9%
学术研究目的进行统计（公布时匿名）		2	3.8%

4.5 我国信息服务平台隐私政策发布特点、问题及改进建议

目前我国针对网站隐私政策还未出台类似针对 App 隐私政策那样的强制性规定。根据上文各章节内容分析可以看出，近几年我国信息服务平台隐私政策在规模和内容上都有改进，但力度较小，需要进一步完善。

4.5.1 隐私政策发布的特点和主要问题归纳

根据上文各章节内容的分析，目前我国信息服务平台隐私政策发布的特点及存在的问题主要包括以下 8 个方面。

第一，总体上隐私政策数量不高、增长幅度较小，可见信息服务平台对隐私政策重视还不够，完善隐私政策的动力不足。

第二，公益性信息服务平台，相比较商业性数据库平台和商业性搜索引擎平台，在隐私政策的发布规模、内容完备性上都存在较大差距。公益性信息服务平台，或许因无分享获利动机以及用户信息库规模不太大，发生侵犯隐私权的事件很少，但依然是需要改进的，以增加用户信任，将用户个人信息泄露的概率尽可能降至零。

第三，我国商业性数据库平台，在隐私政策发布比例上，虽然比公益性信息服务平台起点高，但相比我国引进的国外数据库平台，无论是在规模上，还是在内容条款、内容展示和同意事项设置上，都存在较大差距，作为已经或者很有可能进入国际市场的商业性数据库平台，应该借鉴国外数据库平台

已有的成熟的隐私政策内容和形式，在国内要合规，进入国际市场也要保证其合规。

第四，我国搜索引擎平台是最近几年开始发布隐私政策，在内容完备上远超其他类型。这类平台收集存储的个人信息规模大，容易对个人信息进行关联且分析预测出用户更多的未直接暴露的隐私，隐私安全风险高，因此应当按照法律法规和国家标准制定最严格的隐私政策，即尽可能采用《个人信息安全规范》（2020版）中最严格（常常包括在"注"中）的内容。

第五，隐私政策文本中多缺乏"适用法律"这部分内容，应该改进。

第六，在展示方面和同意设置方面，缺乏完整版与简化版的联合，也缺乏开始使用平台前的Cookies同意设置等，这些都应当加以改进。

第七，所考察的独立型隐私政策中，有17份内容非常相似，主要集中在高校图书馆和综合档案馆平台。这种采用相同或相似"模板"的形式，有利的一面是各类信息服务平台制定隐私政策时可以相互学习和借鉴，减少制定成本；不利的一面是有的平台可能会"偷懒"，对于隐私政策模板不足或不适用的地方没有改进，所以需要提高各类平台隐私政策模板的质量。目前《个人信息安全规范》（2020版）给出的个人信息保护政策的模板可以借鉴。

第八，出现具有"阻挡"功能的隐私政策设置形式，这对于督促用户查阅隐私政策而不把隐私政策作为透明标签可以起到很好的作用，但仅有1例，还需要进行大力推广。

4.5.2 改进信息服务平台隐私政策的建议

在隐私政策未被强制要求设置的背景下，由信息服务组织自身决定是否发布及发布什么样的隐私政策，需要借助一定的动力。

（1）信息服务平台隐私政策改进的动力因素与阻力因素梳理

动力，分为外部动力和内部动力。外部动力，是动力主体对外部的适应力；内部动力，是动力主体获得利益的内在机理。对信息服务组织发布隐私政策来讲，其外部动力包括对法律法规、行政要求、行业自律要求的符合，即合规，以及对社会环境的适应；其内部动力，包括降低管理成本、增长收益、增加社会口碑等。

阻力，是阻碍事物发展的作用力。对信息服务组织发布隐私政策来讲，其阻力是产生的成本，包括政策执行成本（制定成本、实施成本和管理成本），以及政策执行后产生的风险成本。这里的风险成本也是其障碍因素，具体是指隐私政策发布执行后会给执行隐私政策的主体带来什么不利后果。

无论是外部动力还是内部动力，其实都可以用成本—收益理论来解释，即某种行为的发生，是行为者权衡其中利弊的结果。在这里就是要比较和权衡隐私政策的收益（动力）与成本（阻力）。

（2）提高合规动力与降低成本阻力的措施

隐私政策发布的重要收益之一就是合规收益和免责收益。合规收益，是信息服务组织对法律法规和行政要求的回应，在行业自律有惩罚措施时，也是对行业自律的合规回应。免责收益，对运营者来讲是一种很特殊、很实用的收益，即采用通告方式和获得"同意"的方式，向用户事先声明网络以及第三方链接可能存在的安全风险，用户需要自己承担风险后果。如果没有这种免责的"声明"，用户很有可能会主张网络运营者未充分告知的失责。

隐私政策执行成本主要包括隐私政策的制定成本、实施成本和管理成本。①制定成本主要体现在对法律法规要求的全面掌握以保证隐私政策的合规性。②实施成本主要体现在组织内部整体业务过程都需要遵循隐私政策规定。目前隐私政策是否具有合约性还有争议，但隐私政策也是对用户的一种承诺，需要发布主体遵守和执行，而这种执行对组织机构来讲是实打实的业务管理工作，甚至可能会涉及新设岗位、增加监管环节、调整业务流程、员工培训以及改变与合作方的合作关系等，这些新的变化会产生相应的费用，也会产生某种情绪和混乱，可能会影响合作关系等。③管理成本，是指隐私政策从制定、实施到终止整个生命周期内所有的管理费用。如数据保护官招聘成本、隐私政策实施和终止的审计成本、满足用户查询个人信息请求的业务成本等。

隐私政策风险成本，主要是指违约成本。隐私政策是一种承诺，这种承诺约束运营主体要遵守隐私政策的规定；同时，一些正式的隐私政策还有个人信息查询请求、用户个人信息侵犯诉求等处理联系方式，这些请求如果回应不得当，会造成更大的隐私侵权风险，进一步会损害组织声誉，组织机构需要支付大笔风险管理费用。例如，通常隐私政策有一条即用户可以查询自己的个人信息，如果服务商没有采取措施将特定用户个人信息与其他用户个人信息分离，将包含特定用户信息的众多用户信息都打包给查询用户，则会造成其他用户隐私泄露。如2018年12月中旬，德国一用户爆料称，亚马逊在应自己的请求发送该用户个人信息时，同时还将涉及其他用户的1700份音频文件发送了过去。❶

对比上述发布和实施隐私政策的收益和成本现状，成本在其中的表现更突出一些。本课题组调查的一些图书馆业务管理者，有的表示本来是想制定和发布隐私政策的，但因涉及很多问题比较麻烦而放弃了。因此，当下如果要普遍实现隐私政策的发布与实施，需要采取提高收益、降低成本的机制。

第一，加强合规和免责收益，就是需要加大合规性的要求，即增加法律法规、行政命令对发布隐私政策的强制性要求，加强行政监管，加大违反规定的惩罚措施。这样，在信息服务行业中，那些遵守合规要求、发布隐私政策的信息服务组织，相比不发布或发布的不规范的信息服务组织，其获得的合规收益和免责收益更多，避免因非合规受到惩罚。

第二，降低隐私政策执行成本，具体来讲，要培养或招聘称职的隐私保护官以降低隐私政策制定和管理成本；科学合理进行业务重组和人员培训，提高组织内部全员隐私素养以降低隐私政策的实施和管理成本；开发便利用户查询其个人信息的软件工具，加强不同用户个人信息的分离，以降低隐私政策管理和风险成本等。

第三，隐私政策是面向用户的，对运营商来讲也是极好的宣传机会，因此也需要认真、科学地撰写和表达其隐私政策内容，这本身需要很专业的能力，会涉及时间成本、人力成本和制作成本。例如，简单的表达方式就是一个文本

---

❶ 三言财经.亚马逊Echo发生隐私泄露事故：泄露1700份陌生人录音给一名德国用户[EB/OL].（2018-12-21）[2020-12-01]. http：//dy.163.com/v2/article/detail/E3IT04RQ0519U3I5.html.

链接，如果让其发挥更大效果，则可以借助视频等技术手段，对隐私政策表现方式进行精心设计。好的隐私政策内容会增加收益、降低成本，反之则会降低收益、增加成本。

（3）用户隐私安全声誉品牌作用的提升与用户抉择动力机制的完善

信息服务组织的一个重要收益是用户隐私安全声誉品牌，其目的是增加用户人数与用户人次，以及收集到更多用户个人信息。

用户人数与用户人次增加，具体是指信息服务产品使用数量增加，包括使用频次的增加、使用时长的增加，更包括用户人数的增加，通常在网络运营商那里表述为流量的增加。公益性信息服务组织的收益是通过其向目标用户提供信息服务来实现的，用户人数与用户人次增加是对其业绩的一个考量。对营利性机构而言，用户人数与人次的增加，伴随的是利润的增加，包括用户直接支付的使用费用，也包括合作广告方按照用户人数给予的广告费用。用户提供个人信息，是信息服务机构的另一个重要收益。大数据畅行年代，精准营销、个性化服务等已经成为扩展信息服务项目、吸引用户的重要措施，而其运作依赖于大量个人信息的统计和数据挖掘。引导用户提供更多个人信息已成为信息服务机构的一项工作。很多企业性信息服务机构与广告商合作获得广告费用的收益。广告商看重的是信息服务机构所掌握的用户及其个人信息。用户人数和人次的增加能够带来广告点击阅读量的增加，用户的个人信息可以让广告商的广告精准定位。

针对隐私政策带来的收益大还是风险（成本）大这个问题，目前研究结果还未有定论，出现了不同的观点。如卢叶微等通过用户调查分析认为商业网站隐私政策与隐私披露意愿相关的假设不成立[1]，而杨姝等人通过用户调查数据分析则认为商业网站隐私协议对隐私披露意图有显著正向影响[2]，也就是说几乎是同时间、同方法（用户问卷调查和数据统计）、同对象（都是研究商务网站）

---

[1] 卢叶微，胡治严. 对个人在线提供信息隐私意愿的影响因素研究 [J]. 上海管理科学，2008（5）：36-39.

[2] 杨姝，任利成，王刊良. 个性特征变量对隐私关注影响的实证研究 [J]. 现代教技术，2008（18）：54-59.

的研究，两团队的研究结论却相反。谢卫红等认为，"用户越重视隐私政策，就会越担心自身的信息隐私会泄露，隐私顾虑就会越大"❶。在国外，阿瓦德（Awad）等人指出"网络用户越重视隐私政策，越不愿意披露隐私信息"❷；卡皮斯特拉诺（Capistrano）等认为"精心设计信息隐私政策是诱导提供个人信息的重要手段之一"❸，同年，杨恒莉（Yang）等认为云存储平台隐私政策的缺失对感知有用性与持续使用云存储服务意愿之间有负向调节作用❹，概括来讲，卡皮斯特拉诺和杨恒莉（Yang）两个研究团队都认可隐私政策对隐私披露的推动作用，而阿尔马迪（Alsmadi）等则认为隐私政策对云存储采用意愿无影响❺。

从隐私政策提高用户信任角度看，隐私政策可能会给信息服务组织带来更多用户及其个人信息，但它同时也是一种教育资源，可以唤醒和强化用户隐私保护意识，用户因此可能对使用信息服务产品和提供个人信息更慎重和谨慎。这两种效果的产生，与隐私政策内容和表述有很大关系，也与用户隐私观念有很大关系。因此，本书有以下建议。

第一，增加用户隐私保护声誉品牌的竞争价值。具体来讲是整个社会建立一种氛围，将用户隐私保护性能作为信息服务组织一个重要声誉参数，作为信息服务机构和信息服务产品的有力竞争要素。由于长期以来社会中隐私保护意识的缺乏，这种声誉的建立单靠用户隐私意识的增强远远不够，应当增大政府、

---

❶ 谢卫红，曲静静. 大数据背景下威胁评估对网络隐私顾虑的影响：组织隐私政策的调节 [J]. 科技管理研究，2018，38（19）：188-194.

❷ AWAD N F, KRISHNAN M S. The personalization privacy paradox: an empirical evaluation of information transparency and the willingness to be profiled online for personalization[J]. MISQuarterly, 2006, 30（1）: 13-28.

❸ CAPISTRANO E P S, CHEN E V. Information privacy policies: The effects of policy characteristics and online experience[J]. Computer standards & interfaces, 2015, 42: 24-31.

❹ YANG H L, LIN S L. User continuance intention to use cloud storage service[J]. Computers in human behavior, 2015, 52（11）: 219-232.

❺ ALSMADI D, PRYBUTOK V. Sharing and storage behavior via cloud computing: Security and privacy in research and practice[J]. Computers in human behavior, 2018, 85: 218-226.

行业及媒体的助力。这种助力可以通过正式的有影响的评比、曝光隐私保护差的典型、广泛告知隐私泄露的危害来开展，也可以将隐私保护作为各种评价的一项指标。例如，可以将"3·15"晚会作为一个重要的声誉影响平台。当隐私保护成为声誉品牌的一项重要指标，就可以推动组织机构尤其是企业积极发布隐私政策。

第二，信息服务平台应当给用户提供更便利的抉择设置。增加用户决策是指增加用户是否同意其个人信息被收集、被使用、被存储、被共享的机会。这个措施是用来增强用户对个人信息的自主权，对网站主体保护其个人信息增加信任度，使用户获得被尊重感，以此吸引更多用户以及吸引用户披露更多个人信息。而增加用户决策的表现形式就是隐私政策的发布和在其中设置是否"同意"的选项。

第三，隐私政策内容要体现隐私保护的质量保证。质量保证是给用户看的。这里需要信息服务组织研究哪些因素会影响用户的信任和隐私安全风险感知，并进而影响用户个人信息的提供，并针对这些方面向用户提供说明信息。例如，根据第 2.1 小节的分析，信息服务方的隐私管理、隐私设置、安全性等因素对用户隐私披露都有影响，因此应该通过隐私政策对这些内容进行说明。

营造隐私保护的社会氛围，需要政府、信息服务机构和社会各界的共同努力。另外，正如吴匡文（Wu）等人发现，跨文化因素对隐私政策内容与隐私关注/信任之间的关系有显著影响。[1]在发展我国各类信息服务组织隐私政策时，如果是跨境服务则还需要考虑对应国家的文化因素。

4.6 小结

隐私政策是由信息服务组织主动发布的，其内容是对信息服务组织的一种自我约束，因此是信息服务组织的一种自律形式。目前还没有比较权威的信息

---

[1] WU K W, HUANG S Y, YEN D C, et al. The effect of online privacy policy on consumer privacy concern and trust[J]. Computers in human behavior，2012，28（3）：889-897.

服务组织隐私政策模板，本章以第 1 章所分析的法律法规为合规溯源，设计了我国信息服务组织隐私政策的合规分析内容，包括隐私政策条款内容、展示方式、同意设置、个人敏感信息和儿童个人信息保护四个方面的合规分析框架。利用这些分析框架，本章着重调查和分析了我国信息服务组织隐私政策发展现状及存在的问题，探索解决这些问题的策略或机制。总体来讲，我国目前信息服务组织多数都还未颁布其隐私政策，已经颁布的隐私政策其内容也多比较简单，还需要加大改进力度。

第 5 章　隐私素养发展机制研究

上述章节梳理了国家层面隐私保护的法律法规和行政规范，探索了行业层面和组织层面隐私保护的管理措施。然而，在这场隐私保护战中，个体的隐私素养不能缺位，尤其是在各种法律法规和组织实践不断强化隐私自理（知情同意）理念的背景下，隐私素养是个体判断和决定如何维护自己的隐私权及避免侵犯他人隐私权的关键，是个人层面的信息用户隐私安全管理措施的主要内容。同时，发展隐私素养教育，有助于个体透过信息技术的面纱而做出理性选择，也是发展隐私素养的基础。❶ 隐私素养是个发展中的命题，当前其内涵是什么、教育内容包括哪些、考察界限和标准是什么等，无论在学术界还是实践领域都还未有定论，还在不断探索中。

5.1 相关概念及发展的社会背景

"隐私素养"这个术语的产生和引起社会的关注，与隐私泄露事件频发有关，同时也与相关的大众信息素养发展、社会信息伦理道德发展有关。在分析隐私素养发展的背景和必要性之前，本书先对隐私素养的内涵及其相关概念进行梳理和分析。

---

❶ DEBATIN B. Ethics, privacy, and self-restraint in social networking[M]. Berlin Heidelberg：Springer，2011：47-60；罗力. 我国移动互联网用户个人信息安全风险和治理研究 [J]. 图书馆学研究，2016（13）：37-41.

5.1.1 相关概念

保护个人隐私的素养，目前还没有统一的称谓，有的用"隐私素养"，也有的用"个人信息保护素养"或"个人信息安全素养"等，本书统一使用"隐私素养"。

（1）隐私素养的内涵

根据目前所收集到的资料，2009年国外学术界开始对术语"隐私素养"（Privacy Literacy）进行说明和使用。

2009年，罗特曼（Rotman）等发文，认同隐私素养是数字素养的子类或补充的观点，并认为隐私素养是一个教育框架，旨在培养出有隐私保护意识和积极态度的用户。❶ 同年，兰根德费尔（Langenderfer）等从经济学以及现代隐私权注重对个人信息控制的视角，提出"隐私素养是指消费者对与之互动的信息环境及其在该环境中的责任的理解"❷；随后，德巴廷（Debatin）等指出隐私素养包括对隐私的知情关注和保护隐私的策略❸；维格斯（Veghes）等将隐私素养定义为在数字环境下评估个人资料的收集、处理、分发及使用的方法及能力。❹ 上述这些对隐私素养含义的说明，发表在2009—2012年，分别涉及隐私意识、隐私保护方法和隐私保护能力，但都没有给出具体的解读。

2013年以后，学术界开始对隐私素养进行比较具体的解读，并重点解释网络环境下的隐私素养。例如，扬（Yong）等提出，数字隐私素养（Digital Privacy Literacy）作为一种用户意识，可以从互联网技术熟悉程度、机构实践

---

❶ ROTMAN D. Are you looking at me?–social media and privacy literacy[EB/OL].（2009-02-08）[2020-01-05].https://www.ideals.illinois.edu/bitstream/handle/2142/15339/Are_You_Looking_at_Me_-_Social_Media_And_Privacy_Literacy_-_final.pdf?sequence=2&isAllowed=y.

❷ LANGENDERFER J, MIYAZAKI A D. Privacy in the information economy[J]. Journal of consumer affairs, 2009, 43（3）: 380-388.

❸ DEBATIN B. Ethics, privacy, and self-restraint in social networking[M]. Berlin Heidelberg : Springer, 2011 : 47-60.

❹ VEGHES C, ORZAN M, ACATRINEI C, et al. Privacy literacy : what is and how it can be measured?[J]. Annales universitatis apulensis : series oeconomica, 2012, 2（14）: 1-36.

意识及政策法规理解程度三个维度来考察[1]；特雷普特（Trepte）等认为在线隐私素养（Online Privacy Literacy）主要是指个人数据保护知识和个人数据保护策略[2]；威斯辛格（Wissinger）认可吉文斯（Givens）的观点，即"隐私素养是一个人对在线环境中如何跟踪和使用信息以及信息如何保留或失去其隐私性质的理解和认识水平"[3]；罗森塔尔（Rosenthal）等提出，隐私素养包括对数据机构如何收集和使用个人数据的了解，以及对个人如何限制这些数据被不必要地使用的了解[4]；邓胜利等提出，在线隐私素养侧重于用户对隐私保护的知识和技能[5]；饶志誉和王丰分别从信息安全角度提出"个人信息安全素养"含义，认为其是指个人信息安全的知识、意识和能力。[6]

对一个术语概念的界定，除了给出该概念内涵和外延确切而简要的说明外，还需要对其有进一步的解释，帮助人们理解。概括来讲，目前对隐私素养或相近术语的解释有以下特点：①在内容范围和表述上，有的强调隐私保护方面的认识和知识，有的强调隐私保护方面的知识和能力，有的表述比较抽象简要但缺乏必要的解读，有的表述比较具体但限定了隐私素养概念的外延，另外有的文献采用的是更专指的术语，如"在线隐私素养""数字隐私素养"等，凸显隐私素养在互联网中的重要性。②在概念研究思维上，相对于对信息素养的研究，

---

[1] YONG J P. Digital literacy and privacy behavior online[J]. Communication research, 2013, 40（2）: 215-236.

[2] TREPTE S, TEUTSCH D, MASUR P K, et al. Do people know about privacy and data protection strategies? Towards the "Online Privacy Literacy Scale"（OPLIS）[EB/OL].（2015-01）[2021-01-5].https://www.researchgate.net/publication/270889484_Do_People_Know_About_Privacy_and_Data_Protection_Strategies_Towards_the_Online_Privacy_Literacy_Scale_OPLIS.

[3] WISSINGER C L. Privacy literacy: from theory to practice[J]. Communications in information literacy, 2017, 11（2）: 378-389.

[4] ROSENTHAL S, WASENDEN O C, GRONNEVET G A, et al. A tripartite model of trust in Facebook: acceptance of information personalization, privacy concern, and privacy literacy[J]. Media psychology, 2020, 23（6）: 840-864.

[5] 邓胜利，王子叶. 国外在线隐私素养研究综述[J]. 数字图书馆论坛, 2018（9）: 66-72.

[6] 饶志誉. 移动支付背景下个人信息泄露风险法律防范研究[D]. 成都：四川省社会科学院，2019；王丰. 论对个人信息安全素养的培养[J]. 电子世界, 2020（2）: 93-94.

学者越来越强调运用批判性思维，如，扬引用戈夫曼（1959年）理念即个人应该能够通过有选择地暴露自己的身份来管理或控制私人和公共的界限，认为在数字时代，这一理念包括对数据流及其隐含规则的批判性理解，以便用户能够采取行动[1]；罗特曼等提出隐私素养是数字素养的子类[2]；但威斯辛格等则指出，数字素养侧重于在数字环境中基于任务的信息使用，而隐私素养概念的界定侧重于理解与在线共享信息相关的责任和风险，即隐私素养是与批判性思维紧密结合的。[3]③对隐私素养能力解释方面，越来越强调对隐私保护知识和数据机构隐私政策的认识和理解，以及对管理个人数据策略和能力的掌握。

总体来看，人们对隐私素养内涵的认识在不断丰富，但还需要进一步探索，以形成权威性的、比较能达成共识的概念解释。另外，隐私素养内涵方面也应强调保护他人隐私的意识和能力；即如何提高大众的隐私素养，让大众有意识、有能力在维护公共安全和自身安全的同时，不侵犯他人的隐私权益。

根据上述分析，本书将隐私素养界定为：能够理解隐私保护法律法规和政策，具备保护本人隐私及不泄露他人隐私的意识、知识、方法和能力。这里特别强调以下三点：

- ◎ 强调对隐私保护法律法规和政策的理解和认识，这里主要是指对所在国家所在地区隐私保护法律法规和政策的理解和认识，各国各地隐私保护法律法规和政策并不完全相同，每个人应当遵守当地的法律法规和政策；
- ◎ 强调重视保护隐私，不仅包括保护自己的隐私，也包括保护他人的隐私，现实中很多人的隐私是被他人无意识或者无法律概念而泄露的；

---

[1] YONG J P. Digital literacy and privacy behavior online[J]. Communication research, 2013, 40（2）: 215-236.

[2] ROTMAN D. Are you looking at me?-social media and privacy literacy[EB/OL].（2009-02-08）[2020-01-05].https://www.ideals.illinois.edu/bitstream/handle/2142/15339/Are_You_Looking_at_Me_-_Social_Media_And_Privacy_Literacy_-_final.pdf?sequence=2&isAllowed=y.

[3] WISSINGER C L. Privacy literacy：from theory to practice[J]. Communications in information literacy, 2017, 11（2）: 378-389.

◎ 强调隐私素养不仅仅是意识方面的内容，还包括保护自己和他人隐私的知识、方法和能力。

（2）数据素养、媒介素养、信息素养等相关概念

信息素养作为术语早已存在，其含义也在不断发展。2018年，英国皇家特许图书情报职业者协会（The Chartered Institute of Library and Information Professionals，CILIP）联合旗下的信息素养小组（Information Literacy Group，ILG）提出"信息素养是对我们发现和使用的任何信息进行批判性思考和平衡判断的能力，它使公民能够接触和表达知情的意见，并与社会充分接触"[1]。英国国立与大学图书馆协会（The Society of College，National and University Libraries，SCONUL）认为"具有信息素养的人将具备信息和数据收集、使用、管理、综合和创建的意识和技能"[2]。

2016年，美国大学与研究图书馆协会（ACRL）将信息素养作为一组综合能力，并将隐私素养和工作场所素养等内容包括在信息素养能力考察中[3]，开始强调其反思性作用。而同时，英国图书信息专业协会（CILIP）的信息素养组（ILG）（2020）和我国学者如彭立伟都指出，"信息素养"是随着信息技术的发展和信息社会的需求变化而不断发展的概念，与数字素养、媒介素养等有着密切联系。[4]

5.1.2 隐私素养发展的社会背景

隐私素养，本身并不是新的素养要求，但是在当下社会信息化、大数据、云计算等发展背景下，加强全民隐私素养的需求越来越迫切。

---

[1] INFORMATION LITERACY GROUP.CILIP Definition of Information Literacy 2018[EB/OL].（2018-04-26）[2020-01-02].https://infolit.org.uk/ILdefinitionCILIP2018.pdf.

[2] SCONUL. The SCONUL Seven Pillars of Information Literacy Core Model For Higher Education[EB/OL].（2011-04）[2020-01-02].https://www.sconul.ac.uk/sites/default/files/documents/coremodel.pdf.

[3] ASSOCIATION OF COLLEGE AND RESEARCH LIBRARIES.Framework for information literacy for higher education[EB/OL].（2015-02-02）[2020-01-02]. http://ala.org/acrl/files/issues/infolit/framework.pdf.

[4] 彭立伟，王芳，徐文静.基于WOS的2007—2017年信息素养跨学科研究述评[J].现代情报，2018，38（8）：163-171.

（1）隐私泄露事件频发及隐私保护意识的觉醒

隐私泄露事件频发的现象，已在本书研究背景进行过描述。保证隐私安全，仅依赖政府惩罚措施、个人信息控制者自我规范是远远不够的，还需要用户自身的觉悟与保护能力。

从目前国内外隐私保护种种措施可以看出，人们的隐私保护意识正在觉醒。如2019年1月中共中央网络安全和信息化委员会办公室等四部委联合开展App专项治理，历时1年进行6批次App评估❶，南都个人信息保护研究中心发布报告指出，超八成受访者知晓App专项治理工作。❷

（2）信息自决权、隐私自理对个人隐私保护能力提出要求

关于信息自决权理论的研究早在20世纪70年代就在德国开展了，其中信息自决权的首次具体化发生在1983年德国的人口普查案，该案确立了一项个人信息是否属于敏感的个人信息并不依其是否触及隐私，而是以个人信息的使用或结合的可能性作为判定的标准。❸所谓隐私自理（Privacy Self-managemen），就是由个人自己来决定自己的个人信息如何被收集和使用，具体来讲就是个人来决定是否同意他人收集和利用自己的个人信息，个人来决定如何披露、访问和控制其个人信息，具有控制其个人信息的能力是利用个人信息的自动化过程中促进自主决策的关键。❹

赋予用户个人隐私自理的要求主要是两大方面：①法律法规和政策的要求。许多国家出台的隐私保护法律法规都将"隐私自理"作为其核心思想之一，具体来讲就是用户对其个人信息被收集利用的"知情同意"原则，也即

---

❶ App专项治理工作组.App违法违规收集使用个人信息专项治理报告（2019）[EB/OL].（2020-05-26）[2020-06-01].http://www.cac.gov.cn/2020-05/26/c_1592036763304447.htm.

❷ 南都个人信息保护研究中心.2019个人信息安全年度报告发布App隐私政策：八成及格了[EB/OL].（2019-12-18）[2020-06-01].https://www.anzhixun.com/news/201912/18091333.html.

❸ BENNET C J.Computers, Personal Data, and Theories of Technology: ComparativeApproaches to Privacy Protection in the 1990s[J].Science, technology &humanvalues, 1991（16）：51-69.

❹ BARUH L, POPESCU M. Big data analytics and the limits of privacy self-management[J]. New media & society, 2017, 19（4）：579-596；SOLOVE, D.J.Introduction: Privacy self-management and the consent dilemma[J]. Harvard Law Review., 2013, 126：1880, 1883-86.

"告知与许可"原则❶,认为数据保护中强调自我责任有助于数据经济的发展❷。②现实中信息平台隐私设置的操作要求。如微软浏览器隐私声明表示"在产品文档中,你还可以了解有关企业和开发人员产品的功能和设置的详细信息,包括会影响你的隐私或最终用户的隐私的选择"❸,从2020年1月起,其新增的隐私声明内容包括了Microsoft Edge的隐私设置❹,这种设置要求,既是遵地法律法规和政策的规定,也是适应和符合信息组织自我扩张使用个人信息的需求。很显然,隐私自理,一方面是给予用户决定"自理"其个人信息的权利,但同时也赋予"自理"的责任和为"自理"承担后果的义务。

概括来讲,隐私自理主要受益者不只是个人用户,很多组织通过隐私自理,动员或诱惑用户同意提供更多的个人信息。因此,隐私自理是一个复杂的问题,对信息用户来讲,利弊同时存在。

(3)信息服务与个人信息获取对用户隐私素养提出更高要求

截至2020年2月29日,本课题组选用中国知网和WOS作为中文和外文文献的来源,在两个检索系统检索到相关文献分别有200多篇。使用中国知网和WOS各自带的检索结果计量统计软件进行分析发现:①中文和英文的文献量增长曲线非常接近,都是从2000年初开始强调从素养角度来研究个人隐私的保护,发文量都是从2014年开始出现迅速增长,尤其是2018年以后,发文量合计占全部文献的35%左右,我国和国外的研究几乎同步;②研究场景主要集中在互联网、社交网络、大数据、自媒体、新媒体、医疗健康、图书馆、建筑物、个人知识管理等,被访者包括各年龄段学生、老年人、年轻父母、成年人

---

❶ CUSTERS B. Click here to consent forever : expiry dates for informed consent[J]. Big data & society, 2016, 3 (1): 2053951715624935; 方建中. 论网络时代"隐私自理"的限度与可能[J]. 浙江社会科学, 2016 (3): 69-73, 157-158.

❷ European Commission. Enter the data economy : EU policies for a thriving data ecosystem[J]. EPSC Strategic notes, 2017, 21: 1-16.

❸ Microsoft. Microsoft 隐私声明 [EB/OL]. (2021-03) [2021-03-22].https://privacy.microsoft.com/zh-cn/privacystatement.

❹ Microsoft.Microsoft 隐私声明的更改历史记录 [EB/OL]. (2021-01) [2021-03-22].https://privacy.microsoft.com/zh-CN/updates.

等，体现出信息技术给隐私保护带来强烈冲击并影响到各类群体；③媒介素养、数据素养、智能手机素养、网络素养、信息安全素养、信息素养、元素养等素养类术语出现得比较多，体现出隐私素养与这些素养的密切关系。

根据上述检索结果可知，关注隐私素养的场景相当多与信息服务活动相关。信息服务者和信息用户的隐私素养，一方面影响双方保护用户隐私的能力，另一方面也影响基于个人信息的提供而发展的信息服务的范围和深度。学者巴吕（Baruh）和扬等认为，影响隐私素养的因素有用户网络使用经验、隐私安全风险的认知评估和隐私关注等。❶

掌握用户的信息需求和信息行为特点，是信息服务有效开展和提高其服务质量的基础和关键。早期对用户信息需求和信息行为特点的了解，都是通过人工问卷调查、实地观察或访谈等方式掌握信息并分析，收集的数据很有限，掌握的程度也不深入。现在，信息服务组织依赖于信息系统和互联网，收集用户个人身份信息和行为信息非常方便，据此分析出用户的信息需求也易如反掌。正是这种方便和容易，对信息服务组织的员工有了提高隐私素养以保护用户隐私的要求，对用户有了提高隐私素养以更好地选择信息服务者、进行隐私设置的要求，以降低用户因担忧而不敢尝试各种信息服务产品现象发生的概率。

5.2　隐私素养内容分析

目前学术界和一些行业已经构建隐私素养测量指标，但还没有在这方面达成共识。本书借鉴这些已有的成果，着重构建个人隐私素养应包含的内容。测量指标与隐私素养内容有很大关联，隐私素养测量指标是针对隐私素养内容进行的可测量分类。

---

❶ BARUH L, SECINTI E, Cemalcilar Z. Online privacy concerns and privacy management : a meta-analytical review[J]. Journal of communication, 2017, 67（1）: 26-53 ; YONG J P. Digital literacy and privacy behavior online[J]. Communication research, 2013, 40（2）: 215-236.

同时，本书采用扎根理论研究方法，进一步搜集和归纳隐私素养内容。具体做法是：通过隐私侵权案例了解容易被侵犯的方面；通过信息平台隐私设置了解需要用户具备的隐私自理的知识和能力；通过查询隐私保护相关法律法规和政策掌握其对个人隐私素养的要求；通过社会调查了解信息服务领域个体认可的隐私素养知识和能力；然后针对这些资料采用扎根理论研究方法进行归类和编码，构建隐私素养内容体系。

5.2.1　基于文献的隐私素养内容总结

目前研究隐私素养测量方面的文献基本为外文，有的是提出隐私素养测量量表，有的仅给出隐私素养的一些测项，具体如表5-1所示。

表5-1　现有文献隐私素养测量量表内容项汇总

来源	量表名称	量表内容项说明
维格斯 （Veghes）[1]	隐私素养测量表	5个维度共49个问题项：①个人数据保护权重；②关系数据保护权重；③个人数据保护权利权重；④重大风险权重；⑤提供适当保护的公共机构权重
莫里森 （Morrison）[2]	隐私知识量表	2个维度共13个问题项：①主观隐私知识量表：3个问题，对组织收集和管理个人信息的评价，以及用户自己对个人信息被收集和管理情况的掌握程度；②客观隐私知识量表：10个问题，判断对错，考察用户对组织机构收集、访问和使用用户个人信息行为对错的判断，以及用户自身权利知道与否的判断
扬 （Yong）[3]	数字隐私素养的维度	3个维度共16个问题项：①技术熟悉度（1个6分制的主观评分项）：包括互联网基础、隐私安全风险、隐私保护意识（P3P）；②机构实践意识（8个真假知识项）；③隐私政策理解（7个真假知识项）

---

[1] VEGHES C, ORZAN M, ACATRINEI C, et al. Privacy literacy: what is and how it can be measured?[J]. Annales universitatis apulensis: series oeconomica, 2012, 2(14): 1-36.

[2] MORRISON B. Do we know what we think we know? an exploration of online social network users' privacy literacy[EB/OL]. (2012-09-22)[2021-01-11]. http://library2.smu.ca/bitstream/handle/01/25402/asb_proceedings_2012.pdf#page=422.

[3] YONG J P. Digital literacy and privacy behavior online[J]. Communication research, 2013, 40(2): 215-236.

续表

来源	量表名称	量表内容项说明
特雷普特 （Trepte）[1]	在线隐私 素养量表 （OPLIS）	5个维度共113个问题项：①关于组织、机构和在线服务提供者的实践知识；②关于在线隐私和数据保护技术方面的知识；③关于德国在线数据保护的法律和法律方面的知识；④欧洲关于隐私和数据保护的指令的知识；⑤用户个人隐私管理策略知识
马苏尔 （Masur）[2]	在线隐私 素养	4个维度共20个问题项：①机构实践；②数据保护技术；③数据保护法；④数据保护策略
温伯格 （Weinberger）[3]	在线隐私 素养水平 测量	2个维度共26个问题项：①技术性在线隐私素养水平：隐私增强工具的知识水平和隐私增强工具的使用水平；②社交网络隐私素养水平：反映访问网站时不提交个人详细信息或提交伪造信息的趋势

分析表5-1所引用文献给出的隐私素养测量量表内容，可以看出其主要特点有：①出现不同视角、不同维度的测量方法，说明学者已经意识到对隐私素养的测量需要多元化、多维度地考察，主观的、客观的、技术的、社交的、法律的、机构的等，各方面都需要考察，但目前学术界在此方面的研究还没有形成权威结论，待进一步讨论以达成共识。②如表5-1所示，早些时候的量表，即维格斯、莫里森和扬等人提出的量表，偏重主观的自我评估，特雷普特和马苏尔都借鉴上述文献的观点，并增加了法律法规知识以及用户个人隐私管理策略的测量。马苏尔的成果实际上是对特雷普特研究的继续，所以两者给出的测量量表基本相同，但马苏尔的用语更具有概括性、覆盖面更广，并把特雷普特测量量表中的第三、四项合并为一项，即"数据保护法"。③2013年及以后提

---

[1] TREPTE S, TEUTSCH D, MASUR P K, et al. Do people know about privacy and data protection strategies? Towards the "Online Privacy Literacy Scale" (OPLIS)[EB/OL].(2015-01)[2021-01-5].https://www.researchgate.net/publication/270889484_Do_People_Know_About_Privacy_and_Data_Protection_Strategies_Towards_the_Online_Privacy_Literacy_Scale_OPLIS.

[2] MASUR P K, TEUTSCH D, TREPTE S. Entwicklung und validierung der online-privatheitskompetenzskala (OPLIS)[J]. Diagnostica,2017(2):1–20.

[3] WEINBERGER M, ZHITOMIRSKY-GEFFET M, Bouhnik D.Sex differences in attitudes towards online privacy and anonymity among Israeli students with different technical backgrounds[EB/OL].（2017-12）[2020-01-05].http://www.informationr.net/ir/22-4/paper777.html.

出的隐私素养测量量表都是关于互联网场景下的，突出了互联网下隐私素养的重要性及学者们对此的重视，同时在之前隐私素养测量量表的基础上，增加了用户对互联网技术及互联网上隐私管理策略掌握程度的衡量。这些内容可以补充到一般隐私素养测量量表之中。

考察学者们设计和调查的背景，发现这些背景主要是以欧洲各国、美国、加拿大、以色列、罗马尼亚等经济比较发达国家的网民为调查对象，侧重商务环境、新媒体使用、社交环境等。维格森（Veghes）等于2012年从市场营销应用环境角度定义和设计隐私素养测量量表并进行实证测量，问题项多采用"个人数据"的用词，以罗马尼亚中青年公民为调查对象，计算出每个维度和每个问题项的权重，同时也测量了被访者的隐私素养现状。❶ 同年，莫里森（Morrison）是从消费者和市场关系角度进行的研究，其中SK❷问题项采用经济学家卡尔森在2007年提出的衡量市场关系中的主观知识内容项，OK❸问题项则是对加拿大隐私专员办公室（OPC）网站上发布的隐私测试项进行修改而构建的客观知识项，调查对象是加拿大公民。❹ 2013年，扬考察的是用户对新媒体使用中个人信息控制的技能和能力（技术方面和社会方面），调查对象是美国成年人网民。❺ 特雷普特和马苏尔是一个课题团队，分别于2015年和2017年考察各种网络环境下德国网民网络隐私态度与网络隐私行为的差异，因此其量表设计的维度和问题项最多，并认为，一个全面的在线隐私素养量表应该包括客观知识问题（声明性知识）和考虑在线数据保护能力和策略的问题（程序性知识）；在构建测量量表时，该课题团队利用有关的文章、项目成果、新闻，欧盟及德

---

❶ VEGHES C, ORZAN M, ACATRINEI C, et al. Privacy literacy: what is and how it can be measured?[J]. Annales universitatis apulensis: series oeconomica, 2012, 2 (14): 1-36.

❷ SK 是主观知识英文名称 Subjective knowledge 的缩写。

❸ OK 是客观知识英文名称 Objective knowledge 的缩写。

❹ MORRISON B. Do we know what we think we know? an exploration of online social network users' privacy literacy[EB/OL]. (2012-09-22) [2021-01-11]. http://library2.smu.ca/bitstream/handle/01/25402/asb_proceedings_2012.pdf#page=422.

❺ YONG J P. Digital literacy and privacy behavior online[J]. Communication research, 2013, 40 (2): 215-236.

信息服务中的隐私安全管理

国有关的法令，以及在线服务商隐私政策共五种文本来源进行内容分析，考虑的问题很全面；他们的研究历时三年，因此在2017年发文时，已经对2015年发文时的测量量表进行了修改和验证，并表示，互联网的不断创新变化要求用户要不断了解新的数据流方式和新的在线隐私控制策略，在线隐私素养测量量表需要定期审查和进一步发展。❶ 温伯格（Weinberger）等考察的是以色列学生对在线隐私和匿名态度的男女差异，研究的场景和对象比较专门化，这种研究方法很有借鉴价值，应针对不同场景、不同用户对象设计不同的隐私素养测量量表。❷

上面提到的都是隐私素养测量内容，表达了隐私素养内容主题。另外，也有学者如罗特曼（Rotman）直接提出隐私素养内容包括了解隐私背景、识别信息披露平台、认识共享含义、评估隐私安全风险和决定共享行为这五大方面。❸

总体来讲，根据已有隐私素养主题的研究，可归纳出个人隐私素养内容主要包括隐私法律法规知识、查询信息服务组织隐私保护政策的意识和方法、隐私安全风险意识、用户个人隐私管理策略知识等。

5.2.2 基于隐私安全风险揭示的隐私素养内容总结

本书第1章讨论了现实中存在的隐私侵犯案例和信息技术融合下信息服务

---

❶ TREPTE S, TEUTSCH D, MASUR P K, et al. Do people know about privacy and data protection strategies? Towards the "Online Privacy Literacy Scale" (OPLIS) [EB/OL]. (2015-01) [2021-01-5].https://www.researchgate.net/publication/270889484_Do_People_Know_About_Privacy_and_Data_Protection_Strategies_Towards_the_Online_Privacy_Literacy_Scale_OPLIS；MASUR P K, TEUTSCH D, TREPTE S. Entwicklung und validierung der online-privatheitskompetenzskala (OPLIS) [J]. Diagnostica, 2017（2）：1-20.

❷ WEINBERGER M, ZHITOMIRSKY-GEFFET M, Bouhnik D.Sex differences in attitudes towards online privacy and anonymity among Israeli students with different technical backgrounds[EB/OL].（2017-12）[2020-01-05].http://www.informationr.net/ir/22-4/paper777.html.

❸ ROTMAN D. Are you looking at me?-social media and privacy literacy[EB/OL].（2009-02-08）[2020-01-05].https://www.ideals.illinois.edu/bitstream/handle/2142/15339/Are_You_Looking_at_Me_-_Social_Media_And_Privacy_Literacy_-_final.pdf?sequence=2&isAllowed=y.

所存在的隐私安全风险，以下主要依据这些案例和隐私安全风险来归纳隐私素养内容。

（1）个人信息用途识别知识与能力

隐私安全风险来源之一是信息服务组织收集比较过量的用户个人信息，收集得越多，用户面临的隐私安全风险越大。目前很多信息服务组织既收集其服务所必需的用户个人信息，同时也提供收集选项，鼓励用户自愿提供更多的个人信息。

在提供个人信息之前，信息用户要决定：第一，是否为了获得该信息服务而提交必须提供的个人信息；第二，是否为了获得更多信息服务而提供可选提供的个人信息。为了做出上述决定，用户就需要具有识别信息服务者收集利用其个人信息用途的能力，用户不仅要了解提供基本个人信息会获得哪些服务，还要了解提供更多非必需的个人信息后还能获得哪些服务，并能够比较两方面服务的差距、衡量这些差距对满足自己信息需求的影响；同时，还要了解信息服务者会如何处理所收集的个人信息，如是否会公开、是否会分享给合作者、是否会进行数据挖掘以进行自动决策等；了解自己的个人信息究竟会被谁存储，是平台商、数据库商还是图书馆等；了解还有哪些同类信息服务产品或信息服务活动，它们的隐私政策如何，服务产品或活动有无可替代性等。根据现行法律法规，用户有权利获取这些内容，获取内容的具体操作主要是查阅信息服务平台上的隐私政策、隐私设置说明和咨询工作人员。

信息服务者应当具有用户隐私保护意识，拥有帮助用户快捷识别个人信息用途的能力以及对用户提供解惑相关问题的能力。

（2）隐私保护法律法规知识和隐私道德意识

隐私侵犯案例中，有些违法行为是属于违法人或组织没有了解和掌握相关的法律法规。隐私内容的衡量，也往往与法律法规的规定有关。某些处理个人信息的行为，在一些国家或某地区可能属于合法，在其他国家或地区则可能属于违法。特别是近几年各国在隐私保护方面出台越来越多、越来越严格的法律法规。因此，要保证自己的行为不触犯法律法规，就要不断学习和掌握有关的法律法规。掌握隐私保护法律法规，对信息用户来讲，既可以帮助自己维护自己的隐私权，也可以帮助自己避免侵犯他人的隐私权。

信息服务者首先要自身懂法守法，同时在开展信息服务中引导用户遵守隐私保护法律法规和隐私道德，发现个别用户出现容易泄露自己隐私或者侵犯他人隐私现象时要立即阻止，即承担管控作用。

本书第1.2小节所列案例中的犯法行为，有不少是利用职务之便调取用户个人信息并非法传播。这种行为既是职业道德的缺失，也是隐私道德的缺失。隐私道德意识的提高，就是要求人们不将未经授权同意的个人信息披露给他人（法律法规规定的情形除外），不能为了从中获利而出售他人个人信息。目前，我国《刑法》（修正案十一）规定"第二百五十三条之一【侵犯公民个人信息罪】违反国家有关规定，向他人出售或者提供公民个人信息，情节严重的，处三年以下有期徒刑或者拘役，并处或者单处罚金；情节特别严重的，处三年以上七年以下有期徒刑，并处罚金。违反国家有关规定，将在履行职责或者提供服务过程中获得的公民个人信息，出售或者提供给他人的，依照前款的规定从重处罚"。由此可见，隐私道德意识是隐私素养非常重要的要素之一。对信息服务活动来讲，信息服务者和信息用户都应该拥有隐私道德意识，包括保护自己隐私的道德意识和保护他人隐私的道德意识。

（3）隐私保护操作能力、信息服务渠道风险识别能力和账号名称/密码管理能力

①隐私保护操作能力。互联网是发展中的信息技术，虽然各种防护软件及信息系统安全保护在不断加强，但黑客行为从未终止过，信息系统并不是绝对安全的，很多平台存在安全漏洞。这样的例子在网上可以找到很多。因此，用户应该具备一定的隐私保护操作能力。目前信息安全类课程或书籍都不同程度包含这方面的内容，如密级分级管理、危险超链接识别、定期木马查杀、拦截不明程序等。对信息服务者来讲，应该意识到还有很多用户没有或者很少拥有隐私保护操作能力，应该有帮助用户进行隐私保护操作的能力和观念，开展这方面的业务活动。

②信息服务渠道风险识别能力。信息服务渠道是指信息服务项目，具体形式或是一种信息活动，或是一个信息平台。渠道风险识别，是指用户对所要使用的信息服务项目所存在的风险能够识别出来。现在很多信息服务活动是通过 App 软件或网站开展的，如果 App 或网站这些服务渠道本身隐私安全功能不足，信息服务活动就会给用户带来渠道隐私安全风险。用户应该具有识别渠道风险的能力，选择风险低的服务渠道。掌握信息服务渠道风险识别能力，需要用户对特定信息服务项目的活动内容和活动流程有较为清楚的了解，掌握其中可能存在的隐私安全风险，如收集方面存在的风险、存储方面存在的风险等，并对开展这类服务的多个项目进行对比，包括收益对比和风险对比。这些需要用户依赖自己的以往经验和专业知识，也需要去调查信息服务者或信息服务活动在隐私保护方面的口碑等。在此过程中，用户可根据以往经验、用户口碑评价和专业知识考察信息服务项目提供机构的资质是否合规、收集个人信息是否合理、线下个人信息是否安全存档等。对信息服务者来讲，应该提供便于用户判断渠道风险的指示，也应该意识到这种指示能够让信息服务渠道更加透明，提升用户的信任度。

③账号名称/密码管理能力。很多信息安全类课程或书籍都包括这部分内容。目前倡导采用定期更换且设置复杂的密码，这对防止黑客破解和撞库有更好的效果，但对用户记忆能力也有更高要求。这个问题还有待解决。对信息服务者来讲，应该通过软件或者人工提醒用户在账号名称和密码管理方面应注意的问题。

5.2.3 基于隐私设置的隐私素养内容总结

隐私自理的一个重要体现，就是信息服务产品中的隐私设置，即服务平台提供很多个人信息收集、访问等方面的选项，由用户个人决定，如决定哪些个人信息可以公开，哪些信息只能在特定的范围内公开等。通过对隐私权限的设置，用户将实现对自我隐私的有效保护。在这个机制当中，用户可以将个人信息的受众范围从较窄到相对广泛进行划分。

信息服务产品这种隐私设置，遵循的是传播隐私管理理论的隐私规则和隐私边界原则，即用户使用一组隐私规则来控制围绕其私人信息的隐私边界，并规范其如何、何时及是否与他人建立隐私关系。传播隐私管理理论（Communication Privacy Management，CPM）的思想早已存在，但直到 2002 年彼得罗尼奥（Petronio）出版 Boundaries of Privacy，该理论才被确定下来。该理论是基于社会渗透理论提出的，最初用来研究家庭场景中的个人信息交流关系，后来对该理论的应用从家庭场景扩展到多个社会场景中，尤其是网络环境下的社交媒体，被彼得罗尼奥称为从微观理论发展到宏观理论。[1] CPM 提供三种管理隐私的规则：所有权规则（boundary owenership right）、链接规则（boundary linkage）和渗透规则（boundary permeablity），统称为边界协调规则（boundary coordination），它们允许参与者使用社交网络特征来保护共有的私人信息。其中，所有权规则是指该社区圈共同所有人对共有私人信息控制权是有边界的，链接规则是指个人信息主体可以控制链接以决定向谁展示其个人信息，渗透规则是指他人对个人信息了解的广度与深度规则。但同时这个边界不是固定的而是动荡的（boundary turbulence）。[2] 彼得罗尼奥认为，人们制定个人隐私规则的方式中，有五个因素起着重要作用，即文化、性别、动机、背景和风险/收益比。[3]

隐私设置要求用户主动选择与操作，对用户的隐私素养水平有一定要求。帕斯卡列夫（Pascalev）认为如果对隐私协议的审查、理解和接受能够简化、标

---

[1] 韦斯特，特纳. 传播理论导引：分析与应用（第三版）[M]. 北京：中国人民大学出版社，2009.

[2] OSATUYI B, PASSERINI K, RAVARINI A, et al. "Fool me once, shame on you… then, I learn." An examination of information disclosure in social networking sites[J]. Computers in human behavior, 2018, 83（6）：73-86；TENZEK K E, HERRMAN A R, MAY A R, et al. Examining the impact of parental disclosure of HIV on children：A meta-analysis[J]. Western journal of communication, 2913, 77（3）：323-339.

[3] PICKARD M D, WILSON D, Roster C A. Development and application of a self-report measure for assessing sensitive information disclosures across multiple modes[J]. Behavior research methods, 2018, 50（4）：1734-1748.

准化和自动化，隐私自理的实践将仍然是可行的❶；王雪乔认为知情同意不仅是用户的自我管理，更是对社交网站公司商业行为的一种约束❷；斯莱德（Slade）则认为信息主体隐私素养的欠缺可能导致设置不当❸；尤一炜认为对个人隐私设置区分更细且改变频率较高的人员，往往呈现出较高的网络隐私素养。❹

本节将分析信息服务产品的隐私设置，了解真实场景中用户将会面临哪些选择，分析隐私设置对用户个人隐私信息保护意识与能力有何启发作用，在此基础上归纳总结信息用户隐私素养相关内容要素。

（1）隐私设置分析样本选取

无论是网页版还是 App 版的信息服务产品，都有隐私设置功能。相对来讲，用户使用手机上网的比例非常高，同时 App 版隐私设置更复杂、更隐蔽，因此本书以 App 隐私设置作为分析样本，总结信息用户应该具有的隐私素养内容。

前瞻产业研究院 2019 年度的一份报告指出，我国市场监测到的移动应用程序（App）在架数量为 525 万款，我国本土第三方应用商店移动应用数量超过 286 万款，占比为 54.4%；网民常用的 App 中，占用户上网时间按长到短顺序排，依次是即时通信类、网络视频类、短视频类、网络音乐类、网络文学类和网络音频类。❺ 根据七麦数据平台发布的全平台应用（不含游戏类）下载量 2018 年 1 月—12 月份的月榜数据，2019 年本课题组选择下载量较大的信息服务类 App 作为考察对象。由于属于传统信息服务领域的 App 较少且其隐私设置非常简单，所以这次也考察其他与信息服务有一定关系的热门 App（如视频音

---

❶ PASCALEV M. Privacy exchanges : restoring consent in privacy self-management[J]. Ethics and information technology，2017，19（1）：39-48.

❷ 王雪乔. 论欧盟 GDPR 中个人数据保护与"同意"细分 [J]. 政法论丛，2019（4）：136-146.

❸ SLADE S, PRINSLOO P. Learning analytics : Ethical issues and dilemmas[J]. American behavioral scientist，2013，57（10）：1510-1529.

❹ 尤一炜. 隐私护卫队. 微信发原图泄露位置系图片本身信息，还包括拍摄器材、日期等信息 [EB/OL].（2019-12-02）[2019-12-11]. https://mp.weixin.qq.com/s/Rz5Jsu-NVe9dx_QT99s6CA.

❺ 前瞻产业研究院. 2019 年中国移动游戏市场发展现状 稳居全球第一市场份额 [EB/OL].（2020-02-01）[2020-05-01]. https://www.qianzhan.com/analyst/detail/220/200122-f28171f3.html.

乐类App），其隐私设置也将是信息服务App发展的方向，对用户提出的隐私素养要求相近。样本共20款，如表5-2所示。

表5-2 信息服务平台隐私设置样本选取

序号	App 名称	分类	序号	App 名称	分类	序号	App 名称	分类
1	国家数字图书馆	教育	8	夸克	工具	15	QQ	社交
2	国家哲学社会科学文献中心	教育	9	优酷视频	娱乐	16	微博	社交
3	万方数据	教育	10	网易云音乐	音乐	17	今日头条极速版	新闻
4	喜马拉雅	图书	11	腾讯视频	娱乐	18	抖音短视频	摄影与录像
5	京东读书	图书	12	酷狗音乐	音乐	19	快手	摄影与录像
6	全球学术快报	工具	13	微信	社交	20	58同城	生活
7	百度	工具	14	小红书	社交			

（2）隐私设置样本分析

对表5-2所示App的隐私设置逐一进行查看，其中，有7款（占比35%）App无专门隐私设置选项；有2款App（网易云音乐和酷狗音乐）将隐私设置命名为"消息和隐私设置"，即未单独列项；其余11款分别使用"隐私"或"隐私设置"的标签名。单独给出隐私设置标签，利于用户快速发现和进行设置。对含有隐私设置功能的13款App进行考察，本书归纳出7项隐私设置内容要素，如表5-3所示。

表5-3 信息服务平台隐私设置内容提取

序号	App 名称	系统权限设置	通信录设置	陌生人管理	动态可见管理	黑名单管理	授权管理	问题答疑
1	今日头条极速版		√					
2	微信		√	√	√		√	
3	优酷视频	√						√
4	夸克	√						

续表

序号	App 名称	系统权限设置	通信录设置	陌生人管理	动态可见管理	黑名单管理	授权管理	问题答疑
5	微博	√	√	√	√	√		
6	百度	√	√			√		
7	腾讯视频	√						
8	抖音短视频		√		√	√		
9	网易云音乐		√		√			
10	小红书	√		√			√	
11	酷狗音乐			√	√			
12	快手	√	√	√				
13	QQ		√	√	√		√	

注：表中"√"表示有该设置，表中空格表示无该设置。

表5-3中的各设置项具体为：

◎ 系统权限设置：主要包含地理位置定位开启，系统访问（相机、音频、通信录、相册等）权限开启；

◎ 通信录设置：选择是否允许App访问通信录，并将手机通信录中的好友推荐给自己或将自己推荐给朋友；

◎ 陌生人管理：选择是否限制陌生人添加用户为好友、私信或在用户动态中进行评论；

◎ 动态可见管理：控制信息在时间边界和空间边界的显示水平；

◎ 黑名单管理：划分黑名单账号方便用户统一管理，降低用户不良体验；

◎ 授权管理：绑定或解除第三方应用程序对当前App账号的信息使用；

◎ 问题答疑：为用户常见问题答疑。

（3）隐私素养内容要素的提取和归纳

根据表5-3，结合传播隐私管理理论中私人信息所有权边界要素，可以得出以下隐私素养内容要素。

第一，了解应用程序隐私保护性能的能力。目前各种类型的应用程序非常多，信息服务方面的应用程序也是如此。每个应用程序的隐私保护功能不一，用户在选择下载特定应用程序前，不仅应了解这些应用程序的信息服务性能是否与自己的信息需求相吻合，还应了解其隐私保护特性，选择更安全的应用软件。

第二，评估隐私保护需求的能力。表5-3显示，各应用程序的隐私设置项目并不相同，很多应用程序缺乏多项隐私设置类目。在考察中还发现，各应用程序对隐私设置选项分类归类不同，如微博黑名单设置在屏蔽设置内，因此用户不能局限于应用程序给出的隐私设置，不能想当然地认为App中的隐私设置已经涉及自己的全部隐私需求，要充分了解自己的隐私设置需求，多处寻找自己期望的隐私设置，而不被呈现出来的功能影响自己的判断。同时，用户要对自己的隐私设置需求有清醒的认识，毕竟是要由用户根据自己的需求亲自动手进行设置。

第三，设置隐私边界的能力。深圳一家信息技术公司曾经发布一份2019年初完成的调查，认为半数以上用户更热衷于分享个人动态以向别人展示自己❶；而浪潮工作室同年发布的报告显示，30.5%的用户发原创内容朋友圈的频率有所降低❷，可见每个人的隐私保护需求不同。表5-3中的陌生人管理、动态可见管理和黑名单管理这3项都属于隐私边界管理范畴。其中，①陌生人管理设置，允许用户选择陌生人是否有权限浏览、关注、点赞和分享用户的主页/内容，允许用户考虑添加朋友、私信时限制陌生人等。②动态可见管理，允许用户在动态发出前对信息接收者的反馈进行预估，根据预估结果调整动态可见设置，也可在动态发出后根据信息接收者或自身意愿进行动态可见调整。具体包括空间管理及时间管理，空间管理包括查看/不查看他（她）的动态、不允许他（她）查看"我"的动态等；时间管理包括允许查看动态的范围（最近半年、最近一个月、

---

❶ 极光大数据.2019年社交网络行业研究报告[EB/OL].（2019-02-15）[2020-02-15].https://www.jiguang.cn/reports/381.

❷ 浪潮工作室.为什么现在人都不发朋友圈了[EB/OL].（2019-08-13）[2020-05-02].https://mp.weixin.qq.com/s/f1DULMSEMq0jxOGbIaAJfw.

最近三天、指定日期之前、全部）。③黑名单管理，允许用户将特定的人拉入黑名单，使其不能访问用户主页及与用户私下沟通。与上述 4 点对信息用户隐私素养要求对应，信息服务者，无论是设计信息服务产品还是选购信息服务产品，都应该具有判断信息服务产品隐私设置是否为难信息用户，是否适应各年龄段和各知识水平用户的意识、知识和能力，这些是改进信息服务产品隐私设置的基础。

第四，隐私保护意识。据工业和信息化部的一份质量通报，有一个图书阅读方面的 App，存在"误导用户同意收集使用"和"未经用户同意收集"个人信息。❶ 查阅该 App，发现其将"隐私设置"选项默认"允许所有人评论并 @ 我""可以将用户推荐给通信录好友""推荐给微博好友""在'附近'页推荐我的笔记"。这些默认选项，意味着很多用户几乎是在不知情的情况下把自己的通信录、微博好友情况、地理位置等隐私信息上传给平台并传播给了其他人。隐私保护意识淡漠或不强的用户，甚至没有意识到自己拥有拒绝"默认"的权利。意识决定行为，只有拥有隐私保护的意识，用户才有可能产生个人隐私保护的行为。一旦习惯默许同意后便失去质疑的能力，只有依靠特定的事件才能让人觉醒。

5.2.4　基于用户访谈的隐私素养内容总结

这一部分是根据第 5.2.1 至 5.2.3 小节的分析总结，构建用户隐私素养访谈大纲，并根据该框架的这些要素设计访谈大纲并进行调查和实证研究。

（1）访谈对象的选取

鉴于网络的普及率及隐私信息多以电子数据方式储存，因此本书访谈对象选取网络接触度较高的群体。截至 2019 年 6 月，10~39 岁网民占网民整体的 65.1%，其中 20~29 岁网民占比最高，达 24.6%❷，本书将此年龄段网民作为访谈

---

❶ 何可. 一季度电信服务质量通告发布 18 家互联网企业被要求整改 [EB/OL].（2019-07-09）[2020-05-02]. http://www.cqn.com.cn/zgzlb/content/2019-07/09/content_7294968.htm.

❷ 中国互联网络信息中心. 第 44 次《中国互联网络发展状况统计报告》[EB/OL].（2019-08-30）[2020-02-30]. http://www.cnnic.net.cn/hlwfzyj/hlwxzbg/hlwtjbg/201908/t20190830_70800.htm.

对象，采用滚雪球的方法确定本次访谈的研究对象。访谈对象共22人，如表5-4所示。由于实施操作的限制，没有专门调查信息服务机构的员工，因此，这次调查对象更偏重的是信息用户。

表 5-4 信息用户隐私素养主题访谈对象人口统计变量

调查指标	类别	人数/人
性别	男	11
	女	11
年龄	20岁	1
	23岁	2
	24岁	3
	25岁	9
	26岁	4
	27岁	2
	29岁	1
受教育程度	大学本科	11
	硕士研究生	11
职业	学生	12
	教师	2
	公务员	1
	私企员工	6
	国企员工	1

（2）访谈大纲的设计与实施

在第5.2.1至第5.2.3小节内容基础上，本书对隐私素养评价指标与前述理论的要素进行提取形成表5-5。

本书将传播隐私管理理论的私人信息控制规则、私人信息动荡合并为隐私边界协调能力，将风险管理理论中风险规避、风险转移、风险缓和、风险接受合并为隐私安全风险应对能力，将其他理论研究的指标/要素修改为适合本书研究环境的表达方式。修改或合并后得出的隐私素养维度如表5-5所示。

表 5-5　隐私素养维度提取表

维度提取依据	核心指标/要素	维度提取
隐私素养评价指标	了解机构实践	了解隐私服务机构实践
	数据保护技术	隐私保护技术能力
	数据保护法	隐私保护政策法规
	数据保护策略	隐私知识
信息自决权理论	信息自决权	隐私意识
风险管理理论	风险识别	隐私安全风险识别能力
	风险评估	隐私安全风险评估能力
	风险监控	隐私安全风险监控能力
	风险规避	隐私安全风险应对能力
	风险转移	
	风险缓和	
	风险接受	
基于App隐私设置的隐私素养要素提取	隐私需求评估能力	隐私设置能力
	应用程序特性的掌握能力	
	隐私边界设置能力	
	隐私保护意识	隐私意识
基于案例分析的隐私素养要素提取	隐私道德意识	隐私意识
	隐私保护技术能力	隐私保护技术能力
	隐私用途识别	隐私安全风险识别能力
	渠道风险识别	
	账号名称/密码管理	隐私安全风险监控能力
传播隐私管理理论	私人信息所有权边界	隐私设置能力
	私人信息控制规则	隐私边界协调能力
	私人信息动荡	

访问调查是采用半结构化访谈方法并收集数据，访谈过程中根据拟定的访谈提纲探索参与者的隐私保护经验、困难和意见，根据参与者的回答内容穿插新的问题，了解目前人们认为其在隐私保护方面应当具备的能力。

本书以表 5-5 提取的隐私素养维度为基础进行访谈提纲设计，借鉴现有隐私素养研究文献中的测试问题、访谈问题，根据原有问题进行适当改编。本次访谈为半结构化访谈，因此访谈问题来源于访谈提纲，但不局限于访谈提纲的问题，初步设计提纲如表 5-6 的前 9 个问题。先对 5 位受访者进行预访谈，根据访谈结果，增加"隐私维权问责能力维度"，并对访谈提纲内容与次序进行修正，最后形成的访谈大纲如表 5-6 所示。

表 5-6　隐私素养内容访谈修正提纲

访谈问题概述	维度	访谈问题参考来源
1. 您觉得有必要保护隐私吗？您觉得自己的隐私保护意识比其他人强吗？	隐私意识	班纳特（Bennet），1991；罗力，2016❶
2. 在隐私保护方面您有哪些不足？	隐私意识	
3. 您认为什么是隐私或者您觉得它包含了什么内容？	隐私知识	马苏尔（Masur）等，2017；温伯格（Weinberger）等，2017❷
4. 如果遭遇过隐私侵犯，您认为您的隐私是怎样泄露的呢？	隐私知识	
5. 关于隐私方面出台的法律法规、政策是否有过了解过？	隐私保护政策法规	
6. 在使用 App 过程中是否会对隐私进行设置？	隐私设置能力	丹泽克（Tenzek），2013❸

---

❶ BENNET C J. Computers, Personal Data, and Theories of Technology: Comparative Approaches to Privacy Protection in the 1990s[J]. Science, technology &human values，1991(16): 51-69；罗力. 我国移动互联网用户个人信息安全风险和治理研究 [J]. 图书馆学研究, 2016(13): 37-41.

❷ MASUR P K, TEUTSCH D, TREPTE S. Entwicklung und validierung der online-privatheitskompetenzskala (OPLIS)[J]. Diagnostica,2017(2):1-20；WEINBERGER M, ZHITOMIRSKY-GEFFET M, BOUHNIK D. Factors affecting users' online privacy literacy among students in Israel[J]. Online information review, 2017,41(5):655-671.

❸ TENZEK K E, HERRMAN A R, MAY A R, et al. Examining the impact of parental disclosure of HIV on children: A meta-analysis[J]. Western journal of communication，2913, 77(3): 323-339.

续表

访谈问题概述	维度	维度参考来源
7. 您认为您现在的隐私是处于怎样的安全状态呢？	隐私安全风险评估能力	
8. 在信息服务活动过程中您会怎么保护自己的隐私，您觉得需要具备怎样的能力保护隐私？	隐私知识、隐私安全风险应对能力	巴奇（Bartsch）等，2016❶
9. 在披露个人信息时，会对个人信息敏感性是否适合发布进行评估吗？	隐私安全风险评估能力	
10. 您的隐私遭受过侵犯吗？是否采取补救措施？	隐私维权问责能力	访谈修正自拟

本次访谈采取面对面访谈与微信视频通话访谈方式，时间为 2019 年 9 月 13 日至 21 日，每位访谈对象访谈时间为 30~45 分钟。访谈开始前向访谈对象简单介绍本次访谈目的及内容，告知受访者本次访谈将采取匿名方式，对受访内容进行保密处理并仅用于学术目的。

访谈过程中访谈问题不完全限定顺序，根据访谈对象回答的内容对后续问题进行调整与完善，同时在访谈过程中追加新的问题。访谈信息以录音及文字内容进行记录，在对访谈对象进行标号后将对应访谈内容转录为文字信息。转录后的访谈内容作为编码资料，整理、文本标注、编码过程将在第 5.2.5 小节详细说明。

5.2.5　隐私素养内容要素编码

（1）编码资料与编码词汇整理

本书利用 NVivo11 质性分析工具进行资料编码操作，因编码资料源于不同

---

❶ BARTSCH M, DIENLIN T. Control your Facebook: An analysis of online privacy literacy [J]. Computers in human behavior, 2016, 56: 147-154.

渠道，为方便对资料文本进行区分，本书对三类资料文本分别进行标注。

第一类资料为2019年8月11日检索北大法宝平台获得的部分案例和部分网络补充案例，选择其中和信息服务有些关联的案例，包含应用案例1个、经典案例31个、参阅案例7个、典型案例40个，以及网络补充案例32个，共111个案例文本，其中前4种案例的分类是北大法宝自己给予的分类。平台以大写英文字母A标注这些资料，再根据案例类型进一步细分，应用案例以Y为标记，经典案例以J为标记，参阅案例以C为标记，典型案例以D为标记，网络补充案例以W为标记；最终参考点标记为"A+案例类型号+自由节点号"。

第二类资料为本章前文选取的20款App中摘录的隐私设置内容文本，此类文本前以大写英文字母Y标注，20款App编号为A—M，参考点标记为"Y+App编号+自由节点号"。

第三类资料为22位访谈参与者的访谈资料，首先对转录的访谈文字整理归纳，删除与本书无关的语句。此类文本前以大写英文字母F标注，22位受访者编号为A—V；最后参考点标记为"F+受访者编号+自由节点号"，如第二位受访者的第5个自由节点表示为"FB5"。

本书为进行理论饱和度检验，参考弗朗西斯（Francis）的样本分析停止标准：在10次访谈之后，如果再进行3次访谈，没有出现新的主题，可将其定义为数据饱和点。❶按照此标准，理论饱和度检验数据占比约为1/4，因此本书随机抽取3/4文本资料进行前期编码，剩余1/4文本资料进行后续编码检验。

本书隐私素养内容框架编码词汇来源于：①国内外隐私素养评价研究；②信息素养理论、传播隐私管理理论、信息自决权理论、风险管理理论等；③基于隐私侵犯案例、App隐私设置提取的隐私素养要素。因前文已进行过详细介绍，本书在此不再赘述。为方便观察比较，借鉴有关信息素养研究中提到的信息意识、信息知识、信息技术和信息能力等内容，提取隐私素养关键词汇，

---

❶ FRANCIS J J, JOHNSTON M, ROBERTSON C, et al. What is an adequate sample size? Operationalising data saturation for theory-based interview studies[J]. Psychology and health, 2010, 25（10）: 1229-1245.

并从表 5-1 和表 5-5 中整理出有关词汇，为后续三阶段编码过程中的概念修正提供依据。隐私素养词汇主要为意识、知识、法律、伦理、能力、道德、技术、机构、实践、隐私政策、边界、风险等。

（2）开放性编码

开放性编码将资料分解成不连续的部分，进行概念分析，并比较异同。本书将整理标注后的案例文本、App 隐私设置内容、访谈内容转录的文字信息导入 NVivo11 后，首先在浏览文字的过程中逐句分析资料，将资料中与隐私素养相关的语句初步概念化；随后将文本重复、内涵相近的初步概念概括为一个自由节点，自下而上进行开放性编码；最终编码 421 次，经过层层归纳提取出初步概念 53 个、自由节点 23 个。其中部分概念提取过程如表 5-7 所示，参考点频次为该自由节点编码频次。

表 5-7 隐私素养调查内容部分开放性编码过程（NVivo 工具处理）

自由节点	初始概念	参考点频次	原始材料
法律维权能力	维权投诉	14	参考点 AD18[1]：原告先后向新浪公司和百度公司发出律师函要求采取必要措施，新浪公司在诉讼中未提交证据证明其采取了删除等必要措施，百度公司则提供证据证明采取了断开链接、删除等措施；原告起诉要求两公司提供博主的个人信息
			参考点 FG9：能力需要提高，如采取一些强硬的方法，增强维权意识
			参考点 FK3：泄露了会投诉，比如打 12315 热线，可以得到有效的回应
电话/网络投诉能力	电话询问	5	参考点 FG4：有反馈电话会拨打过去让对方不要再打，或者直接加入黑名单
			参考点 FB5：就说我们是在天津河北这边，离得远，不要再打电话了，后来又打了一次，明确拒绝，就没再打过电话
更改隐私设置能力	更改隐私设置	4	参考点 FA8：受到侵犯之后我就赶快改设置，然后取消账号关联性，不让别人可以搜索到我其他的账号；并且在设置的时候发现很多 App 都会默认关联账号别人可以看到
			参考点 FF4：更改微信设置加好友的方式

---

[1] 北大法宝. 利用信息网络侵害人身权益典型案例之七：闫某与北京新浪互联信息服务有限公司、北京百度网讯科技有限公司侵犯名誉权、隐私权纠纷案：【法宝引证码】CLI.C.3387006 [EB/OL]. （2013）[2020-01-01]. https://www.pkulaw.com/pfnl/.

续表

自由节点	初始概念	参考点频次	原始材料
应用程序特性的掌握能力	系统权限设置	7	参考点 YH1：开启地理位置定位（根据您的位置更新库存、配送追踪、精准推荐）
			参考点 YG1：允许腾讯视频查看电话信息（查看详细 电话权限使用规则）
三方关联设置能力	授权管理	16	参考点 YM15：授权管理（管理QQ账号授权第三方应用）
			参考点 FC4：平时不会三方关联，会自行注册新的账号
不贪图私利意识	不贪图私利	64	参考点 AC2❶：行为人违反国家规定，多次将南京宏轩信息咨询有限公司等"调查公司"要求查询的手机号码交给被告人，将自己或他人在履行职责及提供服务过程中获得的他人手机的通话记录、密码等个人信息予以出售的行为，应当以出售公民个人信息罪论处
			参考点 FQ5：我觉得首先自己不瞎填乱填东西，不要因为一些小优惠就把自己的隐私泄露出去
隐私用途识别能力	风险识别	4	参考点 AD13❷：团伙利用其短信营销平台获取客户上传信息，形成了一个多达200余万条的公民个人信息资料库，并将该库中的手机号码信息作为增值业务，提供给向其购买营销服务的客户
			参考点 FO10：一般都是问清楚，看清楚才会允许使用个人信息
账号名称/密码管理能力	账号管理	4	参考点 AY1❸：一些账号是其通过邮箱、身份信息等内容自己匹配出来的
			参考点 AD17❹：经查，该团伙通过在网上购买、搜索、下载等方式大量搜集公民个人信息，再通过"撞库""扫存"等非法软件比对公民网络账户密码，进行出售和"刷单"赢利，非法获利10余万元

---

❶ 北大法宝.参阅案例：卜某某等利用职责便利将他人手机等个人信息出售构成出售公民个人信息罪案：【法宝引证码】CLI.C.8211325[EB/OL].(2013)[2020-01-01].https://www.pkulaw.com/pfnl/.

❷ 北大法宝.公安部公布一批网络侵犯公民个人信息犯罪典型案例之三：湖北襄阳侦破郑某某等人侵犯公民个人信息案（典型案例）：【法宝引证码】CLI.C.61009856[EB/OL].[2020-01-01].https://www.pkulaw.com/pfnl/.

❸ 北大法宝.朱某、肖某等诈骗罪 郑某、李某等帮助信息网络犯罪活动罪 邓某、杨某等侵犯公民个人信息罪一审刑事判决书（应用案例）：【法宝引证码】CLI.C.56908338[EB/OL].(2018-03-22)[2020-04-01].https://www.pkulaw.com/pfnl/.

❹ 北大法宝.公安部发布侵犯公民个人信息犯罪十大典型案例之十：湖南怀化侵犯公民个人信息案（典型案例）：【法宝引证码】CLI.C.61023156[EB/OL].[2020-01-01].https://www.pkulaw.com/pfnl/.

续表

自由节点	初始概念	参考点频次	原始材料
隐私安全风险规避能力	痕迹清理	6	参考点 FP6：日常生活中填各种资料、表单，包括线上线下，注意消除痕迹
			参考点 FL9：一般取快递都会把姓名和电话撕碎
隐私信息技术保护能力	技术防护	7	参考点 FP8：需要保护技术。线上常见的防火墙技术、网络安全等技术
			参考点 FC9：如果被标记的多了，在打来的时候就会显示了，就是经常会有电话骚扰，挺烦的
隐私安全风险规避能力	减少使用	1	参考点 FD5：不去乱注册无用账号，注册的少，不关注其他 App

（3）主轴性编码

主轴性编码，是通过分析自由节点之间的关联，将自由节点进一步归纳为更高层次的树节点，是将开放性编码中分散整理的自由节点重新组合的过程。在具体操作时，本书根据各自由节点概念间的逻辑关系进行分析，通过连续比较，将自由节点分为 10 大要素：

◎ 要素 1 包含不贪图私利意识、尊重他人隐私意识，将其命名为隐私道德意识；

◎ 要素 2 包含载体安全意识、隐私安全防范意识，将其命名为隐私保护意识；

◎ 要素 3 包含应用程序特性的掌握能力、隐私需求评估能力、隐私边界设置能力，将其命名为隐私设置能力；

◎ 要素 4 包含更改隐私设置能力、三方关联设置能力，将其命名为隐私边界协调能力；

◎ 要素 5 包含隐私用途识别能力、渠道风险识别能力，将其命名为隐私安全风险识别能力；

◎ 要素 6 包含隐私发布评估能力、隐私采集评估能力，将其命名为隐私

安全风险评估能力;

◎ 要素7包含账号名称/密码管理能力、账号动态检查能力,将其命名为隐私安全风险监控能力;

◎ 要素8包含隐私技术保护能力、隐私安全风险规避能力、隐私安全风险转移能力,将其命名为隐私安全风险应对能力;

◎ 要素9包含法律维权能力、电话/网络投诉能力、现场解决能力,将其命名为隐私维权问责能力;

◎ 要素10包含隐私内涵、政策法规知识,将其命名为隐私知识。

本书主轴性编码将隐私素养要素归为10个树节点,如表5-8所示。

表5-8 隐私素养调查内容主轴性编码过程(NVivo工具处理)

树节点	自由节点	参考点频次
隐私道德意识	不贪图私利意识、尊重他人隐私意识	71
隐私保护意识	载体安全意识、隐私安全防范意识	108
隐私设置能力	应用程序特性的掌握能力、隐私需求评估能力、隐私边界设置能力	53
隐私边界协调能力	更改隐私设置能力、三方关联设置能力	20
隐私安全风险识别能力	隐私用途识别能力、渠道风险识别能力	15
隐私安全风险评估能力	隐私发布评估能力、隐私采集评估能力	52
隐私安全风险监控能力	账号名称/密码管理能力、账号动态检查能力	10
隐私安全风险应对能力	隐私技术保护能力、隐私安全风险规避能力、隐私安全风险转移能力	31
隐私维权问责能力	法律维权能力、电话/网络投诉能力、现场解决能力	21
隐私知识	隐私内涵、政策法规知识	40

(4)选择性编码

选择性编码,目的是找到研究中与其他编码相关的核心编码,将主轴性编码归纳的树节点构建成更宽泛的概念。最后本课题组将10个树节点凝练为隐私意识、隐私边界管理能力、隐私安全风险管理能力、隐私维权问责能力、隐私知识5类主范畴，由此可得出信息用户隐私素养内容要素，如图5-1所示。

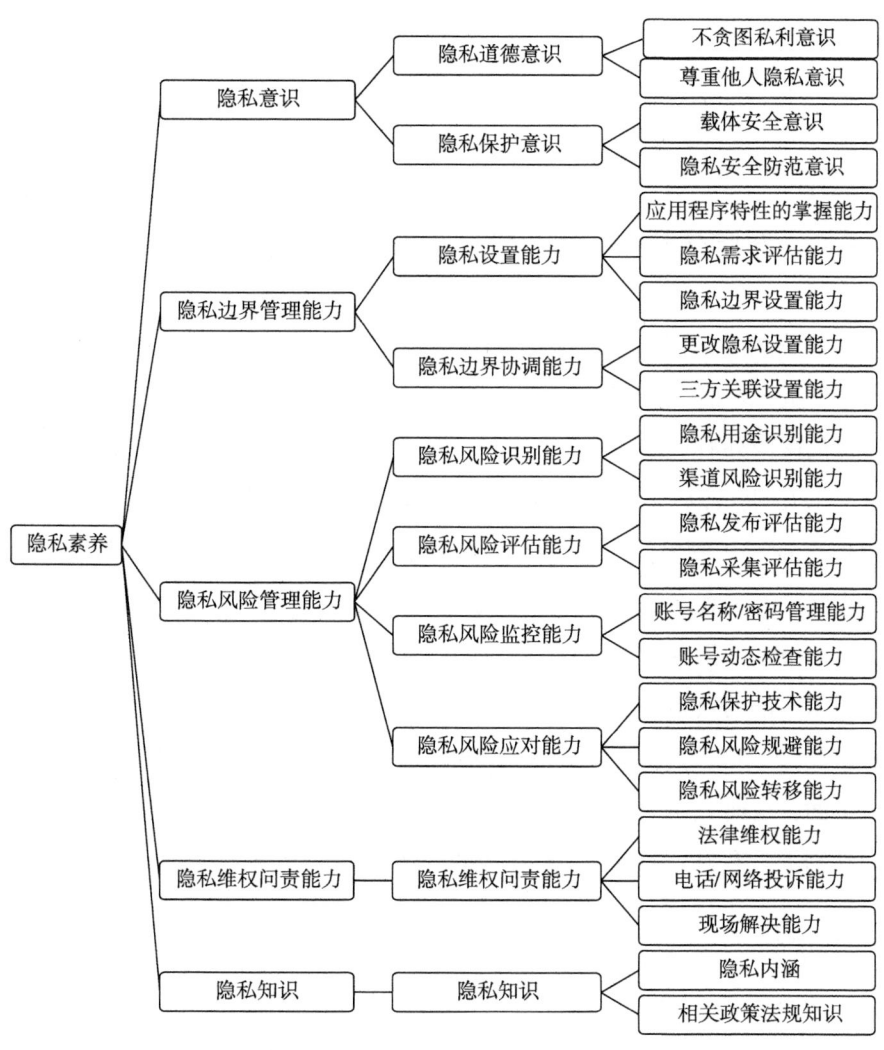

图 5-1　隐私素养内容要素

（5）理论饱和度检验

理论饱和度检验是在使用扎根理论方法过程中不断寻找新资料，持续对比修正概念范畴，当收集的数据不再能够挖掘出新的概念范畴时，即可停止数据的采集。理论饱和具有相对性，难以达到绝对意义上的理论饱和。为进行理论饱和度验证，本书将前文按照弗朗西斯（Francis）的样本分析停止标准预留的1/4文本资料进行后续编码检验。后续编码检验步骤与之前的一致，结果显示预留的1/4文本材料未能给出新的范畴，即所选的原始材料理论饱和度检验合格。

5.3 我国信息服务领域隐私素养现状调查与分析

这部分主要是调查我国信息服务领域的信息用户，包括部分信息服务者，作为信息服务者也应具有隐私素养。

目前国内外有一些文献调查分析了特定群体隐私素养状况，这些研究结果显示：①人们已经有了一定的隐私保护意识和能力，但整体上隐私素养还不足。如2006年时美国网民使用Facebook时还自我报告更多的个人信息[1]；2012年时加拿大网民的主观隐私知识分总体很低，仅有26%的网民对自己的知识进行高分评定，很多网民客观隐私知识分为零[2]；2013年时大多数美国网民受访者对基本技术术语的熟悉程度较低，超过40%的受访者误解机构数据实践的最基本方面，只有1.9%的受访者在所有政策相关知识点上得分正确。[3] ②在网民个人特征方面，有研究认为，与主观隐私知识相比，德国公民的客观隐私知识在年龄和性别上没有显著差异；以色列女性技术网络隐私素养较低，在社交网络隐

---

[1] ROSENTHAL S, WASENDEN O C, GRONNEVET G A, et al. A tripartite model of trust in Facebook: acceptance of information personalization, privacy concern, and privacy literacy[J]. Media psychology, 2020, 23（6）: 840-864.

[2] MORRISON B. Do we know what we think we know? an exploration of online social network users' privacy literacy[EB/OL].（2012-09-22）[2021-01-11]. http : //library2.smu.ca/bitstream/handle/01/25402/asb_proceedings_2012.pdf#page=422.

[3] YONG J P. Digital literacy and privacy behavior online[J]. Communication research, 2013, 40（2）: 215-236.

私素养方面没有发现男女存在显著差异。[1]③我国也有学者研究特定用户个人信息安全素养特点，如 2019 年时我国有将近 29% 的年轻父母在使用网站时避免了披露个人真实信息，年轻父母将隐私保护希望过多寄托于政府治理，在网上展示儿童形象时隐私意识薄弱、保护能力不足[2]；在个人信息安全面临危险时，年长者比年轻人表现出更高的隐私素养[3]；图书馆用户中不关心其个人信息的用户占比为 66.45%，且近 50% 的用户在接受图书馆信息服务时未采取个人信息保护措施[4]；从职业角度比较，政府机关工作人员比个体户个人信息安全素养差[5]；等等。④另外，还有不少研究媒介素养的文章，认为目前媒介用户尤其是学生缺乏对现代信息媒介特别是新媒体、自媒体的认识，对媒介传播和泄露隐私的意识和防备能力不足。

不过，学者平戈（Pingo）等对德国公民的访谈调查分析结果是："大多数参与者通过最小化数据、屏蔽他人、不友好和减少好友请求来管理社交网站上的隐私，这反映出人们对数字技术中的隐私问题的认识不断提高。"[6]而且该文作者在访谈前，将其访谈大纲及活动呈报给大学伦理委员会检查并获得批准。调查结果及调查者的行为都显示出德国公民整体隐私素养较高，这种现象是否与德国注重个人权利及其隐私保护法律比较严格有关，还需要学者们通过不同国家法律环境下的相关案例进行比较研究来证明。

本小节的调查和统计分析于 2020 年上半年完成。[7]使用问卷星平台编辑并

---

[1] WEINBERGER M, ZHITOMIRSKY-GEFFET M, Bouhnik D.Sex differences in attitudes towards online privacy and anonymity among Israeli students with different technical backgrounds[EB/OL].(2017-12)[2020-01-05].http：//www.informationr.net/ir/22-4/paper777.html.

[2] 祁涛，景聪会.年轻父母的晒娃习惯及其对儿童网络隐私保护的认知调查[J].中州大学学报，2019，36（4）：74-78.

[3] 王丰.论对个人信息安全素养的培养[J].电子世界，2020（2）：93-94.

[4] 田淑娴.大数据时代图书馆用户个人信息安全素养调查与分析[J].兰台内外，2020（24）：77-78.

[5] 安佳，周慧敏，周志强，等.吉林省个人信息安全素养结构方程模型分析[J].无线互联科技，2018，15（20）：103-104.

[6] PINGO Z, NARAYAN B. Privacy literacy and the everyday use of social technologies[C] //European conference on information literacy. Springer, Cham, 2018：33-49.

[7] 张月.信息用户隐私素养研究[D].保定：河北大学，2020.

在微信、QQ 发放电子版问卷，以滚雪球方式扩大调查样本量，然后将收集到的数据利用 SPSS 进行信度效度分析，最后根据调查问卷结果对我国信息服务领域隐私素养现状进行分析。

5.3.1 问卷设计与实施

（1）问卷内容设计

本书在图 5-1 隐私素养内容框架的基础上，编制问卷进行隐私素养现状的测量。问卷测项均来自自拟或改编自前人研究，并结合国内实际情况进行修改。问卷题项见附录九。

问卷由六部分题项组成，除第一部分人口统计学问题外，其余题项均采用李克特五级量表。①第一部分为问卷调查对象的人口统计学变量，如性别、年龄、学历、职业。②第二部分为隐私意识现状调查。此部分对应隐私素养内容框架的隐私意识维度，包括两个方面：第 5~6 题主要调查隐私道德意识现状，其题项分别参考自温特（Winter）❶和凯泽尔（Kezer）❷；第 7~8 题主要调查隐私保护意识现状，其题项主要参考自罗特曼（Rotman）。❸ ③第三部分为隐私边界管理能力现状调查。此部分对应隐私素养内容框架的隐私边界管理能力维度，包括两个方面：第 9~11 题主要调查隐私设置能力现状，其题项主

---

❶ WINTER S J, STYLIANOU A C, GIACALONE R A. Individual differences in the acceptability of unethical information technology practices : The case of Machiavellianism and ethical ideology[J]. Journal of business ethics, 2004, 54（3）: 273–301.

❷ KEZER M, SEVI B, CEMALCILAR Z, et al. Age differences in privacy attitudes, literacy and privacy management on Facebook [EB/OL].（2016-05）[2019-12-01].https://cyberpsychology.eu/article/view/6182/5912.

❸ ROTMAN D. Are you looking at me?–social media and privacy literacy[EB/OL].（2009-02-08）[2020-01-05].https://www.ideals.illinois.edu/bitstream/handle/2142/15339/Are_You_Looking_at_Me_-_Social_Media_And_Privacy_Literacy_-_final.pdf?sequence=2&isAllowed=y.

要参考自森塔尔（Rosenthal）❶；第12~13题主要调查隐私边界协调能力现状，其题项主要参考自特雷普特（Trepte）。❷ ④第四部分为隐私安全风险管理能力现状调查。此部分对应隐私素养内容框架的隐私安全风险管理能力维度，包括四个方面：第14~15题主要调查隐私安全风险识别能力现状，第16~17题主要调查隐私安全风险评估能力现状，这些题项主要参考自巴奇（Bartsch）❸；第18~19题主要调查隐私安全风险监控能力现状，其题项主要参考自上述特雷普特（Trepte）；第20~22题主要调查隐私安全风险应对能力现状，其中第20题题项主要参考自温伯格（Weinberger）❹，第21~22题题项主要参考自杨恩（Youn）。❺ ⑤第五部分为隐私维权问责能力现状调查。此部分对应隐私素养内容框架的隐私维权问责能力维度，题项为第23题，从与商家协商、平台/消费者热线投诉、现场解决、报警、诉讼五点调查信息用户的维权方式，其题项主要参考自扬（Yong）。❻ ⑥第六部分为隐私知识现状调查，对应第24~25题，反映隐私素养内容框架的隐私知识维度，其题项主要参考自上述特雷普特（Trepte）。

---

❶ ROSENTHAL S, WASENDEN O C, GRONNEVET G A, et al. A tripartite model of trust in Facebook: acceptance of information personalization, privacy concern, and privacy literacy[J]. Media psychology, 2020, 23（6）: 840-864.

❷ TREPTE S, TEUTSCH D, MASUR P K, et al. Do people know about privacy and data protection strategies? Towards the "Online Privacy Literacy Scale"（OPLIS）[EB/OL]. (2015-01)[2021-01-5].https://www.researchgate.net/publication/270889484_Do_People_Know_About_Privacy_and_Data_Protection_Strategies_Towards_the_Online_Privacy_Literacy_Scale_OPLIS.

❸ BARTSCH M, DIENLIN T. Control your Facebook: An analysis of online privacy literacy[J]. Computers in human behavior, 2016, 56: 147-154.

❹ WEINBERGER M, ZHITOMIRSKY-GEFFET M, Bouhnik D.Sex differences in attitudes towards online privacy and anonymity among Israeli students with different technical backgrounds[EB/OL]. (2017-12)[2020-01-05].http://www.informationr.net/ir/22-4/paper777.html.

❺ YOUN S. Determinants of online privacy concern and its influence on privacy protection behaviors among young adolescents[J]. Journal of consumer affairs, 2009, 43（3）: 389-418.

❻ YONG J P. Digital literacy and privacy behavior online[J]. Communication research, 2013, 40（2）: 215-236.

（2）问卷调查的实施

调查时间为2020年2月11日至13日，调查方式采用微信、QQ平台发放电子版问卷，请朋友帮忙传播，以滚雪球方式扩大调查样本量。数据处理软件使用SPSS24.0软件。在问卷回收数量为106份时进行预分析，隐私意识、隐私边界管理能力、隐私安全风险管理能力、隐私维权问责能力、隐私知识五个维度的Cronbach's α（克朗巴哈系数）值分别为0.768、0.783、0.865、0.813、0.771，KMO值为0.822，均高于可接受的信度、效度边界值，因此可以继续进行数据收集。最终的问卷数据来自河北、北京、广东、河南、山西、安徽等27个省、自治区、直辖市，收回问卷共计416份。为保障研究的真实性，需对问卷数据进行清洗，因此本书对填写所用时间小于90秒、得分过高或过低等异常问卷进行筛选剔除，得到有效问卷共计388份，问卷有效率为93.3%。

5.3.2　问卷信度、效度分析

（1）信度分析

本书对图5-1隐私素养内容框架的五个一级维度进行信度分析，使用Cronbach's α值测量问卷数据的信度质量水平。如在第2.1.3小节中所言，在问卷信度分析中，任何测验或量表的Cronbach's α值如果在0.8以上，则该测验或量表的信度非常好，如果在0.7以上是可以接受的。本次测试中五个维度的Cronbach's α值分别为隐私意识0.708、隐私边界管理能力0.738、隐私安全风险管理能力0.845、隐私维权问责能力0.810和隐私知识0.757。均为可接受范围。说明本次数据可信，具备可靠性。

（2）问卷效度分析

这里效度分析的方法同第2.1小节。如果KMO值大于0.8，说明效度非常高；KMO值大于0.7，说明效度较好；KMO值大于0.6，说明效度可以接受；KMO值小于0.6，说明效度不太好；如KMO值小于0.5，说明效度完全不佳，需要重新修正题项等。Bartlett球体检验的统计值（显著性概率）p值<0.05

时，问卷才有结构效度，小于 0.001 具有显著统计意义。本次测试中 KMO 值为 0.882，$p=0.000<0.05$，说明本次调查数据效度较高，如表 5-9 表示。

表 5-9 隐私素养调查问卷效度表（KMO 和 Bartlett 球体检验）

KMO 取样适切性量数		0.882
Bartlett 球体检验	近似卡方	5666.666
	自由度	465
	显著性	0.000

5.3.3 样本个体特征及样本整体隐私素养现状分析

（1）样本个体特征分析

本次调查，基本数值如表 5-10 所示。在性别方面，女性数量稍微多些；调查样本整体年龄偏年轻化；样本人群受教育程度整体偏高且受教育程度高者年龄偏小；职业方面，学生数量较多。

表 5-10 隐私素养问卷调查个体特征表

特征变量	指标	频数	百分比 /%	N	平均值	标准差
性别	男	160	41.2	388	1.59	0.493
	女	228	58.8			
年龄	25 岁及以下	171	44.1	388	1.77	0.87
	26~35 岁	167	43.0			
	36~45 岁	19	4.9			
	46~55 岁	31	8.0			
学历	高中 / 中专及以下	32	8.2	388	3.13	0.882
	大学专科	33	8.5			
	大学本科	177	45.6			
	硕士研究生及以上	146	37.6			

续表

特征变量	指标	频数	百分比	N	平均值	标准差
职业	学生	171	44.1	388	2.71	1.713
	教师	32	8.2			
	公务员	20	5.2			
	私企员工	69	17.8			
	其他	96	24.7			

（2）样本整体隐私素养现状分析

本次问卷测项采用李克特五级量表，每个测项最高分为5分、最低分为1分，隐私素养各维度及其要素分值按测项题数计算，问卷满分155分。本书为方便研究，将各维度、要素分值按百分制进行换算。分数统计中本书将分值低于60分定义为不及格，[60，70）为及格，[70，80）为中等，[80，90）为良好，[90，100]为优秀。具体分值分配如表5-11所示。

表5-11 隐私素养维度及要素问卷调查结果分值表

一级维度	二级维度	分值	合计	百分制	百分制合计
隐私意识	隐私道德意识	10分	20分	6.5	13.0
	隐私保护意识	10分		6.5	
隐私边界管理能力	隐私设置能力	15分	25分	9.7	16.2
	隐私边界协调能力	10分		6.5	
隐私安全风险管理能力	隐私安全风险识别能力	10分	75分	6.5	48.6
	隐私安全风险评估能力	10分		6.5	
	隐私安全风险监控能	10分		6.5	
	隐私安全风险应对能力	45分		29.1	
隐私维权问责能力	隐私维权问责能力	25分	25分	16.1	16.1
隐私知识	隐私知识	10分	10分	6.5	6.5

调查结果如表 5-12 所示,样本群体隐私素养均值为 74.42 分(百分制),达到了中等水平。从各维度来看,隐私意识维度和隐私边界管理能力维度的均值都达到了良好水平,前者接近优秀水平;隐私维权问责能力维度的均值达到中等水平;而隐私安全风险管理能力维度和隐私知识维度的均值都在及格水平上,比较低。隐私安全风险管理能力和隐私知识,在很大程度上影响着隐私边界管理能力的实现,影响着避免隐私安全风险的效果,目前状况显然不乐观,需要加强隐私素养的培养。

表 5-12 问卷调查样本群体隐私素养均值

类目	隐私素养		隐私意识		隐私边界管理能力		隐私安全风险管理能力		隐私维权问责能力		隐私知识	
	原值	百分制	原值	百分制	原值	百分制	原值	百分制	原值	百分制	原值	百分制
平均值	115.36	74.42	17.97	89.95	20.78	83.12	52.18	69.57	17.77	71.08	6.66	66.60
标准差	16.64		2.52		3.45		9.18		3.94		2.04	

5.3.4 隐私素养各维度统计结果分析

隐私素养各维度均值统计结果如表 5-13 所示。

①隐私意识分析。表 5-13 数据显示,隐私道德意识的均值刚超过 90 分,达到优秀水平;隐私保护意识的均值达到良好水平且接近优秀水平。统计数值都比较高,从侧面印证了人们的隐私意识已经觉醒且达到了较高水平,这对动员人们学习隐私保护各种能力以达到整体隐私素养的提升有重要作用。不过,由于这个调查是由被调查者回应自己的道德水准和意识水准,人们一般容易倾向表达出吻合社会道德规范的观点,尤其对前者,所以,现在的统计结果只是具有参考意义,不能说明准确体现了现状。

②隐私边界管理能力分析。表 5-13 数据显示,隐私设置能力和隐私边界协调能力的平均值皆属于良好水平,前者的标准差与后者的标准差相比略高,说明即使平均值处于良好水平,样本内部隐私设置能力的差距略大,并非所有样本群体都能够进行良好的隐私设置。

表 5-13　问卷调查隐私素养各维度均值

一级维度	二级维度	平均值		标准差
		原值	百分制	
隐私意识	隐私道德意识	9.0103	90.10	1.72
	隐私保护意识	8.9613	89.61	1.35
隐私边界管理能力	隐私设置能力	12.18	81.20	2.39
	隐私边界协调能力	8.9613	89.61	1.46
隐私安全风险管理能力	隐私安全风险识别能力	7.53	75.30	1.88
	隐私安全风险评估能力	7.22	72.20	2.00
	隐私安全风险监控能	7.46	74.60	1.71
	隐私安全风险应对能力	31.12	69.15	6.02
隐私维权问责能力	与商家协商	3.96	79.20	0.918
	平台/消费者热线投诉	4.01	80.20	0.923
	现场解决	3.32	66.40	1.113
	诉讼方式	3.2	64.00	1.139
	报警	3.28	65.60	1.112
隐私知识	隐私内涵	3.4	68.00	1.129
	政策法规	3.26	65.20	1.153

③隐私安全风险管理能力分析。表 5-13 数据显示，隐私安全风险管理能力维度的前三种能力的平均值均在中等水平。隐私安全风险应对能力的均值较低，且标准差较其他三项偏大，表明调查样本数据离散程度较大，人们在隐私安全风险应对能力的表现上有较大差距。因此本书将隐私安全风险应对能力的 9 个题项再次进行数据分析，结果发现主要是其中的隐私技术保护能力得分较低。在隐私技术保护能力中使用 IP 地址欺骗、使用代理服务器、使用 VPN 的平均值分别为 54.2 分、56.2 分、59.2 分，此三项均处于及格水平以下。清除浏览历史和其他详细信息的能力较强，平均值 81.4 分，这类能力掌握难度较低，因此得分为良好水平。该结果表明人们的隐私技术保护能力急需加强。

④隐私维权问责能力分析。关于隐私维权问责能力的调查虽说是一个题项，但包含有5个多选问题，相当于5个题项，即与商家协商、平台/消费者热线投诉、现场解决、诉讼、报警（见附录九）。表5-13数据显示，总体来讲各题项均值都不是很高，刚达到良好水平的仅有平台/消费者热线投诉；与商家协商的平均值达到中等水平接近良好；其他3项都仅为及格水平。表中数据显示，信息用户选择隐私侵犯后的维权方式，主要是选择热线投诉或与商家协商解决的方式。这与平时人们受到其他侵犯或不公时常选择的方式一样。分析其原因，其他3种方式显然需要耗费更多的时间成本和经济成本，阻碍了人们选择这些方式。这种情况也侧面反映出我国信息用户运用法律武器应对隐私侵犯的能力还不是很强，我国司法系统应该提供更便于用户使用法律手段的途径。

⑤隐私知识分析。关于隐私知识的调查共设置有2个题项，包含隐私内涵、政策法规两方面。表5-13数据显示，两个题项的得分都仅为及格水平，反映出信息用户隐私知识教育水平欠缺，对政策法规了解不足。

综合上述各项数据，可以看出：①被调查者整体隐私素养为中等水平。②从各维度来看，隐私意识维度、隐私边界管理能力维度可达良好水平；隐私维权问责能力维度为中等水平；隐私安全风险管理能力维度、隐私知识维度仅为及格水平。③从各题项来看，状况良好的为隐私道德意识，隐私保护意识紧随其后；不足的是被调查者运用技术能力保护隐私的水平较弱，维权方式单一，很少使用法律武器，对隐私内涵、政策法规了解不足。

5.3.5 隐私素养群体差异分析

以往研究中，有学者如福克斯（Fox）、凯特拉尔（Ketelaar）、莫里森（Morrison）、罗森塔尔（Rosentha）和祁涛等认为老年人、女性、年轻父母的隐私素养稍弱，媒介用户尤其是学生对媒介泄露隐私的意识和防备能力不

足。❶ 为研究信息服务领域不同群体的隐私素养差异，本小节主要从性别、年龄、学历、职业等方面对用户隐私素养的内部差异进行比较。

（1）不同性别用户隐私素养差异分析

信息用户隐私素养在性别方面可能存在某些差异，为探究性别因素造成的隐私素养差异，本课题组计算男性和女性的隐私素养均值，结果分别为 75.55±17.97 和 74.92±15.676。对其做 t 检验，结果如表 5-14 所示，即虽然男性比女性隐私素养均值高，但差异并不显著（$p>0.05$）。

表 5-14 不同性别用户隐私素养独立样本 t 检验

类目		Levene 方差等同性检验		平均值等同性 t 检验		
		F	显著性	t	自由度	显著性（双尾）	平均值差值
隐私素养	假定等方差	3.534	0.061	0.575	386	0.566	0.988
	不假定等方差			0.561	311.864	0.575	0.988

考察隐私素养各维度方面性别带来的均值差异，结果如表 5-15 所示。其中，女性在隐私意识、隐私边界管理能力、隐私知识维度上的均值略高于男性，男性在隐私安全风险管理能力、隐私维权问责能力维度上的均值略高于女性。

对其进行独立样本 t 检验，进一步比较，结果如表 5-16 所示，即在隐私素养各维度上男性和女性不存在显著差异（$p>0.05$）。这与第 5.3 小节开头提到的以色列调查结果一致，即在技术网络隐私素养方面女性较低，在社交网络隐私素养方面男女不存在显著差异。

---

❶ FOX G, CONNOLLY R. Mobile health technology adoption across generations：narrowing the digital divide[J]. Information systems journal, 2018, 28（6）：995-1019；KETELAAR P E, VAN BALEN M. The smartphone as your follower：the role of smartphone literacy in the relation between privacy concerns, attitude and behaviour towards phone-embedded tracking[J]. Computers in human behavior, 2018, 78（1）：174-182；MORRISON B. Do we know what we think we know? an exploration of online social network users' privacy literacy[EB/OL].（2012-09-22）[2021-01-11]. http：//library2.smu.ca/bitstream/handle/01/25402/asb_proceedings_2012.pdf#page=422；ROSENTHAL S, WASENDEN O C, GRONNEVET G A, et al. A tripartite model of trust in Facebook：acceptance of information personalization, privacy concern, and privacy literacy [J]. Media psychology, 2020, 23（6）：840-864；祁涛，景聪会. 年轻父母的晒娃习惯及其对儿童网络隐私保护的认知调查[J]. 中州大学学报，2019, 36（4）：74-78.

表 5-15 不同性别用户隐私素养各维度均值

类目	性别	个案数	均值 ± 标准差
隐私意识	男	160	11.47 ± 2.81
	女	228	11.68 ± 2.29
隐私边界管理能力	男	160	13.36 ± 3.54
	女	228	13.40 ± 3.39
隐私安全风险管理能力	男	160	34.79 ± 9.92
	女	228	34.23 ± 8.63
隐私维权问责能力	男	160	11.64 ± 3.91
	女	228	11.31 ± 3.96
隐私知识	男	160	4.29 ± 2.07
	女	228	4.30 ± 2.03

表 5-16 不同性别用户隐私素养各维度独立样本 t 检验

类目		Levene 方差等同性检验		平均值等同性 t 检验			
		F	显著性	t	自由度	显著性（双尾）	平均值差值
隐私意识	假定等方差	4.275	0.039	−1.248	386	0.213	−0.32401
	不假定等方差			−1.204	296.366	0.229	−0.32401
隐私边界管理能力	假定等方差	0.367	0.545	−0.165	386	0.869	−0.05888
	不假定等方差			−0.164	333.12	0.87	−0.05888
隐私安全风险管理能力	假定等方差	4.439	0.036	0.924	386	0.356	0.87566
	不假定等方差			0.902	311.414	0.368	0.87566
隐私维权问责能力	假定等方差	0.054	0.816	1.26	386	0.209	0.51173
	不假定等方差			1.263	345.328	0.207	0.51173
隐私知识	假定等方差	0.002	0.965	−0.079	386	0.937	−0.01667
	不假定等方差			−0.079	338.353	0.937	−0.01667

（2）不同年龄用户隐私素养差异分析

本书将用户分成多个年龄段，对不同年龄用户的隐私素养进行均值计算，分析差异，结果为 25 岁及以下（个案数 171）、26~35 岁（个案数 167）、36~45

岁（个案数 19）和 46~55 岁（个案数 31）共 4 个年龄段的均值 ± 标准差分别为 74.84 ± 15.88、74.97 ± 15.43、71.27 ± 24.22 和 80.54 ± 19.4，这里仅有最年长的 46~55 年龄段得分达到 80 分左右。进一步进行多重比较，即比较表 5-17 "（I）年龄段"与"（J）年龄"在隐私素养上是否存在差异显著性。表 5-17 的统计结果显示，46~55 岁用户的得分显著高于 45 岁及以下年龄人群（$p<0.05$），其他年龄段之间差别不显著。

表 5-17 不同年龄用户隐私素养多重比较差异的显著性

（I）年龄段	（J）年龄	显著性	（I）年龄段	（J）年龄	显著性
25 岁及以下	26~35 岁	0.907	36~45 岁	25 岁及以下	0.166
	36~45 岁	0.166		26~35 岁	0.151
	46~55 岁	0.006		46~55 岁	0.003
26~35 岁	25 岁及以下	0.907	46~55 岁	25 岁及以下	0.006
	36~45 岁	0.151		26~35 岁	0.008
	46~55 岁	0.008		36~45 岁	0.003

比较不同年龄段用户隐私素养各维度均值，结果如表 5-18 所示，很明显，36~45 岁用户在隐私素养各维度上的均值均低于其他年龄段用户。用户隐私意识维度方面，25 岁及以下用户得分最高；其他各维度方面，得分高的都是 46~55 岁这个年龄段。

表 5-18 不同年龄用户隐私素养各维度均值

因变量	年龄段	均值 ± 标准差	因变量	年龄段	均值 ± 标准差
隐私意识	25 岁及以下	11.67 ± 2.36	隐私安全风险管理能力	25 岁及以下	34.37 ± 8.09
	26~35 岁	11.59 ± 2.37		26~35 岁	34.26 ± 9.00
	36~45 岁	10.80 ± 3.38		36~45 岁	32.40 ± 14.38
	46~55 岁	11.63 ± 3.34		46~55 岁	37.36 ± 10.72
隐私边界管理能力	25 岁及以下	13.37 ± 3.61	隐私维权问责能力	25 岁及以下	11.25 ± 4.01
	26~35 岁	13.39 ± 3.15		26~35 岁	11.45 ± 3.78
	36~45 岁	12.98 ± 4.32		36~45 岁	10.95 ± 4.50
	46~55 岁	13.63 ± 3.53		46~55 岁	12.75 ± 3.51

续表

因变量	年龄段	均值 ± 标准差	因变量	年龄段	均值 ± 标准差
隐私知识	25岁及以下	4.17 ± 2.16	隐私知识	36~45岁	4.14 ± 2.41
	26~35岁	4.28 ± 1.80		46~55岁	5.16 ± 2

多重比较结果如表 5-19 所示，在隐私意识维度 36~45 岁用户得分显著低于 25 岁及以下、26~35 岁两个年龄段的用户（$p<0.05$）；隐私边界管理能力维度虽然有均值得分的高低，但不存在显著差异（$p>0.05$）；隐私安全风险管理能力维度、隐私维权问责能力维度与隐私知识维度上 46~55 岁用户得分显著高于其他三个年龄段的用户（$p<0.05$）。

（3）不同学历用户隐私素养差异分析

本书对不同学历用户的隐私素养进行均值计算以探索其中是否存在差异。数据分析结果如表 5-20 所示。其中，大学专科学历用户的隐私素养均值最高。在多重比较中可以发现，虽然不同学历用户隐私素养有均值得分的高低差别，但不存在显著差异（$p>0.05$）。

表 5-19　不同年龄用户隐私素养各维度多重比较

因变量	（I）年龄段	（J）年龄	显著性	因变量	（I）年龄段	（J）年龄	显著性
隐私意识	25岁及以下	26~35岁	0.636	隐私安全风险管理能力	36~45岁	25岁及以下	0.168
		36~45岁	0.026			26~35岁	0.193
		46~55岁	0.891			46~55岁	0.004
	26~35岁	25岁及以下	0.636		46~55岁	25岁及以下	0.009
		36~45岁	0.043			26~35岁	0.007
		46~55岁	0.899			36~45岁	0.004
	36~45岁	25岁及以下	0.026		36~45岁	25岁及以下	0.168
		26~35岁	0.043			26~35岁	0.193
		46~55岁	0.078			46~55岁	0.004
	46~55岁	25岁及以下	0.891		46~55岁	25岁及以下	0.009
		26~35岁	0.899			26~35岁	0.007
		36~45岁	0.078			36~45岁	0.004

续表

因变量	（I）年龄段	（J）年龄	显著性	因变量	（I）年龄段	（J）年龄	显著性
隐私边界管理能力	25岁及以下	26~35岁	0.948	隐私维权问责能力	25岁及以下	26~35岁	0.457
		36~45岁	0.467			36~45岁	0.621
		46~55岁	0.558			46~55岁	0.002
	26~35岁	25岁及以下	0.948		26~35岁	25岁及以下	0.457
		36~45岁	0.45			36~45岁	0.407
		46~55岁	0.583			46~55岁	0.008
	36~45岁	25岁及以下	0.467		36~45岁	25岁及以下	0.621
		26~35岁	0.45			26~35岁	0.407
		46~55岁	0.32			46~55岁	0.014
	46~55岁	25岁及以下	0.558		46~55岁	25岁及以下	0.002
		26~35岁	0.583			26~35岁	0.008
		36~45岁	0.32			36~45岁	0.014
隐私知识	25岁及以下	26~35岁	0.447	隐私知识	36~45岁	25岁及以下	0.924
		36~45岁	0.924			26~35岁	0.662
		46~55岁	0			46~55岁	0.007
	26~35岁	25岁及以下	0.447		46~55岁	25岁及以下	0
		36~45岁	0.662			26~35岁	0.001
		46~55岁	0.001			36~45岁	0.007

表5-20 不同学历用户隐私素养均值及多重比较

因变量	（I）学历段	个案数	均值 ± 标准差	（J）学历	显著性
隐私素养	高中/中专及以下	32	75.84 ± 20.23	大学专科	0.44
				大学本科	0.758
				硕士研究生及以上	0.483
	大学专科	33	77.91 ± 21.43	高中/中专及以下	0.44
				大学本科	0.186
				硕士研究生及以上	0.089
	大学本科	177	75.21 ± 15.95	高中/中专及以下	0.758
				大学专科	0.186
				硕士研究生及以上	0.487

续表

因变量	（I）学历段	个案数	均值 ± 标准差	（J）学历	显著性
隐私素养	硕士研究生及以上	146	74.37 ± 15.35	高中/中专及以下	0.483
				大学专科	0.089
				大学本科	0.487

比较不同学历用户隐私素养各维度均值，结果如表5-21所示。表中数据显示，硕士研究生及以上学历段用户在隐私意识和隐私边界管理能力方面的得分最高，但在其他三个方面得分最低；大学专科学历段用户的隐私安全风险管理能力得分最高，在其他四个方面得分处于中间位置；高中/中专及以下学历段用户在隐私维权问责能力和隐私知识维度方面的得分最高，但在其他三个方面得分最低。显示出学历对隐私素养各维度的影响作用是不相同的。

表5-21 不同学历用户隐私素养各维度均值

因变量	学历	个案数	均值 ± 标准差	因变量	学历	个案数	均值 ± 标准差
隐私意识	高中/中专及以下	32	11.15 ± 3.52	隐私维权问责能力	高中/中专及以下	32	12.17 ± 3.77
	大学专科	33	11.37 ± 2.88		大学专科	33	11.92 ± 4.55
	大学本科	177	11.54 ± 2.60		大学本科	177	11.43 ± 3.90
	硕士研究生及以上	146	11.79 ± 1.99		硕士研究生及以上	146	11.19 ± 3.83
隐私边界管理能力	高中/中专及以下	32	13.04 ± 3.84	隐私安全风险管理能力	高中/中专及以下	32	34.68 ± 11.52
	大学专科	33	13.19 ± 4.13		大学专科	33	36.78 ± 10.25
	大学本科	177	13.42 ± 3.29		大学本科	177	34.55 ± 8.87
	硕士研究生及以上	146	13.44 ± 3.39		硕士研究生及以上	146	33.77 ± 8.58
隐私知识	高中/中专及以下	32	4.79 ± 1.94	隐私知识	大学本科	177	4.25 ± 2.04
	大学专科	33	4.63 ± 2.39		硕士研究生及以上	146	4.15 ± 1.94

多重比较结果如表 5-22 所示，隐私意识维度方面，硕士研究生及以上学历段用户得分显著高于高中/中专及以下学历的用户（$p<0.05$），但对其他学历段用户的差别不显著；隐私边界管理能力维度方面，各学历段用户虽然在均值上有差异但不存在显著差异（$p>0.05$）；隐私安全风险管理能力维度方面，大学专科学历段用户得分显著高于大学本科、硕士研究生及以上学历段的用户（$p<0.05$）；隐私维权问责能力维度方面，高中/中专及以下学历段用户得分仅显著高于硕士研究生及以上学历段用户（$p<0.05$）；隐私知识维度方面，高中/中专及以下学历段用户得分显著高于大学本科、硕士研究生及以上学历段的用户（$p<0.05$）。

表 5-22 不同学历用户隐私素养各维度多重比较

因变量	（I）学历段	（J）学历	显著性	因变量	（I）学历段	（J）学历	显著性
隐私意识	高中/中专及以下	大学专科	0.569	隐私边界管理能力	高中/中专及以下	大学专科	0.784
		大学本科	0.202			大学本科	0.373
		硕士研究生及以上	0.041			硕士研究生及以上	0.348
	大学专科	高中/中专及以下	0.569		大学专科	高中/中专及以下	0.784
		大学本科	0.583			大学本科	0.586
		硕士研究生及以上	0.179			硕士研究生及以上	0.55
	大学本科	高中/中专及以下	0.202		大学本科	高中/中专及以下	0.373
		大学专科	0.583			大学专科	0.586
		硕士研究生及以上	0.166			硕士研究生及以上	0.914
	硕士研究生及以上	高中/中专及以下	0.041		硕士研究生及以上	高中/中专及以下	0.348
		大学专科	0.179			大学专科	0.55
		大学本科	0.166			大学本科	0.914
隐私安全风险管理能力	高中/中专及以下	大学专科	0.152	隐私安全风险管理能力	大学本科	高中/中专及以下	0.911
		大学本科	0.911			大学专科	0.047
		硕士研究生及以上	0.433			硕士研究生及以上	0.239

(4)不同职业用户隐私素养差异分析

对不同职业用户的隐私素养进行均值计算，以探究职业的不同是否会带来信息用户隐私素养的不同。数据分析结果如表 5-23 所示。各种职业用户群的得分都是 70 多分这个分值段，相对来讲，得分最高为"其他职业"类型用户，公务员类最低。从前文隐私素养文献调查中可知，从职业角度比较，政府机关工作人员个人信息安全素养比个体户低，本次调查结果再次印证前人的研究结论。不过，经多重比较发现，不同职业用户隐私素养得分不存在显著差异（$p>0.05$）。

表 5-23 不同职业用户隐私素养均值及多重比较

因变量	（I）职业段	个案数	均值 ± 标准差	（J）职业	显著性
隐私素养	学生	171	74.38 ± 16.15	教师	0.875
				公务员	0.696
				私企员工	0.185
				其他	0.128
	教师	32	74.05 ± 13.06	学生	0.875
				公务员	0.828
				私企员工	0.305
				其他	0.272
	公务员	20	73.38 ± 21.30	学生	0.696
				教师	0.828
				私企员工	0.268
				其他	0.244
	私企员工	69	76.40 ± 16.98	学生	0.185
				教师	0.305
				公务员	0.268
				其他	0.974
	其他	96	76.46 ± 17.21	学生	0.128
				教师	0.272
				公务员	0.244
				私企员工	0.974

比较不同职业用户隐私素养各维度的均值，结果如表 5-24 所示。从表中数据可以看出，学生、教师、私企员工、其他职业都分别出现在不同维度得分最

高位置上，公务员则出现在三个维度得分最低位置上。各维度不同职业用户得分的名次都不相同。

表 5-24　不同职业用户隐私素养各维度均值

因变量	职业	个案数	均值 ± 标准差	因变量	职业	个案数	均值 ± 标准差
隐私意识	学生	171	11.68 ± 2.33	隐私维权问责能力	学生	171	11.15 ± 4.09
	教师	32	11.51 ± 2.82		教师	32	10.84 ± 2.91
	公务员	20	11.25 ± 2.41		公务员	20	11.43 ± 4.31
	私企员工	69	11.61 ± 2.74		私企员工	69	11.64 ± 3.83
	其他	96	11.50 ± 2.60		其他	96	12.00 ± 3.84
隐私边界管理能力	学生	171	13.29 ± 3.62	隐私知识	学生	171	4.23 ± 2.00
	教师	32	13.62 ± 3.14		教师	32	4.25 ± 2.09
	公务员	20	13.39 ± 3.63		公务员	20	4.12 ± 2.54
	私企员工	69	13.46 ± 3.31		私企员工	69	4.31 ± 1.95
	其他	96	13.39 ± 3.31		其他	96	4.43 ± 2.07
隐私安全风险管理能力	学生	171	34.00 ± 8.46	隐私安全风险管理能力	私企员工	69	35.37 ± 9.68
	教师	32	33.81 ± 7.54		其他	96	35.12 ± 9.70
	公务员	20	33.17 ± 12.46				

多重比较结果如表 5-25、表 5-26 和表 5-27 所示，隐私维权问责能力维度方面，其他职业类型用户的得分显著高于学生和教师用户（$p<0.05$），但与其他类型用户的得分差异不显著；其他维度方面不同职业用户虽然有均值得分的高低差别，但不存在显著差异（$p>0.05$）。

表 5-25　不同职业用户隐私意识和隐私边界管理能力维度多重比较

因变量	（I）职业	（J）职业	显著性	因变量	（I）职业	（J）职业	显著性
隐私意识	学生	教师	0.567	隐私边界管理能力	学生	教师	0.437
		公务员	0.261			公务员	0.843
		私企员工	0.733			私企员工	0.577
		其他	0.37			其他	0.709

续表

因变量	(I)职业	(J)职业	显著性	因变量	(I)职业	(J)职业	显著性
隐私意识	教师	学生	0.567	隐私边界管理能力	教师	学生	0.437
		公务员	0.585			公务员	0.718
		私企员工	0.773			私企员工	0.743
		其他	0.984			其他	0.616
	公务员	学生	0.261		公务员	学生	0.843
		教师	0.585			教师	0.718
		私企员工	0.392			私企员工	0.898
		其他	0.537			其他	0.998
	私企员工	学生	0.733		私企员工	学生	0.577
		教师	0.773			教师	0.743
		公务员	0.392			公务员	0.898
		其他	0.676			其他	0.839
	其他	学生	0.37		其他	学生	0.709
		教师	0.984			教师	0.616
		公务员	0.537			公务员	0.998
		私企员工	0.676			私企员工	0.839

表5-26 不同职业用户隐私安全风险管理能力和隐私维权问责能力维度多重比较

因变量	(I)职业	(J)职业	显著性	因变量	(I)职业	(J)职业	显著性
隐私安全风险管理能力	学生	教师	0.871	隐私维权问责能力	学生	教师	0.522
		公务员	0.555			公务员	0.648
		私企员工	0.105			私企员工	0.183
		其他	0.139			其他	0.009
	教师	学生	0.871		教师	学生	0.522
		公务员	0.704			公务员	0.417
		私企员工	0.22			私企员工	0.143
		其他	0.281			其他	0.025

续表

因变量	(I)职业	(J)职业	显著性	因变量	(I)职业	(J)职业	显著性
隐私安全风险管理能力	公务员	学生	0.555	隐私维权问责能力	公务员	学生	0.648
		教师	0.704			教师	0.417
		私企员工	0.145			私企员工	0.746
		其他	0.182			其他	0.353
	私企员工	学生	0.105		私企员工	学生	0.183
		教师	0.22			教师	0.143
		公务员	0.145			公务员	0.746
		其他	0.788			其他	0.354
	其他	学生	0.139		其他	学生	0.009
		教师	0.281			教师	0.025
		公务员	0.182			公务员	0.353
		私企员工	0.788			私企员工	0.354

表 5-27 不同职业用户隐私知识维度多重比较

(I)职业	(J)职业	显著性	(I)职业	(J)职业	显著性
学生	教师	0.947	私企员工	学生	0.661
	公务员	0.73		教师	0.817
	私企员工	0.661		公务员	0.571
	其他	0.24		其他	0.58
教师	学生	0.947	其他	学生	0.24
	公务员	0.741		教师	0.502
	私企员工	0.817		公务员	0.347
	其他	0.502		私企员工	0.58
公务员	学生	0.73			
	教师	0.741			
	私企员工	0.571			
	其他	0.347			

（5）总结

综上所述，通过对不同性别、年龄、学历、职业信息用户进行隐私素养及各维度均值得分的计算、得分显著性差异的分析，可以看出在隐私素养整体方面，男性和女性不存在显著差异；46~55岁年龄段得分显著高于比其年龄小的用户；不同学历或不同职业的用户不存在显著差异。

在隐私素养各维度方面，女性在隐私意识、隐私边界管理能力、隐私知识维度均值高于男性，男性在隐私安全风险管理能力、隐私维权问责能力维度上的均值高于女性；隐私边界管理能力维度在年龄方面不存在显著差异，隐私安全风险管理能力、隐私维权问责能力与隐私知识维度上46~55岁用户得分显著高于其他三个年龄段的用户；隐私边界管理能力维度在学历方面不存在显著差异，用户学历越高隐私意识越强，低学历用户在隐私安全风险管理能力、隐私维权问责能力、隐私知识维度上的得分较高；在不同职业用户中，学生和教师隐私维权问责能力较弱，隐私意识维度、隐私边界管理能力维度、隐私安全风险管理能力维度、隐私知识维度几方面不同职业用户得分不存在显著差异。

总体来讲，我国个体隐私素养基本处于中等水平。用户的特征，如性别、年龄、学历、职业等，对用户隐私素养整体水平和具体维度上的水平有一定影响，但影响程度不一，有些影响不大。具体各维度方面，我国信息用户整体在隐私意识方面和隐私边界管理能力方面都处于良好水平，在隐私维权问责能力方面处于中等水平，在隐私安全风险管理能力和隐私知识方面都仅处于及格水平。不足的方面正是隐私素养教育需要特别加强的地方。

5.4 我国信息服务领域隐私素养提升策略案例分析及改进建议

隐私素养教育对提高个体隐私意识、隐私边界管理能力、隐私安全风险管理能力、隐私维权问责能力、隐私知识都有很大的助力作用。

5.4.1 隐私素养提升案例分析

当前，隐私素养教育已经实现从无到有的阶段性进步，有一些经验，但也存在不足。

（1）社会实践案例分析

提高隐私素养的社会实践，可以较好地解决不同年龄、性别、学历、职业信息用户隐私素养差异问题。社会人群尤其是老年人群体，由于接触网络较少，他们的隐私保护能力不高，常常成为信息诈骗的主要对象。例如"快递员"自称弄丢包裹，主动联系买家愿双倍赔偿，但因买家是老年人，对手机支付并不熟悉，便听从他人指示填写手机号、支付宝账号及密码、验证码等，最后被精心策划的骗局骗走5万元。❶随着《网络安全法》的提出，社会各组织机构开始重视普通民众的隐私素养提升问题。

为提升民众隐私素养，近年来我国各行业对于个人信息保护的宣传日益增加。①在我国，政府主导且普及面非常大的隐私素养提升活动是国家网络安全宣传周活动。自2014年起我国每年在全国各地开展国家网络安全宣传周活动，自2016年起时间固定为每年9月第三周，在这个网络安全宣传周的活动中专门设立了"个人信息保护日"。②2018年，在网络安全宣传周的"个人信息保护日"活动上，全国总工会宣布正式启动全国个人信息保护"12351"计划，引导2万名网络安全员走进3000多家企业以及社会进行线上线下宣传，倡导社会各界加强个人信息保护。❷③目前已有不少组织包括信息服务组织利用网站、微信公众号、抖音、微博等平台，以及线下等多种形式进行视频或图文方式宣传个人信息保护，如河北总工会在其公众号"冀工之家"开展个人信息保护宣传❸，信

---

❶ 隐私护卫队. 一袋麻花引发的骗局到底是谁泄露了我的信息？[EB/OL].（2017-11-08）[2021-01-08]. https://mp.weixin.qq.com/s/THdZxXT54Ebp2zCG-fBGFw.

❷ 熊浩然. 个人信息保护日：保障公民隐私安全[EB/OL].（2018-12-29）[2021-01-08].http：//www.cac.gov.cn/2018-12/29/c_1123924720.htm.

❸ 赵建. 河北省2017年国家网络安全宣传周活动纪实[EB/OL].（2017-02-28）[2021-01-08].http：//www.cac.gov.cn/2017-09/28/c_1121737475.htm.

息安全公司安华金和在其公众号发布各种个人信息保护技术和知识，北京地区以应急演练、技能竞赛、网络安全微动漫等多种形式开展包括个人信息保护在内的网络安全知识与能力提升活动❶等。很多图书馆如首都图书馆，在2020年的进馆管理公告中特别提醒保护个人信息，对员工和公众隐私素养提高具有潜移默化的教育作用。

概括来讲，目前我国以社会实践形式提升隐私素养的优点主要有：①社会组织举办的活动形式多样，有分发漫画宣传册、录制小视频、文艺演出、有奖游戏等，"接地气"的活动容易提升民众的参与度与满意度。②提升隐私素养的社会实践覆盖范围广，如国家网络安全宣传日覆盖全体国民；"12351"计划直接覆盖1亿职工网民。在2023年国家网络安全宣传周活动中，覆盖网民超过1亿。❷各类宣传平台进行活动内容推送，在普及大众隐私保护的意识和提升基本能力方面有很大贡献。③社会组织各类资源丰富，隐私素养社会活动的举办需要大量的人力物力，企业和非企业组织举办此类活动能够发挥自身的资金优势与群众基础扎实的优势。

然而，现有的隐私素养社会实践活动仍有很多不足之处，如活动的针对性较低，没有设立针对性的活动内容，宣传活动不能发挥其最大效力。另外，这类社会活动的持续影响力不是很高，宣传周、宣传月过后，活动的影响力很容易迅速降低，如何利用好现有资源进行长期隐私素养教育是有待解决的关键问题。

（2）教学形式案例分析

根据所收集的信息，目前以教学形式提升个体隐私素养的活动主要有两种方式：第一，在学校或网络公共课程平台上（如MOOC）的"信息素养"公共课程中增加隐私保护内容；第二，教育部门在校内结合国家网络安全周开展多种形式隐私保护教育活动。

---

❶ 北京市委网信办.2020国家网络安全宣传周北京地区活动[EB/OL].（2020-09-11）[2021-01-08]. https://new.qq.com/rain/a/BJC2020091102044600.

❷ 个人信息保护日见闻录"12351"计划覆盖1亿职工网民[EB/OL].（2018-02-06）[2023-10-09]. http://www.cac.gov.cn/2018-02/06/c_1122368945.htm; 2023年国家网络安全宣传周活动综述（2023-09-21）[2023-10-09]. https://baijiahao.baidu.com/s?id=1777609204339650063&wfr=spider&for=pc.

多年来，高校普遍由图书馆或图书馆专业的教师为全校开设信息素养课程，近几年开始加强隐私素养教育内容。① 2015年美国大学与研究图书馆协会（Association of College & Research Libraries，ACRL）新发布的《高等教育信息素养框架》，将信息素养与各种新兴素养如媒介素养、数字素养等进行融合，赋予其元素养内涵，并强调能力的培养，提出培养具有信息素养的学习者，使他们充分意识到与隐私和个人信息商品化有关的问题，并就其在线行为做出明智的选择❶；我国学者如秦小燕研究《高等教育信息素养框架》并提出了改进我国高校信息素养教育课程内容。❷ ②我国近年出版的信息素养相关教材或专著，不少都增加和丰富了隐私素养内容。如潘燕桃等编著的《信息素养通识教程》，专门设有"个人信息保护"一节，设置的相关内容包括防止个人信息泄露、谨慎使用公共设备、安全使用手机App、密码分级管理等。❸该教材用于同名国家精品课程，并在中国大学MOOC上开设，很有影响力。本课题组也在中国大学MOOC、网易公开课、腾讯课堂等网络教学平台进行隐私素养相关课程搜索，通过比较搜集的课程目录发现普通大学录制的网络课程多强调隐私信息安全的概念、基本属性、研究内容等理论性内容；职业教育课程则强调"真假公共Wi-Fi都要防""手机万一中毒怎么办""QQ防护技巧"等应用实操技能，这些内容都旨在提升用户隐私素养能力。另外，在信息用户访谈过程中发现除高校外，中学生也接受过隐私素养教育，如中学阶段的教材会提及《中华人民共和国民法典》《中华人民共和国刑法》《中华人民共和国治安管理处罚法》等，其中有对隐私相关法规条文的简短介绍。

在网络搜索引擎上搜索国家网络安全周活动，能搜索到许多学校，无论是高校还是中小学，也都参与其中。如有的是由图书馆（网络与信息中心）作为

---

❶ ASSOCIATION OF COLLEGE AND RESEARCH LIBRARIES.Framework for information literacy for higher education[EB/OL].（2015-02-02）[2020-01-02]. http://www.ala.org/acrl/sites/ala.org.acrl/files/content/issues/infolit/framework1.pdf.

❷ 秦小燕.美国高校信息素养标准的改进与启示——ACRL《高等教育信息素养框架》解读[J].图书情报工作，2015，59（19）：139-144.

❸ 潘燕桃，肖鹏.信息素养通识教程[M].北京：高等教育出版社，2019：169.

该类活动的牵头组织，在数字校园或智慧校园门户平台上开辟专门宣传专题❶；有的是政府与社会媒体和高校联合，在高校开展个人信息保护专题巡展等。❷

（3）总结

概括来讲，目前我国以教学形式提升隐私素养活动的优点主要有：①各级教育部门日益重视隐私素养教育，通过将隐私保护知识纳入教学资料，学校隐私素养教育正逐渐步入正轨。②隐私素养课程形式有一定程度的创新，不再只是传统形式的课本文字。职业教育重视学生的实际操作能力，课程内容浅显易懂，可以直接在日常生活中应用。③有的学校能够结合时事热点，及时传达相关事件原委，告知学生保护隐私的知识和技巧，提醒学生注意避免类似事件发生，在起到预防作用的同时提高了学生的隐私素养。

然而，我们也应看到现有隐私素养教育存在的一些问题。①很多信息素养课程还未涉及或涉及少量隐私素养教育内容。根据查阅的近5年出版的多种信息素养教材，以及对部分图书馆"信息素养"授课教师的访谈结果可知，虽有不少信息素养课程或教材在信息伦理与道德篇章中设置有隐私保护内容，但内容单薄，如中国大学MOOC平台上有25门信息素养方面的课程，考察这些课程的教学目录或大纲，仅有"信息素养通识课程"提到隐私保护内容且将其作为一整节内容；在MOOC上检索隐私素养方面内容，检索结果很少，集中在信息相关专业，如计算机、通信工程、信息管理等，其内容偏重计算机相关知识。②在MOOC上查到的有关隐私素养能力方面的教学内容，主要是PC端和手机端的病毒防护理论，没有从根本上对如隐私保护的最新法律法规等相关知识进行讲解。③在宣传周活动中，学校组织的讲座类活动，有助于在短时间内提高学生的隐私保护意识，但是相关知识容易被淡忘。④最后，中小学应试教育在隐私保护上宣传力度较小，没有广泛开展教学活动。教科书上涉及隐私保护的

---

❶ 北京第二外国语学院. 网络与信息中心（图书馆）开展国家网络安全宣传周系列活动 [EB/OL]. （2019-09-24）[2021-01-08]. http://www.bisu.edu.cn/art/2019/9/24/art_9926_230771.html.

❷ 马虎振. "网络安全与个人信息保护专题巡展"西安高校进行 [EB/OL]. （2016-09-28）[2021-01-08]. https://news.xidian.edu.cn/info/1482/94676.htm.

内容较少，且多为应付考试而设，实用性不是很强。隐私素养教育集中在大学阶段，小学和中学阶段很少涉及，而中小学时期恰恰是让学生养成良好隐私保护习惯的关键时期。

5.4.2 隐私素养提升策略的改进建议

总体来讲，目前国内外对隐私素养本身及隐私素养教育都有一定的研究，但还没有权威的定论或达成共识，研究范围还需要进一步扩大。

（1）进一步加强隐私素养教育

根据第 5.3 小节，我国信息用户个体隐私素养水平并不高，在隐私素养各维度方面存在很多不足。特别是学历的提高并没有带来隐私素养的提升，这反映出我国隐私保护知识教育水平的欠缺。

学校教育应当成为隐私素养教育的主场地。首先，学校教学场地充足，学生群体学习兴趣高；其次，学校的教育资源相对集中，具备优质的专业教师；最后，学生的群体特性决定学生社会经验不足，容易轻信他人因而泄露隐私信息。因此，本书强调在学校进行隐私素养教育，根据现有隐私素养教育案例的经验与问题进行改进。

第一，扩大隐私素养教育受众，在新生入学教育中加入隐私素养教育。将隐私素养课程设为通识选修课程。我国信息用户隐私知识掌握较少和实际操作能力较差，而数字化教育资源日益成为教学的重要组成部分，因此学校进行隐私素养教育时，应将理论内容的讲解和实践能力的锻炼同时进行。学校针对非信息专业学生可以修改课程大纲，降低课程难度，注重课程实践性，以数字教学软件、常用信息服务应用程序为例学习隐私防护技能，掌握隐私安全风险识别、隐私安全风险评估、隐私安全风险应对等基本技能。

第二，应加强隐私保护的法律法规教育，要让学生在隐私受到侵犯时学会运用法律武器保护自己。教师可利用短视频、自制动画、新闻报道等方式让学生了解隐私侵犯形式；讲述最新保护规范，使学生在接触到一些隐私条款时，可以判断出条款的合法性。课堂中可以进行隐私保护实践模拟活动，以保证学生在隐私被侵犯后，能够及时做出响应，采用法律武器，制止泄露者的侵权行为。学习隐私保护相关的法律法规知识，对个人提高隐私素养至关重要。

第三，霍农（Hornung）等指出，隐私和信息自决保护着不同社会环境之间的边界，防止敏感信息来自同一环境（例如工作、医疗、家庭生活环境）。❶ 隐私和信息自决需要隐私保护意识的增强，需要针对不同学龄阶段学生的特点进行讲解。例如，在小学教育阶段，学生日常生活涉及的个人隐私较少，并且小学生对隐私的概念与价值十分模糊，可直接向学生讲述哪些信息属于隐私信息及如何保护这些信息，举例告知泄露的后果及具体保护措施。而在中学、大学阶段，学生的自我意识开始萌发，他们可能频繁地使用社交软件、工具软件甚至借贷软件，会出于各种目的发布自己的隐私信息。这个阶段要优先提高学生对于自我信息价值的认知，使其意识到个人隐私的重要性及泄露的危害。隐私意识的提高可以极大地减少个人主动披露、无意识披露造成的损失。

第四，加强教师的个人隐私素养，教师的行为对学生有着直接的影响，且具有潜移默化的作用。同时，用户个人也应主动学习隐私素养和信息安全相关知识，改变网络使用习惯，分享信息要节制。

第五，加强各种信息服务产品收集个人信息的知识掌握。目前信息服务产品直接收集个人身份信息的功能比较明显，因为需要获得用户的"同意"许可。但还有些信息如用户的阅读内容信息，这些信息行为内容往往被悄然采集，如有的软件会列出查看同一篇文章的用户名称。因此，要教育用户掌握各种软件功能，加强各种防范意识。

（2）提升社会宣传效力

本章对我国信息用户隐私素养现状调查研究结果显示，我国信息用户隐私素养处于中等水平，隐私维权问责能力为中等水平，隐私知识、隐私安全风险管理能力仅为及格水平。不同年龄、职业用户在隐私素养各维度水平上存在不

---

❶ HORNUNG G, SCHNABEL C. Data protection in Germany I : The population census decision and the right to informational self-determination[J]. Computer law & security review, 2009, 25（1）: 84-88.

同程度的差异。而社会宣传具有覆盖人群范围广、资源丰富易开展等优势。但是社会组织隐私素养活动效力弱，存在针对性低、持久性差等问题。因此，社会实践活动需要提升社会宣传效力。鉴于宣传单位主体不同，本书将社会宣传分为社区宣传、企业宣传与公共服务机构宣传。本书根据现有提升隐私素养的社会实践案例的经验与问题进行改进，提升隐私素养的活动形式如下。

第一，加强社区宣传。社会的宣传不仅要依靠政府机关的努力，还需要各个社区积极配合，将宣传落实到社区。同时，还要基于不同社区的特点，进行不同侧重点的隐私素养知识宣传。例如，在老年人较多的社区中，要侧重于普及线下防止隐私侵犯的相关知识，老年人接触网络较少，个人隐私普遍是由线下渠道泄露，如在各种促销活动的登记信息中，就会涉及个人身份信息、住址信息的泄露；在与不法分子的交谈中，也会被诱骗透露出家人信息（子女的姓名及工作单位等），以上都会成为日后不法分子诈骗的工具信息。针对老年人群体，可以在隐私素养主题讲座分发宣传册、播放小视频等吸引老年人注意。针对儿童群体，可以印发漫画版学习手册、举办有奖隐私知识竞赛、张贴卡通宣传栏海报等。社区应优化宣传资源，定期更新宣传内容，保障隐私保护意识的持续性输出，将活动嵌入到日常生活中。

第二，加强对信息企业的规范。不同行业的企业会涉及不同领域的信息，甚至有些企业自身就会因业务领域而涉及一些私人信息，如土地确权公司会拥有住户详尽的房屋面积信息，银行掌握用户大量的身份、财产信息，信息企业掌握用户个人身份信息以及阅读内容信息等。信息企业外部宣传主要针对信息用户，应充分利用现有的各类平台，开设隐私保护专栏，定期推送隐私保护相关知识、更新相关法律法规内容及企业隐私保护措施。企业内部关于隐私素养的知识宣传、隐私保护培训也尤为重要，可以在员工入职培训中加入用户隐私保护培训，明确用户个人信息处理岗位职责。企业员工不仅需要保护好自身的个人隐私，更要保护工作中涉及的用户个人信息，提高隐私道德意识水平。

第三，加强公共服务机构宣传。公共服务机构应充分利用自有资源，发挥自身价值，进行宣传科普工作。如公共图书馆拥有大量隐私保护知识方面的信息资源，可通过积极举办隐私保护公益讲座、开展隐私保护能力培训、进行隐私知识比赛、隐私侵害案件视频介绍等，加强隐私保护知识宣传的传播广度和深度。公共服务机构可以针对不同人群的需求联合当地知名企业同时开展合作活动。宣传活动可以提供相应的纪念品如宣传日历、宣传手办玩偶等，增加宣传活动的吸引力。公共服务机构也可以利用辖区公共资源，制作公益广告，也可以多家机构合作在地铁、公交车和站台等场所开展宣传。

（3）改进信息产品的隐私设置功能

人们在学习信息产品的使用时，往往是借助信息产品本身的引导功能和帮助功能，所以常有人说电子产品的会用是"玩"出来的。作为电子产品的信息服务平台，应当改进其隐私设置功能，引导用户学会如何进行隐私自理。

第一，在隐私设置形式方面。隐私设置是需要用户进行操作的，应当设置在信息服务平台的显著位置，并赋予显著标签，如"隐私设置"。关键设置应突出，比如使用区别于大多数内容的显眼字体或颜色，提高用户的关注度。同时，信息产品应建立完善的用户隐私保护反馈机制，促使用户注意对自我隐私的保护，了解自己在使用产品过程中所披露信息的收集、处理、存储过程，会让用户养成良好的隐私信息授权习惯。一旦遇到隐私设置不完善或恶意窃取用户信息的信息产品，可以很快识别并对个人隐私进行保护，即让用户在信息产品使用过程中通过实践来提高自身的隐私素养。这种方式，一方面保护用户隐私，另一方面对提高用户隐私保护的意识和能力有很好作用。同时，在隐私反馈机制的作用下，信息服务提供商可以对用户隐私做更为完善的保护。

第二，从隐私设置功能出发，信息服务提供商在自身信息产品的设计、服务中需要对用户隐私保护进行全方位的考虑，在信息产品生命周期各阶段为用户提供相应的信息安全支持。隐私设置选项应兼备信息边界设置、边界更改、用户指导功能。在用户使用产品初期，应增加隐私设置选项演示界面，保障用户的知情权，指导用户了解每个隐私设置选项的作用，打开和关闭此功能后企业和用户对个人信息控制程度的区别，并且告知用户相应选择可能产生的风险。在边界更改功能方面，大部分现有App的隐私设置选项，在时间和空间设置方面划分不够细致。企业可从用户个人信息时间、空间设置入手，改进信息技术，增加用户隐私自定义功能。

总体来讲，网络产品尤其是移动应用产品的设计者，在开发隐私设置功能时，应当调查和掌握不同年龄层次用户的"隐私知识差距"，要有很好的包容性，应推进隐私设置功能标准化，减少用户的理解成本；隐私设置上应有详细的解释功能且易被访问，其隐私设备也应便于用户调整等。❶良好的隐私信息筛选、设置和用户指导功能可以保证用户的利益，起到引导用户学习隐私保护知识和能力的作用，在一定程度上提高用户隐私素养，也使企业获得更好的声誉。信息产品隐私设置功能的改进和信息用户隐私素养的提高相辅相成，互相促进。信息服务企业改进产品隐私设置功能，短期内可能导致数据采集业务的损失，但长期则会强化企业的品牌价值，获得更多的商业合作和支持。❷当完善隐私设置功能的要求逐步成为行业规范，良好的信息服务行业隐私保护氛围也将形成，从而进一步带动社会整体的隐私保护环境，提升公民整体隐私素养。

（4）充分发挥政府职能部门作用

我国信息用户隐私素养现状调查研究结果显示，我国信息用户隐私维权问责能力处于中等水平，信息用户利用平台/消费者热线进行投诉的能力为良好水平，而信息用户进行现场解决、诉讼、报警的维权能力为及格水平，可见我国信息用户运用法律武器应对隐私侵犯的能力较弱。政府职能部门对此需发挥应有作用，宣传讲解维权方式与维权过程，加强执法力度减少隐私侵犯行为，消除用户的维权障碍，提升用户隐私素养。

第一，加强隐私素养知识传播。政府职能部门具有促进社会经济文化发展的作用，这一点与隐私素养宣传目的一致，且政府具备公信力，借助政府平台

---

❶ MASUR P K, TEUTSCH D, TREPTE S. Entwicklung und validierung der online-privatheitskompetenzskala（OPLIS）[J]. Diagnostica, 2017（2）: 1-20; FOX G, CONNOLLY R. Mobile health technology adoption across generations: narrowing the digital divide[J]. Information systems journal, 2018, 28（6）: 995-1019.

❷ DEBATIN B. Ethics, privacy, and self-restraint in social networking[M]. Berlin Heidelberg: Springer, 2011: 47-60.

传播隐私素养知识可以起到事半功倍的作用。近年来，越来越多公职人员加入知识科普的行列，优质的自制短视频可以获得数万点赞量。政府职能部门可以将隐私保护知识和隐私保护基本技能融入科普作品中，采用情景剧、科普漫画等形式讲解隐私维权方式与过程，并在网络、电视等渠道进行宣传，提升公众隐私素养。

第二，加强执法监督力度。我国保护隐私的法律法规正在逐步完善中，政府职能部门应积极配合，贯彻执行国家方针政策，与有关部门合作对信息产品合规性进行监督，促使企业正确对待用户隐私保护问题。政府职能部门也可鼓励用户进行有奖举报，积极接收群众举报信息并尽快予以回复，及时对相关企业进行产品取证。当发现企业信息产品不合规时应加大执法力度，通过公开渠道告知公众，做到执法各阶段公开透明，起到隐私保护宣传作用。

5.5 小结

本章从个人层面探索隐私保护措施，主要是探索个人隐私素养的内容和培养策略。这里所说的个人，主要是指信息用户，但很多隐私素养要求也是信息服务组织工作人员所应拥有的。本章探讨了隐私素养的含义；在梳理分析已有隐私素养测量内容的基础上，根据隐私安全风险揭示、隐私设置特点以及用户访谈内容，构建了隐私素养内容框架，并以此框架为基础，对我国信息服务领域隐私素养现状进行了调查和分析，总体来讲我国信息用户整体隐私素养为中等水平，不同类型用户在不同隐私素养维度方面存在一定差异。本章节也对我国现有隐私素养提升策略案例如社会实践案例和教学案例进行了总结，分别从隐私素养教育、社会宣传效力、信息产品隐私设置功能和政府职能部门作用等方面提出促进隐私素养提升的建议。

第 6 章　进一步优化信息用户隐私安全管理策略的建议

前面主要从信息服务行业、信息服务组织及信息服务个体（服务者与用户）角度分别分析隐私保护现状、存在的问题和提出改进建议。在此基础上，本章将从总体上对信息用户隐私安全管理原则和策略提出优化建议，包括对相关法律法规改进的建议及对信息服务组织和用户的原则性建议。

6.1　信息服务视角下完善隐私保护法律法规的建议

信息服务领域能够收集大量个人身份信息和个人查阅信息，据此可以分析出特定个人的其他信息，如观念、习惯、与他人的联系等，不仅信息服务组织存在很大的触犯法律的风险，信息用户更存在隐私权被侵犯的风险。因此，建议保护隐私的相关法律法规在以下几个方面有所加强。

6.1.1　提高分享或共享信息用户个人信息的门槛

根据目前法律法规，信息服务组织收集和利用用户个人信息的一个重要前提是用户的"知情同意"；进一步，根据第 4.4 小节对我国信息服务平台隐私政策合规现状的考察分析，可以看出相当多信息服务者，尤其是商业性信息服务者以一揽子的"同意"协议,获得用户同意其将所收集的个人信息与其合作机构进行分享。从博弈角度来看,这种分享个人信息的权利对信息服务者来讲是获得更大利益的一种策略,如多个信息服务机构相互合作,共享个人信息,可以对个人进行精准画像,但这种分享对用户来讲存在很大隐私侵权隐患,也造成个人因被别人精确掌握自己信息而带来的不愉快。因此,建议在完善隐私保护相关法律法规时,增加个人信息处理者分享个人信息的门槛,用户"知情同意"不是分享的充分条件,若合作项目与当下用户申请的信息服务无关,则这种合作不应列为可以分享用户个人信息的范畴。也可以通过司法解释等法规对这类合作进行更多限制,提高"个人信息分享"的门槛。

6.1.2 对"知情同意"进行限定

因"知情同意"而形成的隐私自理,无疑对信息用户有很高的隐私素养要求。而这又不太符合现在的社会环境。根据第1.3小节总结的隐私安全风险因素和本书第5章分析的隐私素养差异,我国个体隐私素养处于中等水平,还有相当多处于较低水平。因此,如果将"知情同意"作为合法处理个人信息的充分条件,很多情况下,"知情同意"形同虚设,用户几乎都是点击同意。信息服务组织因而可以获取大量用户查阅信息的数据,在数据挖掘技术支持下,一个人的观念和身份特点很容易被描述出来,给用户带来很强的不舒服感。长期下去,用户会丧失对信息服务组织的信任而回避提供更多个人信息。因此,从信息服务视角建议,将"知情同意"的条件进一步增加解释和说明,即在某些情况下"知情同意"不应作为信息服务平台处理个人信息的充分条件。

6.1.3 对某些模糊的表述可通过司法解释等进行解释或限定

从历史发展过程来看,我国很早就开始在一些法律法规中设定隐私保护的内容,但约束对象主要是特定领域的,约束内容很少。在信息技术运用和互联网环境下,我国顺应社会发展正在修改或出台各种新的法律法规,以涵盖更多保护隐私的要求。本书从信息服务活动管理视角，建议法律法规在"必要性""最小原则"等具有一定主观性的地方，从司法解释或法规文件中给予更清晰的说明和界定。另外，对信息服务来讲，不是什么"处理目的"都可以用来收集用户个人信息，因此在针对信息服务领域的法规中，应对个人信息"处理目的"进行限定，尤其要注意"处理目的"是否包含信息服务组织未来发展的目的。2021年3月22日，国家互联网信息办公室等四部委联合发布规范性文件，对各类App规定了"必要个人信息"的范围❶，其中和信息服务直接有关的App包括电子图书类、新闻资讯类、学习教育类等，其他如旅游服务类、网络社区类等也会涉及一些信息服务项目。该规范性文件对各类App"必要个人信息"进行罗列式明确，而不是原则性的、概括性的描述，利于合规评估的可操作性，这是一个好的开端，将来还需要进一步解决其他模糊性的界定。

6.2 完善信息服务组织用户隐私安全管理措施的建议

在隐私保护官组织体系基础上，信息服务组织则可以重新规划原有个人信息收集、处理、使用等流程，对特定信息产品的运用或信息服务活动开展进行隐私影响评估。另外，考虑到隐私安全风险因素包括人的因素、信息服务产品的因素、信息服务活动的因素、个人信息存储多元主体因素等（具体见第1章），信息服务组织开展用户隐私安全管理工作，还应该在以下两个方面加强改进。

6.2.1 对信息技术及其产品的运用要有敬畏之心

开展数据挖掘个人信息业务要谨慎。根据对一些高校信息网络中心负责人和图书馆负责人的访谈可知，目前各部门管理的业务数据，包括图书馆管理和存储的读者借阅信息，都仅存储在各单位中，还未汇集在学校的信息网络中心，

---

❶ 关于印发《常见类型移动互联网应用程序必要个人信息范围规定》的通知[EB/OL]. http://www.cac.gov.cn/2021-03/22/c_1617990997054277.htm.

但在数字校园或智慧校园环境下一些信息网络中心的人员非常有意向汇集这些数据并进行各种数据挖掘。本书认为，信息技术中的数据关联和大数据分析，会进一步产生更多的个人信息，很容易精准确认和剖析一个人。在隐私保护技术还不成熟、管理漏洞较多、个人隐私素养不高的情况下，对信息技术及其产品的应用要有敬畏之心，特别是对个人信息进行数据关联、大数据分析的运用要有一定的限制。本书在隐私保护官职责内容分析中提到，隐私保护官职责之一就是识别和分析隐私法律风险的类型、发生的概率和后果、发生的阶段和引发因素。大数据或者小数据分析，都很容易挖掘出更多的个人信息，隐私泄露风险增大很多。如果信息服务组织的信息系统安全保障没有达到必要的安全程度，或者现有信息安全技术还无法很好地支持对这些大量个人信息进行安全管理，应适当放缓数据关联和数据分析应用的步伐。

注意开展隐私影响评估。信息服务组织是信息技术产品包括数据库系统的重要运用场所，从目前来看，多数信息技术产品如RFID、云计算、座位管理系统、数据库等，都存在收集用户个人信息的情况。采购或引进这些产品，应对其进行隐私影响评估，不要轻易使用。具体来讲，包括采用某种信息设备、某种信息产品，以及开展某项信息服务活动前的调研、评估活动和权责利规范。具体见本书隐私保护官责任的内容，其中专门讨论了隐私影响评估，我国也出台了操作标准，成为隐私影响评估的指南。

一个信息服务组织所收集的用户个人信息尽可能存储在本组织内。目前很多信息产品，如采购的数据库（包括电子书借阅器）、座位系统、智慧图书馆等，信息服务组织很多情况下是引进的服务权利，这些系统的后台管理还在产品的厂商那里，这里就存在一个收集的用户个人信息存放在何处的问题（参见第1.3.3小节）。如果存储在信息服务组织处，无疑会增加信息服务组织本身安全管理个人信息的职责，但可避免因第三方隐私保护不到位而出现隐私安全问题。如果因为所采购的信息系统技术原因，或者信息服务组织本身不愿意或无能力存储用户个人信息，最终是信息系统厂商承担用户个人信息存储职责，则信息服务组织应该清晰告知用户或者要求信息系统平台清晰告知用户这种存储方式，同时信息服务组织应该承担一定的监管责任，对信息系统厂商管理用户个人信息提出严格安全管理、不应分享的要求。

6.2.2 注重"少"观念

第一，最少量的人知道最少量的个人信息。根据风险管理以及第 1.2 小节中的案例分析，人是个人信息泄露的重要因素。一个信息服务组织，知道用户个人信息的人越多，人的因素带来的隐私安全风险越大。减少人的风险，直接有效的是减少可以接触到个人信息的工作人员。本课题组曾咨询过某大学图书馆读者服务工作人员，他们直接回答不收集读者个人信息。事实上，不是不收集，而是这些工作人员不去接触用户个人信息，读者进馆采用读者证刷卡，卡中个人信息直接记录到系统的后台服务器。如第 1.3.1 小节所讨论的，信息服务一卡通刷卡后，个人信息直接进入信息服务产品的个人账户，可以由后台的隐私保护官接触和处理。有的信息服务活动，一般工作人员也会接触到用户个人信息，如第 1.3.4 小节提到的阅读推广等信息服务业务活动。接触越多，隐私安全风险越大，因此需要对特定信息服务活动收集和利用的个人信息范围及数量尽可能缩小。概括起来，就是尽可能集中存储、分散使用，管理个人信息的专门人员，根据角色管理不同属性的个人信息。这种措施让更少的人接触到用户的个人信息，泄露风险会降低很多。

第二，"少"关联，即减少非必需的个人数据关联。根据法律对个人信息的定义，某些数据是否属于个人信息，"识别"是关键，即看是否能识别出具体的某个人身份。减少各个数据之间的关联，则可减少各种数据的"识别"功能，以实现法律法规要求的收集个人信息要遵循的"最少原则"。例如，针对一卡通，应该设置能被特定信息服务设备采集的个人信息的权限，尽可能减少被特定信息服务设备采集和使用的个人信息量。这一措施是在非必要需求下，减少数据关联的服务项目。

第三，对信息服务系统来讲，"少"收集、"少"利用用户查询和阅读的内容。目前很多信息服务系统如中国知网收集和存储用户的检索词，以反映一些用户查询特点。检索词包含的信息内容比较有限，这种收集和利用给用户带来的隐私不适应感并不会很强。但如果在用户未知情、未许可情况下，收集和分析用户的阅读内容，会让用户反感。

第四，"少"分享。信息分享，包括部门之间的分享、合作伙伴之间的分享，都会增加接触个人信息的人员及增加特定人员接触的信息量，给用户带来紧张和不安。因此，在隐私政策中不应简单告知用户准备与合作伙伴进行分享用户个人信息，应增加必须这样做的限定条件。有法学学者在个人信息分享方面提出五大治理模式，即共享资格准入、形象化告知、三重授权、权利人控制和首负责任模式❶，这些内容在隐私政策中体现出来，能够减少用户的隐私安全风险感知。

6.3 隐私保护风气形成的强制性措施和社会舆论支持

目前尊重隐私、保护隐私的社会风气还未达到令人满意的程度，个体隐私素养水平还不很高，在利益驱动下信息服务组织很可能通过用户的"知情同意"加强对用户个人信息的收集、使用、整合及与合作方分享。在这种大背景下，若没有法律和政府行政管理的支撑及比较有力的惩罚机制，隐私保护行业自律和信息服务用户隐私安全管理很有可能是形式化、低效率的。因此，当下应该加强法律和政府行政管理在隐私保护方面的强制作用，与隐私保护行业自律双管齐下，前者强化隐私保护可执行性和社会风气的形成，后者发展隐私保护社会风气。同时，虽然隐私保护行业自律的发展已有起步，但还不普及和深入，特别需要借助政府的推动和媒体的助力。

---

❶ 袁真富，娄积圆. 论个人信息共享问题的法律治理模式 [J]. 情报理论与实践，2021，44（1）：89-95.

6.4 小结

融合信息技术的信息服务，收集个人信息是不可避免的。高质量的隐私安全管理措施可以营造健康的信息服务环境，增强用户的社会信任，促进信息服务的发展。隐私安全风险和隐私保护要求是影响信息服务效果的重要问题，本书研究试图寻找出比较理想的平衡机制。但由于隐私问题太复杂，在研究过程中，影响隐私问题的信息技术不断涌现，隐私侵权手段变化多样，各国相关法律法规不断更新变化，信息服务方收集利用个人信息牵扯到的利益因素比较复杂，同时笔者自身能力也有限，因此，有很多问题还未来得及进行深入揭示和讨论，有些新问题可能还未触及，如，"阅读隐私"在信息服务活动中存在哪些现象，是否属于侵权范畴；如何有效促进信息服务行业的隐私保护行业自律等。因此，研究成果还存在很多不足，许多问题还有待后续进行深入剖析和研究。

附　录

附录一　信息用户隐私披露影响因素调查问卷[1]

亲爱的朋友，您好：

随着互联网的发展，将人们带入了信息时代，享受着信息时代下的服务（本书将为人类提供信息服务者称之为信息服务商），但同时也为人们的隐私信息带来了隐患，使得隐私保护问题成为学者研究的热点。

本课题旨在了解影响用户上网提交个人信息的因素，进而为信息服务商对保护用户隐私的策略提供参考依据。请您根据自己的相关知识以及经验，填写问卷，我们将对相关信息完全保密，所有调查资料仅用于学术研究，谢谢您的支持与合作！

以下是用户上网时提交个人信息的影响因子，您觉得哪些因子影响到您的选择，请按照因子的重要程度打分。（注：1—5 分分别表示非常不同意、不同意、一般、同意、非常同意，其中 1 表示最低分，5 表示最高分）。

---

[1] 刘晓晓. 面向隐私保护的信息服务商和用户演化博弈研究 [D]. 保定：河北大学，2018：66-69.

联系人：

1. 您的性别：

A. 男　　　　　　B. 女

2. 您的年龄：

A.18 岁及以下　　B.19~25 岁　　C.26~35 岁　　D.36 岁及以上

3. 教育背景：

A. 高中及以下　B. 专科　C. 大学本科　D. 硕士研究生　E. 博士研究生

4. 您的职业：

A. 学生　　　　　　B. 教师　　　　　　C. 互联网公司员工

D. 事业单位　　　　E. 党政机关公务员　　F. 其他

5. 您一天上网的时间：

A. 2 个小时及以下　　　B. 3~5 个小时　　　C. 6~8 个小时

D. 9~11 个小时　　　　E.12 个小时及以上

6. 在选择该信息服务商提供服务的过程中，您比以前更有隐私保护意识，会影响提交信息的行为

A. 1（非常不同意）　　B. 2　C. 3　D. 4　E. 5（非常同意）

7. 在选择该信息服务商提供服务的过程中，您比以前知道较多的隐私保护方式，会影响提交信息的行为

A. 1（非常不同意）　　B. 2　C. 3　D. 4　E. 5（非常同意）

8. 在选择该信息服务商提供服务的过程中，您比以前更了解泄露隐私的途径，会影响提交信息的行为

A. 1（非常不同意）　　B. 2　C. 3　D. 4　E. 5（非常同意）

9. 如果在选择该信息服务商提供服务的过程中，突然被带入别的界面或不知点击后会发生什么，会影响您提交信息的行为

A. 1（非常不同意）　　B. 2　C. 3　D. 4　E. 5（非常同意）

10. 如果在选择该信息服务商提供服务的过程中发现您的图片、文件等被盗用，会影响提交信息的行为

A. 1（非常不同意）　　B. 2　C. 3　D. 4　E. 5（非常同意）

11. 如果经常收到该信息服务商发的垃圾短信、邮件和骚扰电话，会影响您提交信息的行为

A. 1（非常不同意）　　B. 2　C. 3　D. 4　E. 5（非常同意）

12. 如果您觉得该信息服务商是不可靠的，会影响您提交信息的行为

A. 1（非常不同意）　　B. 2　C. 3　D. 4　E. 5（非常同意）

13. 如果您不相信该信息服务商中的成员，会影响您提交信息的行为

A. 1（非常不同意）　　B. 2　C. 3　D. 4　E. 5（非常同意）

14. 如果您觉得该信息服务商会滥用个人信息，会影响您提交信息的行为

A. 1（非常不同意）　　B. 2　C. 3　D. 4　E. 5（非常同意）

15. 如果网络评价该信息服务商会因保护措施不到位而使信息泄露，会影响您提交信息的行为

A. 1（非常不同意）　　B. 2　C. 3　D. 4　E. 5（非常同意）

16. 如果网络评价该信息服务商因追求利益而泄露信息，会影响您提交信息的行为

A. 1（非常不同意）　　B. 2　C. 3　D. 4　E. 5（非常同意）

17. 如果网络评价该信息服务商常发一些垃圾短信、邮件和骚扰电话，会影响您提交信息的行为

A. 1（非常不同意）　　B. 2　C. 3　D. 4　E. 5（非常同意）

18. 如果该信息服务商提供的服务不能帮助您了解相关情况，会影响您提交信息的行为

A. 1（非常不同意）　　B. 2　C. 3　D. 4　E. 5（非常同意）

19. 如果该信息服务商提供的服务对您来说起到的参考价值较少，会影响您提交信息的行为

A. 1（非常不同意）　　B. 2　C. 3　D. 4　E. 5（非常同意）

20. 如果该信息服务商对提交个人信息的行为没有奖励（比如会员优惠）时，会影响您提交信息的行为

A. 1（非常不同意）　　B. 2　C. 3　D. 4　E. 5（非常同意）

21. 如果学习使用该信息服务商提供的服务感到困难，会影响您提交信息的行为

A. 1（非常不同意）　　B. 2　C. 3　D. 4　E. 5（非常同意）

22. 如果学习使用该信息服务商提供的服务需要花很长时间，会影响您提交信息的行为

A. 1（非常不同意）　　B. 2　C. 3　D. 4　E. 5（非常同意）

23. 如果不能熟练掌握该信息服务商提供的服务时，会影响您提交信息的行为

A. 1（非常不同意）　　B. 2　C. 3　D. 4　E. 5（非常同意）

24. 如果该信息服务商的隐私公告中对注册提交的个人信息的用途没有做明确声明，会影响您提交信息的行为

A. 1（非常不同意）　　B. 2　C. 3　D. 4　E. 5（非常同意）

25. 如果该信息服务商的隐私公告没有声明保证用户个人信息不被篡改或毁坏，会影响您提交信息的行为

A. 1（非常不同意）　　B. 2　C. 3　D. 4　E. 5（非常同意）

26. 如果该信息服务商的隐私公告没有承诺了有力的个人信息保护措施，会影响您提交信息的行为

A. 1（非常不同意）　　B. 2　C. 3　D. 4　E. 5（非常同意）

27. 如果关于该信息服务商的投诉程序不便捷时，会影响您提交信息的行为

A. 1（非常不同意）　　B. 2　C. 3　D. 4　E. 5（非常同意）

28. 如果政府不重视用户对该信息服务商的投诉情况时，会影响您提交信息的行为

A. 1（非常不同意）　　B. 2　C. 3　D. 4　E. 5（非常同意）

29. 如果政府对用户投诉该信息服务商的情况不公平处理时，会影响您提交信息的行为

A. 1（非常不同意）　　B. 2　C. 3　D. 4　E. 5（非常同意）

30.综合以上情况,您还向该信息服务商提交个人信息吗?

A. 提交　　　　　B. 不提交

附录二　我国公共图书馆平台隐私政策发布数据

序号	图书馆机构性质	图书馆网站平台	隐私政策类型	隐私政策的位置及入口标签名称*
1	省级馆	浙江省图书馆	独立完整型	首页底部全局导航栏:隐私声明
2	省级馆	江西图书馆	独立完整型	首页底部全局导航栏:网站声明—门户网站关于用户隐私的保护声明
3	地级市馆	天津武清图书馆	独立完整型	首页底部全局导航栏:隐私与安全说明
4	副省级馆	贵州贵阳市图书馆	独立完整型	首页底部全局导航栏:隐私申明
5	国家级馆	国家图书馆	注册专门型	首页顶部:国家数字图书馆在线实名注册使用协议
6	省级馆	广东中山图书馆	注册专门型	首页顶部:广东省立中山图书馆网上办卡协议
7	省级馆	广西壮族自治区图书馆	注册概括型	首页顶部:在线实名注册使用协议
8	省级馆	西藏自治区图书馆	嵌入概括型	首页:关于我们—《公共图书馆服务规范》
9	省级馆	云南图书馆	嵌入概括型	首页底部全局导航栏:网站声明—版权声明
10	地级市馆	江苏淮安市图书馆	嵌入概括型	首页底部全局导航栏:版权声明
11	地级市馆	山东济南市第二图书馆	嵌入概括型	首页底部全局导航栏:版权声明
12	省级馆	山西图书馆	单有标签型	首页底部全局导航栏:隐私声明

注:最后访问时间为2020年8月。

*附录二至附录八中的"隐私政策的位置及名称"一列中的":"表示前后标签在同一页面,"—"表示后面的标签在下一页面。

附录三　我国公办本科高校或其图书馆平台隐私政策发布数据

序号	高校或其图书馆网站平台	隐私政策类型	隐私政策的位置及入口标签名称
1	中国人民大学	独立完整型	首页底部全局导航栏:隐私保护声明
2	中央民族大学	独立完整型	首页底部全局导航栏:法律声明(注:图标形式)

续表

序号	高校或其图书馆网站平台	隐私政策类型	隐私政策的位置及入口标签名称
3	哈尔滨商业大学图书馆	独立完整型	首页底部全局导航栏：隐私声明
4	宁波诺丁汉大学	独立完整型	首页底部全局导航栏：隐私政策
5	北京师范大学香港浸会大学联合国际学院	独立完整型	首页底部全局导航栏：隐私政策
6	湖南理工学院图书馆	独立完整型	首页底部全局导航栏：用户隐私
7	西交利物浦学院	独立完整型	首页底部全局导航栏：隐私
8	贵州大学	独立完整型	首页底部全局导航栏：隐私保护
9	贵州师范大学	独立完整型	首页底部全局导航栏：网站隐私说明
10	贵州财经大学	独立完整型	首页底部全局导航栏：隐私保护
11	贵州医科大学	独立完整型	首页底部全局导航栏：隐私说明
12	遵义医科大学	独立完整型	首页底部全局导航栏：隐私声明
13	贵州理工学院	独立完整型	首页底部全局导航栏：网站安全隐私说明
14	贵州警察学院	独立完整型	首页底部全局导航栏：网站安全隐私说明
15	贵州工程应用技术学院	独立完整型	首页底部全局导航栏：网站安全隐私说明
16	遵义师范学院	独立完整型	首页底部全局导航栏：网站隐私说明
17	安顺学院	独立完整型	首页底部全局导航栏：网站安全隐私说明
18	铜仁学院	独立完整型	首页底部全局导航栏：网站安全隐私
19	长春财经学院	独立完整型	首页底部全局导航栏：隐私版权
20	宁波大学图书馆	独立完整型	首页顶部：注册：《隐私政策》和《易安联用户注册协议》
21	中国科学技术大学图书馆	嵌入概括型	首页：服务指南—读者须知：读者注册规定
22	河南安阳工学院图书馆	嵌入概括型	首页：规章制度—中国图书馆员职业道德准则（试行）
23	安徽财经大学图书馆	嵌入概括型	首页：中心概况—规章制度—安徽财经大学网站用户管理规章制度（修订）
24	东北林业大学图书馆	嵌入概括型	首页：概况—规章制度—正文—网络信息服务管理规定
25	临沂大学大学图书馆	嵌入概括型	首页：规章制度—馆务公开—中国图书馆员职业道德准则（试行）
26	山东女子学院图书馆	嵌入概括型	首页：规章制度—中国图书馆员职业道德准则（试行）

续表

序号	高校或其图书馆网站平台	隐私政策类型	隐私政策的位置及入口标签名称
27	广州医科大学图书馆	嵌入概括型	首页：概括—规章制度—中国图书馆员职业道德准则（试行）
28	桂林旅游学院图书馆	嵌入概括型	首页：馆情发展—规章制度—上级规章—正文—图书资料馆员国家职业标准
29	福建中医药大学图书馆	嵌入概括型	首页：概括：规章制度—中国图书馆员职业道德准则（试行）
30	内蒙古集宁师范学院图书馆	嵌入概括型	首页：本馆概况—管理制度：图书馆馆员职业道德准则
31	西北师范大学图书馆	嵌入概括型	首页底部全局导航栏：版权声明
32	广西艺术学院	单有标签型	首页底部全局导航栏：隐私版权
33	浙江音乐学院	单有标签型	首页底部全局导航栏：隐私版权
34	贵州师范学院	单有标签型	首页底部全局导航栏：隐私说明
35	贵州民族师范大学图书馆	单有标签型	首页底部全局导航栏：网站安全隐私说明
36	贵州凯里学院	单有标签型	首页底部全局导航栏：网站安全隐私说明
37	云南滇西应用技术大学	单有标签型	首页底部全局导航栏：隐私说明

注：最后访问时间为2020年8月。

附录四　我国综合性档案馆平台隐私政策发布数据

序号	综合性档案馆机构性质	综合性档案馆网站平台	隐私政策类型	隐私政策的位置及入口标签名称
1	省级馆	天津档案网	独立完整型	首页底部全局导航栏：隐私保护
2	省级馆	江西档案信息网	独立完整型	首页底部全局导航栏：隐私保护
3	省级馆	福建档案信息网	独立完整型	首页底部全局导航栏：隐私声明
4	省级馆	内蒙古档案信息网	单有标签型	首页底部全局导航栏：隐私保护
5	省级馆	贵州档案方志信息网	单有标签型	首页底部全局导航栏：版权隐私（注：内容都是版权的）
6	副省级馆	深圳市档案馆	独立完整型	首页底部全局导航栏：隐私声明
7	省级馆	湖南省档案馆	注册概括型/单有标签型	首页顶部：注册：湖南政务服务网用户注册协议和隐私政策（注：2020年6月查询时还没隐私政策几个字，2020年8月21日登录查看已有隐私政策几个字）

续表

序号	综合性档案馆机构性质	综合性档案馆网站平台	隐私政策类型	隐私政策的位置及入口标签名称
8	副省级馆	武汉市档案馆	嵌入专门型	首页底部全局导航栏：网站声明—关于隐私
9	副省级馆	贵阳市方志档案信息网	注册专门型	首页顶部：注册—贵阳市档案信息网服务使用协议
10	副省级馆	南昌市档案信息网	单有标签型	首页底部全局导航栏：隐私声明
11	副省级馆	合肥市档案局	单有标签型	首页底部全局导航栏：隐私声明
12	地级市馆	上海松江区档案局	注册专门型	首页顶部：注册—松江区档案局服务条款—三、隐私保护
13	地级市馆	天津泰达图书馆档案馆	独立完整型/注册概括型	首页底部全局导航栏：隐私安全说明。首页顶部：注册—服务条款
14	地级市馆	江西南昌市档案信息网	单有标签型	首页底部全局导航栏：隐私声明
15	地级市馆	江西省萍乡市档案	独立完整型	首页底部全局导航栏：网站隐私安全
16	地级市馆	江苏扬州档案	独立完整型	首页底部全局导航栏：隐私保护
17	地级市馆	江苏泰州党史方志档案信息网	单有标签型	首页底部全局导航栏：隐私声明
18	地级市馆	浙江宁波档案	独立完整型	首页底部全局导航栏：隐私声明
19	地级市馆	浙江金华档案	单有标签型	首页底部全局导航栏：隐私声明
20	地级市馆	安徽合肥市档案局	单有标签型	首页底部全局导航栏：隐私声明
21	地级市馆	安徽滁州市委党史和地方志研究室（市档案馆）	注册概括型	首页顶部：注册：安徽政务服务网用户注册协议
22	地级市馆	广东珠海市档案馆	独立完整型	首页底部全局导航栏：隐私保护
23	地级市馆	广东东莞市档案馆	独立完整型	首页底部全局导航栏：隐私条约
24	地级市馆	贵州遵义市档案方志信息网	嵌入概括型	首页底部全局导航栏：法律声明—四、隐私声明（仅有标题）
25	地级市馆	贵州贵阳市方志档案信息网	注册专门型	首页顶部：注册—贵阳市档案信息网服务使用协议
26	地级市馆	四川攀枝花市档案信息	嵌入专门型	首页顶部：注册—攀枝花政府网站用户注册协议
27	地级市馆	甘肃金昌市档案馆	独立完整型	首页底部全局导航栏：隐私声明
28	地级市馆	湖北武汉市档案馆	嵌入专门型	首页底部全局导航栏：网站声明—关于隐私

注：最后访问时间为2020年8月。

附录五　我国公益性科技情报服务平台隐私政策发布数据

平台类型	科技情报服务网站平台	隐私政策类型	隐私政策的位置及入口标签名称
国家科技资源共享服务平台 7/50	国家基因组科学数据中心	独立完整型	首页底部全局导航栏：Privacy Policies
	国家微生物科学数据中心	注册专门型	首页顶部：用户协议—用户服务条款—个人资料的保护及其限制
	国家空间科学数据中心	注册概括型	首页顶部：注册：中国科技云通行证用户服务协议
	国家天文科学数据中心	注册概括型	首页顶部：注册：中国科技云通行证用户服务协议
	国家青藏高原科学数据中心	注册专门型	首页顶部：用户协议—4.用户隐私保护及授权
	国家计量科学数据中心	注册专门型	首页顶部：注册协议—5.用户隐私保护及授权
	国家林业和草原科学数据中心	嵌入专门型	首页顶部：服务说明—4.用户隐私
国家级专门图书馆信息服务平台 10/23	中国科学院文献情报中心	独立完整型	首页底部全局导航栏：隐私声明
	国家科技图书文献中心 NSTL	注册概括型	首页顶部：注册—个人用户注册服务公约
	中国标准服务网	注册专门型	首页顶部：用户协议—8.用户隐私制度
	国家标准文献共享服务平台	注册专门型	首页顶部：用户协议—8.用户隐私制度
	国家哲学社会科学学术期刊数据库 NSSD	注册专门型	首页顶部：用户服务协议—二、关于用户 3.用户隐私保护
	国家哲学社会科学文献中心门户	注册专门型	首页顶部：网站用户服务协议—二、关于用户 3.用户隐私保护
	中国科技论文在线	嵌入概括型	首页：服务条款—3.用户隐私权制度（还没有内容）
	国家知识产权局专利检索	嵌入专门型	首页：使用前必读—关于隐私权
	国家标本资源共享平台	注册专门型	首页顶部：NSII 用户注册—NSII 网站用户使用协议—二、用户个人信息保护
	国家科技报告服务系统	注册专门型	首页：注册—服务约定条款细则—4.关于用户信息
副省级以上科学技术情报研究所 3/32	江西省科学技术情报研究所	独立完整型	首页底部全局导航栏：隐私保护
	天津市科学技术信息研究所查新网站	注册专门型	首页顶部：用户注册—科服网用户服务协议—3.隐私保护
	深圳市科技创新委员会	独立完整型	首页底部全局导航栏：隐私声明

注：最后访问时间为 2020 年 8 月。

附录六　我国省级及以上经济信息中心平台隐私政策发布数据

平台类型	经济信息中心网站平台	隐私政策类型	隐私政策的位置及入口标签名称
省级以上经济信息中心 7/32	浙江省经济信息中心	独立完整型	首页底部全局导航栏：隐私声明
	江西省工业和信息化厅	独立完整型	首页底部全局导航栏：个人隐私声明
	福建省经济信息中心	嵌入专门型	首页底部全局导航栏：网站声明—三、用户信息
	贵州省工业和信息化厅	注册概括型	首页顶部：个人中心—注册账户—贵州政务服务网注册协议
	安徽省经济和信息化厅	独立完整型/注册专门型	首页底部全局导航栏：隐私保护
	广东省工业和信息化厅	独立完整型	首页底部全局导航栏：隐私声明
	深圳市工业和信息化局	独立完整型	首页底部全局导航栏：隐私声明

注：最后访问时间为 2020 年 8 月。

附录七　商业性中文数据库平台隐私政策发布数据

序号	商业性中文数据库网站平台	隐私政策类型	隐私政策的位置及入口标签
1	中国知网	独立完整型/注册专门型	首页顶部：注册—我已看过并同意 中国知网使用协议、隐私政策
2	EPS DATA	注册概括型	首页顶部：个人登录—立即注册—我已阅读《EPS DATA 产品用户使用协议》（默认打钩了）
3	RESSET 锐思数据	嵌入专门型	首页底部全局导航栏：用户授权协议
4	北大法宝	注册概括型	首页顶部：注册—服务协议
5	财新网	独立完整型/注册专门型	首页顶部：注册—同意财新网服务条款和隐私声明
6	超星	独立完整型/注册专门型	首页顶部：登录—新用户注册：登录即表示同意平台《隐私政策》和《用户协议》
7	橙艺艺术在线数据库	注册概括型	首页顶部：登录—用户注册：用户协议

续表

序号	商业性中文数据库网站平台	隐私政策类型	隐私政策的位置及入口标签
8	地理国情监测云平台	单有标签型	首页底部全局导航栏：隐私保护
9	东方财富	嵌入专门型	首页底部全局导航栏：法律声明—用户隐私。首页顶部：注册—服务条款
10	国别区域与全球治理数据平台	注册概括型	首页顶部：注册—我已阅读并同意《数据库用户注册协议》
11	国家统计局网站	注册概括型	首页顶部：注册—阅读免责声明有隐私保密说明
12	国泰安	注册概括型	首页顶部：注册—注册表示您同意《使用条款》
13	国研网	注册概括型	首页顶部：登录—新用户注册：国研网服务条款
14	汉达文库香港中文大学	独立完整型/注册专门型	首页底部全局导航栏：私隐政策
15	籍合网	注册概括型	首页顶部：登录—去注册—注册：籍合网用户注册协议中有部分内容；籍合网用户规范使用服务协议有一条
16	科学文库电子书	注册专门型	首页顶部：注册—我已经阅读并接受《科学出版社数字产品用户协议》
17	库客	独立完整型/注册专门型	首页底部全局导航栏：隐私声明
18	列国志数据库	注册概括型	首页顶部：注册—我已阅读并同意《数据库用户注册协议》
19	皮书数据库	独立完整型/注册概括型	首页底部全局导航栏：帮助中心—隐私政策 首页顶部：注册—用户协议
20	人民网	独立完整型/注册专门型	首页底部全局导航栏：信息保护
21	设计师之家资源库	注册专门型	首页顶部：注册—查看并同意隐私条款
22	数据公园	独立完整型	首页底部全局导航栏：隐私条例

续表

序号	商业性中文数据库网站平台	隐私政策类型	隐私政策的位置及入口标签
23	天脉电视新闻资讯教研数据库	嵌入概括型	首页底部全局导航栏：使用说明
24	万方数据知识服务平台	注册专门型	首页顶部：登录/注册—快捷注册：已阅读《万方数据库用户服务协议》
25	文泉学堂清华大学知识库	嵌入专门型	首页底部全局导航栏：用户协议
26	新东方多媒体学习库；新东方在线微课堂	独立完整型/注册专门型	首页顶部：注册—我已阅读并接受《新东方在线注册条款》《隐私权保护政策》和《儿童隐私保护政策》
27	"一带一路"数据库	注册概括型	首页顶部：注册—我已阅读并同意《数据库用户注册协议》
28	艺拍指数	独立完整型	首页底部全局导航栏：服务条款—隐私条款
29	易阅通	注册专门型	首页顶部：登录—注册—我已阅读并同意《易阅通服务协议，隐私政策》
30	月旦知识库	独立完整型	首页底部全局导航栏：隐私声明
31	知识视界视频教育	注册概括型	首页顶部：注册—请仔细阅读以下入会条款
32	中国光学期刊网数据库	独立完整型/注册专门型	首页底部全局导航栏：隐私策略
33	中国社会科学年鉴数据库	嵌入概括型	首页底部全局导航栏：法律声明
34	中国社会科学文库	注册专门型	首页顶部：注册—我已经阅读并接受《中国社会科学文库用户协议》
35	中国资讯行搜数网	嵌入概括型	首页底部全局导航栏：免责声明
36	龙源期刊网	注册概括型/单有标签型	首页顶部：注册—龙源期刊网注册协议和隐私政策
37	wisesearch慧科	独立完整型	首页底部全局导航栏：私隐政策

注：最后访问时间为2020年8月。

附录八　互联网搜索引擎平台隐私政策发布数据

序号	互联网搜索引擎网站平台	互联网搜索引擎类型	隐私政策类型	隐私政策的位置及入口标签
1	百度搜索	综合性	独立完整型/注册专门型	首页底部全局导航：使用百度前必读—隐私权保护声明
2	360搜索	综合性	独立完整型/注册专门型	首页底部全局导航：隐私条款—隐私保护白皮书
3	搜狗	综合性	独立完整型/注册专门型	首页底部全局导航：隐私政策
4	中国搜索	综合性	嵌入专门型/注册专门型	首页底部全局导航：关于我们—服务协议
5	中搜第三代	垂直性	注册专门型	首页顶部：注册—中搜用户协议
6	lookao	轻量型网页搜索	独立完整型	首页底部全局导航：隐私
7	有道搜索	垂直性：词典	独立完整型/注册专门型	首页底部全局导航：隐私政策
8	央视搜索	垂直性：新闻	注册专门型	首页顶部：注册—央视网网络服务使用协议
9	秘迹搜索	元搜索	独立完整型	首页中部和底部：不追踪，保护你的隐私
10	联合搜索	元搜索	无	

注：最后访问时间为2020年8月。

附录九　隐私素养现状调查问卷 ❶

尊敬的先生/女士：

您好！本次问卷希望了解您保护个人数据和控制个人隐私的能力现状。本次调查采用匿名形式，将对您提供的所有信息进行严格保密，所有回答用于学术研究。您只需根据自己的实际情况填写本问卷。衷心感谢您的支持与配合！

---

❶ 张月. 信息用户隐私素养研究[D]. 保定：河北大学，2020：86-89.

[单选题]

1. 您的性别：

A. 男　　　　　　　B. 女

2. 您的年龄：

A. 25 岁及以下　　B. 26~35 岁　　C. 36~45 岁　　D. 46~55 岁

3. 您的最高学历：

A. 高中 / 中专及以下　B. 大学专科　C. 大学本科　D. 硕士研究生及以上

4. 您的职业：

A. 学生　　　　B. 教师　　　　C. 公务员　　　D. 私企员工　　E. 其他

5. 在未经主体知情 / 授权的情况下您不会向第三方披露 / 转让 / 出售您的客户 / 员工数据

A. 1（非常不同意）　　B. 2　　C. 3　　D. 4　　E. 5（非常同意）

6. 对您来说，尊重他人隐私是很重要的，即使他们不注意保护自己的隐私

A. 1（非常不同意）　　B. 2　　C. 3　　D. 4　　E. 5（非常同意）

7. 存放着您隐私信息的 U 盘、电脑等设备您会妥善保管

A. 1（非常不同意）　　B. 2　　C. 3　　D. 4　　E. 5（非常同意）

8. 您通常会将个人信息的线上 / 线下披露减少到最低限度

A. 1（非常不同意）　　B. 2　　C. 3　　D. 4　　E. 5（非常同意）

9. 您认为某款 App 不需要用到某些隐私信息（如：位置信息、通信录信息）时，您将不会同意其开启此类权限

A. 1（非常不同意）　　B. 2　　C. 3　　D. 4　　E. 5（非常同意）

10. 在使用网站或 App 时，您会浏览其隐私设置的内容选项

A. 1（非常不同意）　　B. 2　　C. 3　　D. 4　　E. 5（非常同意）

11. 您知道如何限制访问个人资料信息，如朋友圈、微博可见时间范围

A. 1（非常不同意）　　B. 2　　C. 3　　D. 4　　E. 5（非常同意）

12. 当您的隐私受到侵犯后，您会更改隐私设置，如加您为朋友时需要验证

A. 1（非常不同意）　　B. 2　　C. 3　　D. 4　　E. 5（非常同意）

13. 当第三方软件需要关联您的账号（如 QQ、微信账号）时，您会谨慎思考后进行选择

　　A. 1（非常不同意）　　B. 2　　C. 3　　D. 4　　E. 5（非常同意）

14. 您会分辨收集您信息的企业／平台可信度

　　A. 1（非常不同意）　　B. 2　　C. 3　　D. 4　　E. 5（非常同意）

15. 您了解您提供的隐私信息会被企业／平台用于何处

　　A. 1（非常不同意）　　B. 2　　C. 3　　D. 4　　E. 5（非常同意）

16. 您了解您提供的隐私信息是如何由企业／平台收集和管理的

　　A. 1（非常不同意）　　B. 2　　C. 3　　D. 4　　E. 5（非常同意）

17. 在应用互联网社交时，您会仔细思考如何以及何时在网上社交互动中透露何种信息

　　A. 1（非常不同意）　　B. 2　　C. 3　　D. 4　　E. 5（非常同意）

18. 对于所有账号，全部使用同一组名称与密码是安全的

　　A. 1（非常不同意）　　B. 2　　C. 3　　D. 4　　E. 5（非常同意）

19. 您会关注账号的登录状态并且知道如何删除或停用您的账号

　　A. 1（非常不同意）　　B. 2　　C. 3　　D. 4　　E. 5（非常同意）

20. 您经常使用以下方法保护隐私信息：[矩阵量表题] *

题项	非常不同意	不同意	一般	同意	非常同意
（1）从网上账户注销	○	○	○	○	○
（2）清除浏览历史和其他详细信息	○	○	○	○	○
（3）限制或禁止使用 cookies	○	○	○	○	○
（4）通过匿名模式浏览	○	○	○	○	○
（5）IP 地址欺骗	○	○	○	○	○
（6）使用代理服务器	○	○	○	○	○
（7）使用 VPN	○	○	○	○	○

21. 在 App／网站访问需要提供个人信息时，您会提供不完整信息，或者什么也不提交，离开网站／App

A. 1（非常不同意）　　　B. 2　　C. 3　　D. 4　　E. 5（非常同意）

22. 当需要您提供信息时，您会填写非经常使用的电话号码、电子邮件地址等，以避免给您造成不必要的困扰

A. 1（非常不同意）　　　B. 2　　C. 3　　D. 4　　E. 5（非常同意）

23. 您会使用如下维权方式：[矩阵量表题] *

题项	非常不同意	不同意	一般	同意	非常同意
与商家协商	○	○	○	○	○
平台/消费者热线投诉	○	○	○	○	○
报警	○	○	○	○	○
诉讼方式	○	○	○	○	○
现场解决	○	○	○	○	○

24. 您会阅读并且可以理解网站提供的隐私声明、用户协议内容

A. 1（非常不同意）　　　B. 2　　C. 3　　D. 4　　E. 5（非常同意）

25. 您了解我国与隐私信息相关的政策法规，如《中华人民共和国网络安全法》

A. 1（非常不同意）　　　B. 2　　C. 3　　D. 4　　E. 5（非常同意）